国家高职骨干院校重点专业建设教材

仓储与配送

主 编 李 权 钟洪发

副主编 宋建文 谢喻江

科学出版社

北 京

内 容 简 介

　　本书为包含理论知识和实训内容的理实一体化教材，根据高职高专学生的基础知识水平和学习能力，结合实际进行内容选择和编写，通俗易懂，体现了实用性、可操作性、前沿性、易教易学的特点。

　　本书主要内容包括仓库布局与设备认知、仓库作业与库存控制、仓储经营管理、配送中心布局与选址、配送作业、配送中心经营管理等六个项目和若干任务。每个项目包括理论和实训两方面内容，具体内容有：仓库管理的作用、仓储的功能、仓库的布置原则及规划方案、商品保管的环境要求与货物储存方法、库存控制方法、出入库流程、仓储安全管理、配送中心的规划与选址、配送的一般流程等。

　　本书可作为高职高专院校物流专业的教材，也可供相关技术人员学习参考。

图书在版编目（CIP）数据

仓储与配送 / 李权，钟洪发主编. —北京：科学出版社，2014.12
国家高职骨干院校重点专业建设教材
ISBN 978-7-03-042881-3

Ⅰ. ①仓… Ⅱ. ①李… ②钟… Ⅲ. ①仓库管理－高等职业教育－教材②物资配送－物资管理－高等职业教育－教材 Ⅳ. ①F253

中国版本图书馆 CIP 数据核字 (2014) 第 310056 号

责任编辑：朱晓颖　张丽花 / 责任校对：桂伟利
责任印制：徐晓晨 / 封面设计：华路天然工作室

科 学 出 版 社 出版
北京东黄城根北街 16 号
邮政编码：100717
http://www.sciencep.com

北京建宏印刷有限公司 印刷
科学出版社发行　各地新华书店经销

*

2014 年 12 月第 一 版　　开本：787×1092　1/16
2019 年 5 月第四次印刷　印张：15 1/4
字数：390 000

定价：59.00 元
（如有印装质量问题，我社负责调换）

前　言

仓储与配送活动是现代物流的重要活动，是商品生产与流通乃至整个社会再生产过程中不可缺少的重要环节，仓储与配送也是企业物流管理的核心业务之一。仓储管理就是对仓库及仓库内的物资和产品所进行的管理，是仓储部门为了提供高效的仓储服务所进行的计划、组织、控制和协调过程。在企业物流过程中，仓储管理可以解决生产集中和消耗分散的矛盾，也可以解决生产季节性与消耗常年性的矛盾。配送是指在经济合理区域范围内，根据客户要求对物品进行拣选、加工、搭配、包装、送货等作业，并按时送达指定地点的物流活动。配送包含商流活动和物流活动，也包含物流中若干功能要素的一种形式。

本书作为一本理实一体化教材，考虑高职高专学生的基础知识水平、学习能力以及学校的教学条件，结合实际编写，通俗易懂，体现实用性、可操作性、前沿性、易教易学的特点。本书的主要内容包括仓库布局与设备认知、仓库作业与库存控制、仓储经营管理、配送中心布局与选址、配送作业、配送中心经营管理等六个项目和若干任务。每个项目包括理论和实训两方面内容，具体内容有：仓库管理的作用、仓储的功能、仓库的布置原则及规划方案、商品的保管环境要求与货物储存方法、库存控制方法、出入库流程、仓储安全管理、配送中心的规划与选址、配送的一般流程等。

本书适合作为高职高专物流专业的教学用书，也可以作为物流从业人员的参考书籍。本书由四川宜宾职业技术学院李权、钟洪发担任主编，五粮液安吉物流集团高级物流师宋建文、四川宜宾职业技术学院谢喻江担任副主编。其中，谢喻江负责项目一理论部分的编写工作，赵永楷负责项目二理论部分的编写工作，李权负责项目三～项目六理论部分的编写工作，吴海霞负责案例编写工作，宋建文负责各项目实训内容的编写工作，钟洪发承担了电子课件和习题的编写工作。全书由李权统稿。

本书的编写工作得到科学出版社的大力支持与帮助，在此深表感谢。同时，在编写过程中编者借鉴了国内外许多专家、学者的观点，参考了许多论文、专著、杂志和网站的资料，在此向作者表示衷心的感谢。

由于物流管理在实践中仍处于不断探索的阶段，理论上仍存在有争议的地方，加之编者水平有限，书中难免存在一些疏漏和不足，希望读者提出宝贵意见。主编邮箱：zh2211@yeah.net。

编　者

2014 年 8 月

目　　录

项目一　仓库布局与设备认知

【教学目标】

1．知识目标

（1）建立对仓库及其设施设备的初步认识。

（2）了解托盘、货架、叉车等仓库常用设备的性能特点，掌握各种仓储设施设备的选用条件。

2．能力目标

能够根据不同情况选择合适的仓储设施设备，能够操作简单的仓储设施设备。

【项目概述】

本项目介绍仓库的形式和建筑要求、仓库选址、仓库内部布局、自动化仓库以及常用仓库设备。要求掌握仓库的功能及类型，掌握新型货架的结构和特点，了解托盘的类型，掌握不同材质托盘的特点，了解其使用和保管中应注意的问题，了解自动化仓库的基本知识，了解装卸搬运设备的类型，掌握常用设备的性能、特点和使用要求。

【引导案例】

正泰集团采用自动化立体仓库提高物流速度

正泰集团股份有限公司是中国目前低压电器行业最大的销售企业，主要设计制造各种低压工业电器、部分中高压电器、电气成套设备、汽车电器、通信电器、仪器仪表等，其产品达150多个系列、5000多个品种、20000多种规格。"正泰"商标被国家认定为驰名商标。该集团2002年销售额达80亿元，集团综合实力被国家评定为全国民营企业500强第5位。在全国低压工业电器行业中，正泰首先在国内建立了3级分销网络体系，经销商达1000多家。同时建立了原材料、零部件供应网络体系，协作厂家达1200多家。

正泰集团公司自动化立体仓库是公司物流系统中的一个重要部分，它在计算机管理系统的高度指挥下，高效、合理地储存各种型号的低压电器成品，准确、实时、灵活地向各销售部门提供所需产成品，并为物资采购、生产调度、计划制订、产销衔接提供了准确信息。同时，它还具有节省用地、减轻劳动强度、提高物流效率、降低储运损耗、减少流动资金积压等功能。

思考题：说明自动化立体仓库的结构和设备配置。

任务一　熟悉仓库的形式和建筑要求

【任务介绍】

该任务包含的内容有：仓库的功能分类和建筑方式、仓库的选址条件和计算方法、仓库的内部结构布局。要求掌握仓库的建筑方式及其作用、仓库选址的重心法计算方法、了解仓库的结构。一个仓库通常由生产作业区、辅助生产区和行政生活区三部分组成。

【任务分析】

对于仓库分类和结构，可以通过参观各种仓库进行了解，仓库选址要考虑各种客观因素和限制条件，计算结果只能作为参考。

【相关知识】

一、仓库类型

（一）仓库

仓库是保管、储存物品的建筑物和场所的总称，如库房、货棚、货场等。仓库的概念可以理解为用来存放货物包括商品、生产资料、工具或其他财产，并对其数量和状态进行保管的场所或建筑物等设施，还包括用于减少或防止货物损伤而进行作业的土地或水面。仓库还应包括设置在仓库内，为仓储作业服务的设备和设施，如地坪、货架、衬垫、固定式提升设备、通风照明设备等。

（二）仓库的功能

仓库的一个最基本的功能就是储存物资，并对储存的物资实施保管和控制。但随着人们对仓库概念的深入理解，仓库也负担着物资处理、流通加工、物流管理和信息服务等功能，其含义远远超出了单一的储存功能。以系统的观点来看待仓库，仓库应该具备如下功能。

1. 储存和保管的功能

仓库具有一定的空间，用于储存物品，并根据储存物品的特性配备相应的设备，以保持储存物品的完好性。例如，储存挥发性溶剂的仓库必须设有通风设备，以防止空气中挥发性物质含量过高而引起爆炸。储存精密仪器的仓库需防潮、防尘、恒温，因此，应设立空调、恒温设备等。在仓库作业时，还有一个基本要求，就是防止搬运和堆放时碰坏、压坏物品。从而要求搬运机具和操作方法的不断改进和完善，使仓库真正起到储存和保管的作用。

2. 调节供需的功能

创造物资的时间效用是物流的两大基本职能之一，物流的这一职能是由物流系统中的仓库来完成的。现代化大生产的形式多种多样，从生产和消费的连续性来看，每种产品都有不同的特点，有些产品的生产是均衡的，而消费是不均衡的；还有一些产品生产是不均衡的，而消费却是均衡不断地进行的。要使生产和消费协调，就需要仓库来起"蓄水池"的调节作用。

3. 调节货物运输能力

各种运输工具的运输能力是不一样的。船舶的运输能力很大，海运船一般是万吨级，内河船舶也有几百吨至几千吨的。火车的运输能力较小些，每节车厢能装运 30～60t 货物，一列火车的运量最多达几千吨。汽车的运输能力很小，一般每辆车装 4～10t。它们之间的运输衔接是很困难的，这种运输能力的差异也是通过仓库进行调节和衔接的。

4. 流通配送加工的功能

现代仓库的功能已处在由保管型向流通型转变的过程之中，即仓库从储存、保管货物的中心向流通、销售的中心转变。仓库不仅要有储存、保管货物的设备，还要增加分拣、配套、捆装、流通加工、信息处理等设施。这样既扩大了仓库的经营范围，提高了物资的综合利用率，又方便了消费，提高了服务质量。

5. 信息传递功能

以上功能的改变导致了仓库对信息传递的要求。在处理仓储活动有关的各项事务时，需要依靠计算机和互联网，通过电子数据交换（EDI）和条形码等技术来提高仓储物品信息的传递速度，及时而准确地了解仓储信息，如仓库利用水平、进出库的频率、仓库的运输情况、顾客的需求以及仓库人员的配置等。

（三）仓库的分类

1. 按仓库的功能分类

1）储备仓库

储备仓库用于粮食、棉花、武器弹药等战略物资的储备，以防自然灾害和突发事件。这类仓库一般由国家设置，货物在这类仓库中储存的时间较长，并且为保证储存物资的质量需定期更新储存的物资。

2）周转仓库

周转仓库是主要用于商品的保管、分类、中转、配送的仓库，属流通型仓库，如物流中心、配送中心等。这种类型的仓库以商品的流通中转和配送为主要功能，机械化程度比较高，保管时间短，功能齐全。这种仓库还能进行流通加工、装配、简单加工、包装、理货以及运输工具中转等，具有周转快、实用性强的特点，从而减少了在联结生产和消费的流通过程中商品因停滞而产生的费用。

2. 按用途分类

1）自用仓库

生产企业、批发商、商店、军队自建的仓库多属自用仓库，这类仓库一般用来保管或储存自己生产用的原材料、燃料、工具、备用品、待出售的各种商品或军队的战备物资、武器弹药等。生产资料和粮食等国家储备物资也使用自用仓库储存。

2）营业仓库

面向社会提供仓储服务而修建的仓库为营业仓库，我国原商业系统、物资系统、外贸系统以及供销合作社系统中的储运公司或物流企业拥有的仓库都属于这一类。这类仓库以出租库房和仓储设备，提供装卸、包装、送货等服务为经营目的，物流功能比较齐全，服务范围也比较广。图 1-1 所示为营业仓库。

图 1-1 营业仓库

3）公共仓库

由国家或某一经济部门修建、为社会公众提供服务的仓库为公用仓库，如火车站的货场、港口码头仓库、公路货运站仓库等。其特点是公共、公益性强，面向各行各业、千家万户。

其功能比较单一，仓库结构相对简单。

4）保税仓库

保税仓库指经海关批准，在海关监管下所设立的专门存放未办理关税手续而入境或过境货物的仓库。保税期一般最长为两年，在这期间可以将货物存放在保税仓库中。保税仓库只适用于存放供来料加工、进料加工复出口产品的料件和成品以及经海关批准缓办纳税手续进境的货物等。一般贸易进口货物不允许存入保税仓库。在保税期间，经营者可以寻找最有利的销售时机，一旦实现销售，再办理关税等通关手续。若两年之内未能销售完毕，则可再运往其他国家，保税仓库所在国不收取关税。

3.　按保管形态分类

1）普通仓库

普通仓库是指储存各种物资、通用商品，为社会广大用户服务的仓库。这类仓库可解决积压物资、季节时差商品以及投机性经营商品的储存问题。图1-2为普通仓库外观。

图1-2　普通仓库

2）冷藏仓库

冷藏仓库用于储存肉类、海产品等需要保鲜的食品。

3）恒温仓库

储存罐头、食品、水果、蔬菜、鲜花等物品的仓库为恒温仓库。在寒冷、酷热的地区和季节，类似上述物品需要在恒温状态下保管。

4）危险品仓库

用来专门储存油料、炸药、烟花爆竹、化学药品、天然气等易燃易爆物资的仓库为危险品仓库。为了防止意外，一般都将危险品仓库设在远离人群的偏僻地带。

4.　按建筑结构分类

1）平房仓库

平房仓库一般只有一层建筑，不设楼梯，有效高度不超过6m，构造简单，全部仓储作业都在一个层面上进行，货物在库内装卸和搬运方便，各种设备(如通风、供水、供电)的安装和维护比较方便，而且仓库地面能承受较重的货物的堆放。

2）楼房仓库

楼房仓库指两层以上建筑的仓库，上下楼的货物运送靠垂直输送设备(如电梯或倾斜皮带输送机等）。楼房仓库是一种阶梯形的仓库，它通过库外起重机将货物吊运到各层平台。有的楼房仓库，卡车可以直接开到楼上。楼房仓库比平房仓库占地面积小，在土地价格昂贵的国家数量比较多。同时，楼房仓库适用于各种不同的使用要求，如办公室与库房分别使用不同的楼层；分层的仓库结构将库区自然分开，这有助于仓库的安全和防火等。

3）高层货架仓库

高层货架仓库又称为立体仓库，实质上是一种特殊的单层仓库。它利用高层货架堆放货物，高度一般不超过30m，与之配套的是在库内采用自动化、机械化的搬运设备，由计算机控制。全自动化立体仓库主要有整体式和分离式两种。整体式立体仓库货架兼作为外围墙支撑物，建筑物与货架整合一体；分离式立体仓库货架与外围墙分开，相互独立。图1-3为高层货架仓库。

图1-3　高层货架仓库

4）罐式仓库

罐式仓库构造呈球形或柱形，主要储存石油、天然气或液体化工品。

5）筒仓仓库

筒仓仓库库房为筒状，是用于存放散装的小颗粒或粉末状货物的封闭式仓库。粮库、水泥、化肥库属此类仓库。

二、仓库布局

（一）仓库布局概念

仓库布局是指一个仓库的各个组成部门，如库房、货棚、货场、辅助建筑物、铁路专用线、库内道路、附属固定设备等。在规定范围内，进行平面和立体的全面合理的安排，即设计仓库总平面图。

仓库总平面布置的要求如下。

（1）要适应仓储企业生产流程，有利于仓储企业生产的正常进行。

① 单一的物流方向。仓库内商品的卸车、验收、存放地点之间的安排，必须适应仓储生产流程，按一个方向流动。

② 最短的运距。应尽量减少迂回运输，专用线的布置应在库区中部，并根据作业方式、仓储商品品种、地理条件等，合理安排库房、专用线与主干道相对应。

③ 最少的装卸环节。减少在库商品的装卸搬运次数和环节，商品的卸车、验收、堆码作业最好一次完成。

④ 最大的利用空间。仓库总平面布置是立体设计，应有利于商品的合理储存和充分利用库容。

（2）有利于提高仓储经济效益。

① 要因地制宜，充分考虑地形、地址条件，满足商品运输和存放要求，并能保证仓库充分利用。

② 布置应与竖向布置相适应。所谓竖向布置，是指建立场地平面布局中的每个因素，如库房、货场、转运线、道路、排水、供电、站台等，在地面标高线上的相互位置。

③ 总平面布置应能充分、合理地使用机械化设备。我国目前普遍使用门式、桥式起重机一类固定设备，合理配置这类设备的数量和位置，并注意与其他设备的配套，便于开展机械化作业。

（3）有利于保证安全生产和文明生产。

① 库内各区域间、各建筑间应根据《建筑设计防火规范》的有关规定留有一定的防火间距，并有防火、防盗等安全设施。

② 总平面布置应符合卫生和环境要求，既满足库房的通风、日照等条件，又要考虑环境绿化、文明生产，有利于职工身体健康。

（二）仓库的总体构成

1. 仓库区域划分

一个仓库通常由生产作业区、辅助作业区和行政生活区三部分组成，见表 1-1。

表 1-1　仓库的总平面结构

总平面	功能	主要建筑物和构筑物
生产作业区	生产作业区是仓库的主体。仓库的主要业务和商品保管、检验、包装、分类、整理等都在这个区域里进行	库房、货场、站台，以及加工、整理、包装场所等
辅助作业区	在辅助作业区内进行的活动是为主要业务提供各项服务	维修加工以及动力车间、车库、工具设备库、物料库等
行政生活区	行政生活区由办公室和生活场所组成	办公楼、警卫室、化验室、宿舍和食堂等
院内道路	在仓库总面积中需要有库内运输道路。商品出入库和库内搬运要求库内外交通运输线相互衔接，并与库内各个区域有效连接	道路
绿化区	在规划各区域时，要遵照相应的法律法规，并使不同区域所占面积与仓库总面积保持适当的比例	绿化区域

1）生产作业区

它是仓库的主体部分，是商品储运活动的场所，主要包括储货区、铁路专用线、道路、装卸台等。

储货区是储存保管的场所，具体分为库房、货棚、货场。货场不仅可存放商品，同时还起着货位的周转和调剂作业作用。铁路专用线、道路是库内外的商品运输通道，商品的进出库、库内商品的搬运都必须通过这些运输线路。专用线应与库内道路相通，保证畅通。装卸站台是供货车或汽车装卸商品的平台，又单独站台和库边站台两种，其高度和宽度应根据运输工具和作业方式而定。

2）辅助生产区

辅助生产区是为商品储运保管工作服务的辅助车间或服务站，包括车库、变电室、油库、维修车间等。

3）行政生活区

行政生活区是仓库行政管理机构和生活区域，一般设在仓库入库口附近，便于业务接洽和管理，行政生活区与生产作业区应分开，并保持一定距离，以保证仓库的安全及行政办公和居民生活的安静。

图1-4所示为某仓库平面布局图。

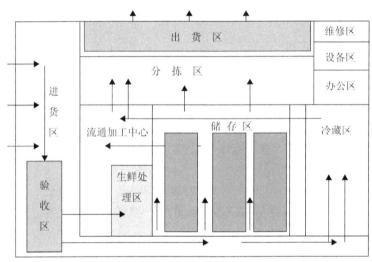

图1-4　某仓库平面布局图(箭头表示货物流向)

2. 仓库内部区域

库房储存区域可划分为待检区、待处理区、不合格品隔离区、合格品储存区等。

1）待检区

待检区用于暂存处于检验过程中的商品，这些商品一般采用黄色的标识，以区别于其他状态的商品。

2）待处理区

待处理区用于暂存不具备验收条件或质量暂时不能确认的商品，这些商品一般采用白色的标识，以区别于其他状态的商品。

3）不合格品隔离区

不合格品隔离区用于暂存质量不合格的商品。处于不合格隔离状态的商品一般采用红色的标识，以区别于其他状态的商品。

4）合格品储存区

合格品储存区用于储存合格的商品。处于合格状态的商品一般采用绿色的标识，以区别于其他状态的商品。

3. 仓库面积

1）仓库总面积

仓库总面积是生产作业区、辅助生产区和行政生活区面积的总和，指从仓库外墙线算起，整个围墙内所占的全部面积。若在墙外还有仓库的生活区、行政区或库外专用线，则应包括在总面积之内。

2）仓库建筑面积

仓库建筑面积指仓库内所有建筑物所占平面面积之和，包括生产性建筑面积（包括库房、货场、货棚所占建筑面积之和）、辅助生产性建筑面积（包括机修车间、车库、变电所等所占面积之和）和行政生活建筑面积（包括办公室、食堂、宿舍等所占面积之和）。

$$库房（货棚或货场）实用面积\ S=Q/q$$

式中，S 为库房（货棚或货场）的实用面积；Q 为库房（货棚或货场）的最高储存量；q 为单位面积商品储存量，t/m^2。

仓库总面积的计算公式为

$$F=\sum S/\lambda$$

式中，F 为仓库总面积；$\sum S$ 为仓库实用面积之和；λ 为仓库面积利用系数。

4. 生产作业区面积的组成及计算

$$生产作业区面积=储存面积+操作面积$$

（1）有效面积（储存面积），指仓库中货垛或货架占用的面积。

① 计重物品就地堆垛

$$S_实=Q/N_定$$

式中，$S_实$ 为有效面积；Q 为该物品的最高储备量；$N_定$ 为该物品的仓容定额，t/m。

单位仓容定额

$$P=\min\{P_库、P_货\}$$

式中，库场单位面积技术定额 $P_库$ 是指库场地面设计和建造所达到的强度，以 t/m^2 为单位；货物单位面积堆存定额 $P_货$ 是指货物本身的包装及其本身强度所确定的堆高限定。

② 计件物品就地堆垛

$$S_实=单件底面积\times 总件数/可堆层数$$

③ 上架存放物品，计算货架占用面积为

$$S_实=Q/(CP)$$

式中，$S_实$ 为货架占用面积；Q 为上架存放物品的最高储存量（每个储存量为一个 SKU）；P 为上架存放物品的单位占地面积；C 为货架层数。

（2）操作面积取决于商品的收货方式，如是否需要质量检查、重新包装、重新打托盘，以及出库的拣货是按照单个订单拣货还是批次拣货再行分拣等，如果货物的操作比较复杂，建议预留操作面积与存储面积之比大于 60%，一般来讲不应该小于 35%。

（三）仓库建筑设施的要求

1. 仓库建筑的一般要求

仓库建筑的主要设施包括货场、货棚、库房和其他建筑物、构筑物等。仓库建筑的一般要求如下：

(1) 有利于物品的保管和养护。

(2) 符合仓库业务需要，有利于组织仓储作业。

(3) 便于安装和使用机械设备。

(4) 保证仓库安全，应有安全设施。

(5) 有利于充分利用仓库空间等。

2. 仓库库房建筑形式和建筑构造的一般要求

1) 仓库库房建筑形式

仓库库房建筑形式按照建筑结构形式可分为单层、多层和立体仓库；按照建筑材料可分为木结构、砖结构、钢结构、钢筋混凝土结构等形式；另外还有地下库、半地下库和洞库形式。

2) 对仓库库房建筑构造的一般要求

(1) 地坪。地坪的主要作用是承受货物、货架以及人和机械设备等的荷载，因此，地坪必须有足够的强度以保证安全使用。对地坪的基本要求是平坦坚实，耐摩擦和冲击，表面光洁不起灰尘。地坪的承载能力应视堆放物品性质、当地地质条件和使用的建筑材料确定，一般载荷量为 $5 \sim 10 t/m^2$。

(2) 墙体。墙体是库房建筑的主要组成部分，起着承重、围护和分隔等作用。对承重外墙除要求其满足具有承重能力的条件外，还需要考虑保温、隔热、防潮等围护要求，以减少外部温湿度变化对库存物品的影响。

(3) 屋顶。屋顶的作用是抵御雨雪、避免日晒等自然因素的影响，它由承载和覆盖两部分构成。对屋顶的一般要求是防水、保温、隔热，并具有一定的防火性能，符合自重轻、坚固耐用等要求。

(4) 门窗。门窗是库房围护结构的组成部分，要求具有防水、保温、防火、防盗等性能。其中，库房窗户的主要作用是通风和采光。对库门要求关启方便、关闭精密，库门的数量、尺寸应考虑库房的大小、吞吐量的多少、运输工具的类型、规格和储存物品的形状等因素。

(四) 仓库内部规划

1. 库房、货场的布置

仓库货区布置分为平面布置和空间布置。

1) 平面布置

平面布置是指对货区内的货垛、通道、垛间距、收发货区等进行合理的规划，并正确处理它们的相对位置。平面布置的形式可以概括为垂直式和倾斜式。

(1) 垂直式布局，是指货垛或货架的排列与仓库的侧墙互相垂直或平行，具体包括横列式布局、纵列式布局和纵横式布局。

① 横列式布局是指货垛或货架的长度方向与仓库的侧墙互相垂直。这种布局的主要优点是主通道长且宽，副通道短，整齐美观，便于存取查点，如果用于库房布局，还有利于通风和采光。

② 纵列式布置是指货垛或货架的长度方向与仓库侧墙平行。这种布局的优点主要是可以根据库存物品在库时间的不同和进出频繁程度安排货位：在库时间短、进出频繁的物品放置在主通道两侧；在库时间长、进出库不频繁的物品放置在里侧。

③ 纵横式布局是指在同一保管场所内，横列式布局和纵列式布局兼而有之，可以综合利用两种布局的优点。

（2）倾斜式布局，是指货垛或货架与仓库侧墙或主通道成 60°、45°或 30°夹角，具体包括货垛倾斜式布局和通道倾斜式布局。

① 货垛倾斜式布局是横列式布局的变形，它是为了便于叉车作业、缩小叉车的回转角度、提高作业效率而采用的布局方式。

② 通道倾斜式布局是指仓库的通道斜穿保管区，把仓库划分为具有不同作业特点，如大量存储和少量存储的保管区等，以便进行综合利用。这种布局形式仓库内形式复杂，货位和进出库路径较多。

2）空间布置

空间布置是指库存物品在仓库立体空间上布局，其目的在于充分有效地利用仓库空间。空间布局的主要形式有：就地堆码、上货架存放、加上平台、空中悬挂等。

2. 通道

通道可分主通道和巡回通道。主通道可分为纵向通道和横向通道，主要取决于搬运设备的外形尺寸、回转范围和单元装卸货物的大小。纵向通道宽度一般为 2.5～3.0m；每隔 20～30m 设一条横向通道，其宽度可与门相同。巡回通道为货架、货垛间的通道。一般情况下，架间通道多为 1.0m 左右；垛间过道宽度一般为 0.5m 左右。

3. 保管场所的空间布置

空间布置是指库存物品在仓库立体空间上布置，其目的在于充分有效地利用仓库空间。空间布局的主要形式有就地堆码、上货架存放、加上平台、空中悬挂等。

其中使用货架存放物品有很多优点，概括起来有以下几方面：

（1）便于充分利用仓库空间，提高库容利用率，扩大存储能力。

（2）物品在货架里不会相互挤压，有利于保证物品本身和其包装完整无损。

（3）货架各层中的物品可随时自由存取，便于做到先进先出。

（4）物品存入货架可防潮、防尘，某些专用货架还能起到防损伤、防盗、防破坏的作用。

（五）物资堆垛设计

物资堆垛就是根据物资的包装形状、重量、数量和性能特点，结合地坪负荷量、储存时间，将物资按一定的形式分别堆码成垛。商品验收入库，根据仓库储存规划确定货位后，即应进行堆垛。采用妥善的堆垛技术是商品保管、保养中的一项重要工作，也是做好商品管理工作的一个重要环节。

商品的堆垛方式直接影响着商品的保管，合理地堆垛能够使商品不变形、不变质，保证商品储存安全。同时，还能够提高仓库的利用率，便利商品的保管、保养和收发。

1. 对堆垛商品的要求

商品正式堆垛时，必须具备以下条件：商品的数量、质量已经彻底查清；包装完好，标识清楚；无影响物资质量的污物；已受潮、锈蚀等质量变化者，先保养后码垛；为便于机械化操作，金属材料等应该打捆的已经打捆，机电产品和仪器仪表等可集中装箱的已经装入合用的包装箱。

2. 对于堆垛场地的要求

（1）库内堆垛。垛应该在墙基线和柱基线以外，垛底需要垫高；要求地面平坦、坚固、耐摩擦，地基承载力为 5～10t/m。

（2）货棚内堆垛。要求有良好的排水系统，货棚需要防止雨雪渗透，货棚内的两侧或者四周必须有排水沟或管道。堆垛时要垫垛，一般应该垫高 20～40cm。

(3) 露天堆垛。要求平坦、干燥、无积水、无杂草，排水系统良好，场地必须高于四周地面，垛底还应该垫高 40cm。

3. 堆垛的基本要求

(1) 合理。垛形必须适合商品的性能特点，不同品种、型号、规格、牌号、等级、批次、产地、单价的商品均应该分开堆垛，以便合理保管，并要合理地确定堆垛之间的距离和走道宽度，便于装卸、搬运和检查。垛距一般为 0.5～0.8m，主要通道为 2.5～4m。

(2) 牢固。货垛必须不偏不斜，不歪不倒，不压坏底层的商品和地坪，与屋顶、梁柱、墙壁保持一定距离，确保堆垛牢固安全。

(3) 定量。每行每层的数量力求成整数，过秤商品不成整数时，每层应该明显分隔，标明重量，这样便于清点发货。

(4) 整齐。垛形有一定的规格，各个垛排列整齐有序，包装标志一律朝外。

(5) 节约。堆垛时考虑节省货位，提高仓库利用率。

堆垛时还要考虑货垛"五距"，五距指墙、柱、灯、垛、顶的距离。

垛间距：一般为 0.5～1m，货场>1.5m。

墙距：外墙距 0.3～0.5m；内墙距 0.1～0.2m，货场 0.8～3m。

柱距：0.1～0.3m。

顶距：一般平房库，0.2～0.5m；人形库，最多可堆垛至屋架下玄底；多层库，底层与中层 0.2～0.5m，顶层必须大于 0.5m。

灯距(灯下距)：大于 0.5m。

4. 堆垛前的准备工作

商品堆垛前，必须先做好堆垛的准备工作，然后才能进行堆垛，准备工作主要如下。

(1)按进货的数量、体积、重量和形状，计算货垛的占地面积、垛高，并计划好垛形。

对于箱装、规格整齐划一的商品，占地面积可参考下面的公式计算：

$$占地面积 = (总件数 / 可堆层数) \times 每件商品底面积(m^2)$$

式中，在不用货架时，货垛可堆层数符合下述要求。

① 地坪不超重(在库房地坪安全负载范围内不超重)，指货物堆垛的重量必须在建筑部门核定的库房地坪安全负载范围内，(通常以 kg/m^2 为单位)不得超重。因此，货物在堆垛前，应预先计算货垛不超重可堆高的最多层数。

② 货垛不超高。

③ 底层商品承载力不超重。即在底层商品所能承载重力最大许可范围(在商品的外包装上一般有标志显示)内的可堆高层数。

考虑上述三个要求下可以计算出的三个可堆高层数中取其中最小的数值，作为堆垛作业的可堆高层数。

(2) 做好机械、人力、材料准备。垛底应该打扫干净，放上必备的垫墩、垫木等垫垛材料，如果需要密封货垛，还需要准备密封货垛的材料等。

5. 堆垛的基本形式

堆垛根据商品的基本性能、外形等不同，有各种形式。基本形式有重叠式、纵横交错式、仰伏相间式、压缝式、宝塔式、通风式、栽柱式、鱼鳞式、衬垫式和架子化等。现在将较为通行的若干式样介绍如下。

(1) 重叠式堆垛。逐件逐层向上重叠码高而成货垛，此垛形是机械化作业的主要垛形之一，适用于中厚钢板、集装箱等商品，堆码板材时，可逢十略行交错，以便记数。

（2）纵横交错式堆垛。将长短一致，宽度排列能够与长度相等的商品一层横放，一层竖放，纵横交错堆码，形成方形垛。长短一致的锭材、管材、棒材、狭长的箱装材料均可采用这种垛形。有些材料(如铸铁管、钢锭等)一头大、一头小，要大小头错开。锭材底面大顶面小，可仰伏相间。化工、水泥等，如包装统一，可采用"二顶三"，"一顶四"等方法，在同一平面内纵横交叉，然后层层纵横交错堆垛，以求牢固。这种垛形也是机械堆垛的主要垛形之一。

（3）仰伏相间式堆垛。对于钢轨、槽钢、角钢等商品，可以一层仰放、一层伏放，仰伏相间而相扣，使堆垛稳固。也可以伏放几层，再仰放几层，或者仰伏相间组成小组再码成垛。但是，角钢和槽钢仰伏相间码垛，如果是在露天存放，应该一头稍高，一头稍低，以利于排水。

（4）压缝式堆垛。将垛底层排列成正方形、长方形或环行，然后起脊压缝上码。由正方形或长方形形成的垛，其纵横断面呈层脊形，适于阀门、缸、建筑卫生陶瓷等用品。

（5）宝塔式堆垛。宝塔式堆垛与压缝式堆垛类似，但压缝式堆垛是在两件物体之间压缝上码，宝塔式堆垛则在四件物体之中心上码逐层缩小，如电线电缆。

（6）通风式堆垛。需要防潮湿通风保管的商品，堆垛时每件商品和另一件商品之间都留有一定的空隙，以利于通风。

（7）栽柱式堆垛。在货垛的两旁栽上 2～3 根木柱或者钢棒，然后将材料平铺在柱中，每层或间隔几层在两侧相对应的柱子上用铁丝拉紧，以防倒塌。这种堆垛方式多用于金属材料中的长条形材料，如圆钢、中空钢的堆码，适宜于机械堆码，采用较为普遍。

（8）衬垫式堆垛。在每层或每间隔几层商品之间夹进衬垫物，利用衬垫物使货垛的横断面平整，商品互相牵制，以加强货垛的稳固性，衬垫物需要视商品的形状而定。这种堆垛方式适用于四方整齐的裸装商品，如电动机。

（9）"五五化"堆垛。"五五化"堆垛就是以五为基本计算单位，堆码成各种总数为五的倍数的货垛，即大的商品堆码成五五成方，小的商品堆码成五五成包；长的商品堆码成五五长行，短的商品堆码成五五成堆，带眼的商品堆码成五五成串。这种堆垛方式过目成数，清点方便，数量准确，不易于出现差错，收发快，效率高，适用于按件计量商品。

（10）架式堆垛。架式堆垛是利用货架存放商品，主要用于存放零星或怕压的商品。对于零星或怕压的商品在堆码过程中遇到的最大问题就是如何提高空间利用率。如果采用上述堆垛方法，零星商品数量小、品种杂，而不能够集中堆码；怕压商品必须降低堆放高度，因此都不利于存储空间的充分利用。这些商品如果使用货架储存就可以提高储存空间的利用率。在库房中货架一行一行地排列，中间留有通道以便取放商品。为了进一步提高库房的面积利用率，还可以采用移动式货架。移动式货架能够沿着两条导轨做水平方向的移动，这样就可以减少货架间的通道数量。

（11）托盘堆垛。托盘堆垛是近几十年来得到迅速发展的一种堆码方法，它的特点是商品直接在托盘上存放。商品从装卸、搬运入库，直到出库运输，始终不离开托盘，这就可以大大提高机械作业的效率，减少搬倒次数。托盘使堆垛的运用范围很广，包装整齐又不怕压的商品可以使用平托盘；散装或零星商品可以使用箱式托盘；怕压或形状不规则的商品，为了增加堆码高度，可以使用立柱托盘。堆码时四根立柱不但承受了上部重量，而且大大增加了稳定性。

随着仓库作业机械化水平的提高，托盘式堆垛将应用得更加广泛。托盘不仅在仓库堆码中被广泛使用，而且逐渐在运输中积极推广使用，这对减少装卸搬运次数、减轻劳动强度、加快商品流通中转具有显著作用。

【任务实施】

教师首先介绍背景知识，通过 PPT 和图片对仓库概念、功能、分类及计算进行讲解，让学生有初步认识。然后带领学生到多个仓库参观，使学生对仓库的外观、建筑方式、内部结构有直观认识。最后，通过布置任务和习题掌握相关知识。

【归纳总结】

仓库是保管、储存物品的建筑物和场所的总称。现代化的仓库已经不单纯是货物的储存场所，它在现代物流中扮演着中枢的作用。仓库的种类很多，由于各种仓库所处的地位不同、储存任务不同，仓库可以按不同分类标准分为一般的通用仓库、自动化立体仓库和保税仓库等类型。

应掌握以下内容：

(1) 认识仓库的不同建筑风格及其作用。

(2) 用重心法进行选址计算，结合各项因素选址建库地点。

(3) 对仓库区域进行划分，对库房内部进行功能分区。

【实训任务】

企业仓库参观实践

1. 实训目的和要求

参观企业仓库，了解仓库结构，了解库存控制与仓储管理的基本流程、步骤。

2. 实训内容

分小组到企业仓库参观实习，发现其中存在的问题(或发掘其优点)，针对存在的问题提出改进建议。

每个小组写一份实训报告，要求有以下内容：仓库简要介绍，实习过程的记录，仓库的优势、不足之处以及改善意见。

3. 考核办法

成绩评定方式：教师通过观察实训过程中学生的表现以及实训报告完成情况给予评分。

4. 思考与练习

(1) 不同特点的仓库各有什么作用？

(2) 企业仓库有哪些常见设备？

任务二　仓库设施设备认知

【任务介绍】

该任务包含的内容有：认识货架的作用和分类；托盘的特点、分类及用途；叉车的类型和作用；其他搬运设备如起重机、输送机等的作用。要求学生了解仓库的常用设备分类特点及其作用，如货架、托盘、叉车、起重机等，并能进行简单操作和维护。

【任务分析】

对于仓库设备分类和特点，可以通过参观仓库进行了解，如果有条件，可让学生进行设备实际操作，操作时注意工作安全。

【相关知识】

仓储设备的配置是仓储系统规划的重要内容，关系到仓库建设成本和运营费用，更关系到仓库的生产效率和效益。仓储设备是指仓储业务所需的所有技术装置与机具，即仓库进行生产作业或辅助生产作业以及保证仓库及作业安全所必需的各种机械设备的总称。根据设备的主要用途和特征，可以分为货架系统、装卸搬运设备、计量检验设备、分拣设备、养护照明设备、安全设备、其他用品和工具等。仓储设备的分类如表 1-2 所示。

表 1-2　仓储设备的分类

功能要求	设备类型
存货、取货	货架、叉车、堆垛机械、起重运输机械等
分拣、配货	分拣机、托盘、搬运车、传输机械等
验货、养护	检验仪器、工具、养护设施等
防火、防盗	温度监视器、防火报警器、监视器、防盗报警设施等
流通加工	所需的作业机械、工具等
控制、管理	计算机及辅助设备等
配套设施	站台、轨道、道路、场地等

一、货架

在仓库设备中，货架是指专门用于存放成件物品的保管设备。货架在仓储物流中必不可少，几乎无处不在。货架是陈列或存储商品、成品、半成品等物品的专用结构架。货架在仓储设备的总投资中所占比例较大，耗用钢材最多，对仓库的运作模式影响极大。因此合理选择相对设计经济的货架是很重要的。要在保证货架强度、刚度和整体稳定性的条件下，尽量减轻货架的重量，降低钢材消耗，降低货架对仓库地面承压能力的要求，满足仓储需要。

（一）货架的作用

（1）货架是一种架式结构物，可充分利用仓库空间，提高库容利用率，扩大仓库储存能力。

（2）存入货架中的货物互不挤压，物资损耗小，可完整保证物资本身的功能，减少货物的损失。

（3）货架中的货物存取方便，便于清点及计量，可做到先进先出。

（4）保证存储货物的质量，可以采取防潮、防尘、防盗、防破坏等措施，以提高物资存储质量。

（5）很多新型货架的结构及功能有利于实现仓库的机械化及自动化管理。

（二）货架分类

货架的种类较多，分类方法也不尽相同。按货架制作工艺方式分类，货架可分为焊接式货架和组合式货架等；按货架运动状态分类，可分为固定式货架、移动式货架和旋转式货架；按货架与建筑物的结构关系分类，可分为整体结构式货架(库架合一式)和分离结构式货架；按货物储存货物单元的形式分类，可分为托盘货架和容器货架；按结构特点又分为层架、层格架、抽屉式货架、悬臂式货架等。

1. 层架

层架也称为搁板式货架，由立柱、横梁和层板构成，层间用于存放货物。层架结构简单，适用性强，有利于提高空间利用率。搁板式货架通常均为人工存取货方式，组装式结构，层间距均匀可调，货物也常为散件或不是很重的已包装物品（便于人工存取），货架高度通常在2.5m以下，否则人工难以触及（如辅以登高车则可设置在3m左右）。单元货架跨度（长度）不宜过长，单元货架深度（宽度）不宜过深，按其单元货架每层的载重量可分为轻、中、重型搁板式货架，层板主要为钢层板、木层板两种，见图1-5。

2. 抽屉式货架

抽屉式货架储存比较贵重、怕土、怕湿物品。

3. 托盘式货架

托盘式货架专门用于存放堆码在托盘上的货物，其结构简单，可调整组合，安装简易，费用经济，出入库不受先后顺序的限制，储物形态为托盘装载货物，配合升降式叉车存取。首先必须进行集装单元化工作，即将货物包装及其重量等特性进行组盘，确定托盘的类型、规格、尺寸，以及单托载重量和堆高（单托货物重量一般在2000kg以内）。然后由此确定单元货架的跨度、深度、层间距，根据仓库屋架下沿的有效高度和叉车的最大叉高决定货架的高度。单元货架跨度一般在4m以内，深度在1.5m以内，低高位仓库货架高度一般在12m以内，超高位仓库货架高度一般在30m以内（此类仓库基本均为自动化仓库，货架总高由若干段12m以内的立柱构成）。此类仓库中，低高位仓库大多用前移式电瓶叉车、平衡重电瓶叉车、三向叉车进行存取作业，货架较矮时也可用电动堆高机，超高位仓库用堆垛机进行存取作业。这种货架系统空间利用率高，存取灵活方便，辅以计算机管理或控制，基本能达到现代化物流系统的要求，广泛应用于制造业、第三方物流和配送中心等领域，既适用于多品种小批量物品，又适用于少品种大批量物品。这类货架在高位仓库和超高位仓库中应用最多（自动化仓库中货架大多采用这类货架），见图1-6。

图1-5 层架

图1-6 托盘货架

4. 悬臂式货架

悬臂式货架一般采用人力直接将货物存取于货架内，因此货物的高度、深度较小，货架每层的载重量较轻，适用于长物品，如型材、管材、板材、线缆等，不便于机械化作业，空间利用率低。立柱多采用H型钢或冷轧型钢，悬臂采用方管、冷轧型钢或H型钢，悬臂与立柱间采用插接式或螺栓连接式，底座与立柱间采用螺栓连接式，底座采用冷轧型钢或H型钢。货物存取由叉车、行车或人工进行。货架高度通常在2.5m以内（如果由叉车存取货则可高达6m），悬臂长度在1.5m以内，每臂载重通常在500kg以内。这类货架多用于机械制造行业和建材超市等，见图1-7。

5. 移动式货架

移动式货架的货架底部装有滚轮，开启控制装置后，滑轮可以沿轨道滑动。地面使用率达80%，不受先进先出限制。轻中型移动式货架(也称为密集架)由轻中型搁板式货架演变而来，密集式结构仅需设一个通道(1m 宽左右)，密封性好，美观实用，安全可靠，是空间利用率最高的一种货架，分手动和电动两种类型。导轨可嵌入地面或安于地面之上，货架底座沿导轨运行，货架安装于底座之上，通过链轮传动系统使每排货架轻松、平稳地移动，货物由人工进行存取。为使货架系统运行中不致倾倒，通常设有防倾倒装置，主要用于档案馆、图书馆、银行、企业资料室、电子轻工等行业，见图1-8。

图 1-7　悬臂式货架

图 1-8　移动式货架

6. 驶入、驶出式货架

驶入、驶出式货架作为托盘单元货物的储存货架与叉车的作业通道是合一的、共同的。其特点是：属高密度配置，库容利用率高，适用于大批量少品种配送中心，不适合太长或太重的货物。缺陷：驶入式货架存取货物时受先后顺序的限制，见图1-9。

(1) 驶入式货架：仓库利用率高达90%，受先进先出顺序限制。

(2) 驶出式货架：不受先进先出顺序限制。

7. 旋转式货架

旋转式货架分为水平旋转(图1-10)和垂直旋转两种，均是较为特殊的货架，自动化程度要求较高，密封性要求高，适于货物轻小而昂贵、安全性要求较高的货物储存。单个货架系统规模较小，单体自动控制，独立性强，可等同于某种动力设备来看待。此类货架造价较高，主要用于存放贵重物品(如刀具等)。

行业、使用场合、存放物品、环境、温度、洁净度等诸多因素的不同，决定了货架系统的差异性，在此仅列举较常用的一些货架系统类型。这些货架系统的共性是多为组合装配式轻钢结构，表面多为静电喷塑处理。随着物流装备行业的飞速发展，相信货架系统的技术含量、精度会越来越高，结构更趋优化，品种更全面，适应性越来越强，它将在中国物流行业的发展中承担重要的角色。

图 1-9　驶入式货架　　　　　　　图 1-10　水平旋转式货架

8. 重力式货架

重力式货架又叫自重力货架、流动式货架，属于仓储货架中的托盘类存储货架，是横梁式货架衍生品之一。重力式货架采用的是先进先出的存储方式，货架深度及层数可按需而定。重力式货架结构与横梁式货架相似，只是在横梁上安上滚筒式轨道，轨道呈 3~5° 倾斜，适用于少品种大批量同类货物的存储，空间利用率极高。

其原理是利用货体的自重，使货体在有一定高度差的通道上，从高处向低处运动，从而完成进货、储存、出库的作业。

（1）存货通道具有一定的坡度。装入通道的货物单元能够在自重作用下，自动地从入库端向出库端移动，当货物到达通道的出库端或者碰上已有的货物单元时停住。

（2）当位于通道出库端的第一个货物单元被取走之后，位于它后面的各个货物单元便在重力的作用下依次向出库端移动。

（3）由于在重力式货架中，每个存货通道只能存放同种商品所以这种类型的仓库适用于品种较少而数量较多的货物存储，见图 1-11。

9. 高层货架

高层货架（图 1-12）的主要特点有：①仓库利用率高；②货架刚度和精度要求高；③适合自动化仓库，配合巷道堆垛机的使用自动仓储货架。

图 1-11　重力式货架　　　　　　　图 1-12　高层货架

（三）货架系统的选择

明确了各种货架及其特点之后，就要根据具体的需求来选购货架了，货架系统的选购流程主要包括：需方提出仓库货架系统要求→供应商作方案设计选型→方案探讨和优化→方案合理性、优化程度评定→报价→供应商选定→签订合同→货架系统详细技术设计→货架系统制造（备料、加工、表面处理、包装等）→货架系统安装→验收。

需方对仓库货架系统的要求通常应包括仓库平面图、单元（包装）货物的规格、特性、重量，单元托盘货物的规格、堆高及载重量，存取方式（人工存取、机械存取、自动化存取）和存取设备，储存量要求，进出库频率要求，管理系统要求，控制方式等。

二、托盘

（一）托盘的分类与特点

1. 托盘的定义

托盘是指用于集装、堆放货物以便于装卸货物搬运和运输的水平平台装置。其主要特点是装卸速度快、货损货差少。托盘作为叉车的附属搬运工具，于 20 世纪 30 年代首先在工业部门得到广泛应用。二战期间，为解决大量军用物资的快速装卸问题，托盘的应用得到进一步发展。第二次世界大战后，随着经济活动总量的增长，仓库发挥的作用越来越大，为提高仓库的出入库效率和仓库的库容量利用率，实现仓储作业的机械化、自动化，托盘又成为一种储运工具。为消除货物转载时码盘、拆盘的重复而又繁重的体力劳动，各发达国家开始建立托盘交换、联营和共用租赁体系，使托盘从企业、港口、货场的使用发展到随车、随船运输，使托盘又成为一种运输工具。一些国家还随货直接将托盘远至商店，陈列在柜台上售货，使托盘又发展成售货工具，即从托盘装卸→托盘储存→托盘运输→托盘销售，发展成托盘物流。托盘只是仓储系统的辅助设备，托盘化是仓储货物集装单元化的必要条件。

以托盘作为仓储货物集装单元化的装载工具，可始终用机械装备如叉车等来装卸、搬运、保管货物。在这几个物流环节中，同一托盘连续使用，不需更换。如果托盘规格不统一，在各作业环节间不能通用与互换，势必造成因更换托盘而增加人力、时间与资金投入，造成不必要的麻烦与浪费。因此要实行托盘化，必须做到托盘规格的统一。

2. 托盘的主要特点

（1）搬运或出入库都可用机械操作，减少货物堆码作业次数，从而有效地提高运输效率，缩短货运时间。

（2）以托盘为运输单位，货运件数变少，单位体积重量变大，而且每个托盘所装数量相等，既便于点数、理货交接，又可以减少货损货差事故。

（3）自重量小，因而用于装卸、运输托盘本身所消耗的劳动较小，无效运输及装卸较集装箱小。

（4）空返容易，空返时占用运力很少。由于托盘造价不高，又很容易互相代用，所以不需要像集装箱那样必有固定归属者。

（5）其主要缺点：回收利用组织工作难度较大，会浪费一部分运力，托盘本身也占用一定的仓容空间。

3. 托盘的分类

1）按照托盘的适用性，可以将托盘分为通用托盘和专用托盘两类，日本工业标准（JIS）托盘术语将通用托盘归纳为 11 种：平托盘、箱式托盘、筒仓式托盘、罐式托盘、立柱式托盘、滚轮托盘、滚轮箱式托盘、冷藏带轮箱式托盘、纸托盘、托板、托架等。

2）按托盘的结构分类

常见的有平托盘、箱形托盘、柱形托盘三种。

平托盘没有上层结构，用途广泛，品种较多。按叉车货叉的插入口可分为两向进叉托盘和四向进叉托盘。按使用面可分为单面托盘和双面托盘。平托盘的特征见图1-13和图1-14。

图1-13 木质平托盘

图1-14 塑料平托盘

柱式托盘是在平托盘的四个角安装四根立柱后形成的，立柱可以是固定的，也可以是可拆卸的。这种托盘也归属于平托盘。柱式托盘多用于包装件、桶装货物、棒料和管材等的集装，还可以作为可移动的货架、货位。该托盘因立柱的顶部装有定位装置，所以堆码容易，堆码的质量也能得到保证；在多层堆码时，因上部托盘的载荷通过立柱传递，下层托盘货物可不受上层托盘货物的挤压。柱式托盘的种类有固定柱式托盘、拆装式柱式托盘、可套叠柱式托盘和折叠式柱式托盘等。箱式托盘是在平托盘的基础上发展起来的，多用于装载一些不易包装或形状不规则的散件或散状货物，也可以装载蔬菜、瓜果等农副产品，金属箱式托盘还用于热加工车间集装热料，这种托盘的下部可叉装，上部可吊装，可使用托盘搬运车、叉车、起重机等作业；并可进行码垛，码垛时可相互堆叠四层；空箱可折叠。箱壁可以是平板或网状构造物，可以有盖或无盖，有盖的箱式托盘常用于装载贵重物品。

3）按质地分类

（1）木质类：用木质或竹质材料制成，一般用于盛装工艺品或装饰使用。木托盘是目前使用数量最多的一种托盘，广泛应用于烟草、食品、化工、医药、港口、码头的仓储物流和配送物流。近年来一种新的加工工艺——拼接工艺应用在木托盘生产中，该工艺就是用松木或铁、冷杉作为原材料，根据使用地的温湿度进行干燥定型处理，干燥后的木材再一次进行认真的分选，对达到要求的木材采用进口的专用设备进行刨光、断头、抽边、砂光等精加工处理，采用进口射钉(具有止脱功能)连接成形。再进行整体砂光、倒角、防滑处理，加工好的木托盘再进行封蜡处理，以防止到异地由于温湿度的变化产生托盘开裂。这种工艺可保证木托盘结构牢固，负载、承重、变形、对角误差等技术条件满足自动化物流系统的运行要求，并且木托盘的使用寿命也相对较高。

（2）金属类：一般质地为不锈钢，多用于摆放物品，不经常移动。金属托盘的刚性很好，因此应用范围很广泛，基本适用于各个领域，尤其应用在货架上。自重比较大是金属托盘的缺点，但可以通过改善结构设计来克服这一缺点。

（3）塑料类：由于质地较轻，使用方便，具有防滑功能，多应用于服务行业。目前国内企业主要采用注塑、中空吹塑两种方式生产塑料托盘。注射成形法生产工序少，生产效率较高，产品质量稳定。中空吹塑成形法一次成形、工艺简便、成本较低，但制品壁厚不均匀，尺寸稳定性差。这两种工艺制作的托盘各有优缺点：注射工艺的塑料托盘刚度好一些，但使用寿命相对短；中空吹塑工艺的塑料托盘刚性差一些，但相对使用寿命长。由于塑料托盘在使用时有不可恢复的弯曲形变，所以塑料托盘不太适合用于货架。但是最新的工艺在塑料托盘中加入金属嵌入件，基本解决了这个问题。

（4）塑木类：用塑木复合材料制成，用途广泛，节能减污染。

4．托盘的标准化

托盘的规格是指托盘的长与宽，通常用"宽×长"来表示。1961 年 ISO/R198 提出采用 800×1200、800×1000、1000×1200 三个尺寸(单位均为毫米，下同)。1963 年 ISO/R329 建议在上述基础上增加 1200×1600、1200×1800 两个规格尺寸。

1971 年 ISO/TC51 增加了 800×1100、900×1100 和 1100×1100 三种规格尺寸，1982 年我国颁布的国家标准是 800×1200、800×1100 和 1000×1200 三种规格尺寸。机械工业系统使用 JB3003—1981 规定：平托盘规格为 825×1100、545×825 两个规格；箱式托盘和柱式托盘为 800×1000 和 500×800 两个规格。我国铁路使用的托盘规格主要有 850×1250、900×1250、950×1250 和 1000×1250 四个规格。2003 年国际标准化组织已通过新的托盘标准，除保留原有规格以外，又增加了两种，其中一种就是 1100×1100 规格，新的国际标准如表 1-3 所示。

表 1-3　托盘尺寸　　　　　　　　　　　　（单位：mm）

规格尺寸	普遍使用地区	备注
1200×1000	欧洲	长方形
1200×800	欧洲	长方形
1140×1140	澳洲	正方形
40 英寸×48 英寸	美国	长方形
1100×1100	亚洲	正方形
1067×1067	澳洲	正方形

考虑到托盘在将来使用的通用性，应该尽可能地选用这几种规格的托盘，以便于日后托盘的交换与使用。当然各行业由于长期以来形成了自己固有的包装尺寸，会对托盘的规格尺寸有一些不同的要求，但是从长远的角度看还是应该选择国标尺寸。

（二）托盘的选择

进行托盘采购时应考虑的因素包括使用环境、用途、尺寸等。

1．根据使用环境选择不同材质的托盘

1）温度

不同材料的托盘有其正常发挥性能的温度范围，不同的使用温度将直接影响到托盘制造材料的选择。例如，塑料托盘的使用温度应控制在-25～+40℃，木托盘的使用范围则比较广泛，好的木质不受温度的影响。

2）潮湿度

某些材料的托盘(如木托盘和纸托盘)有较强的吸湿性，应尽量避免用于潮湿的环境，否则将直接影响其使用寿命。

3）使用环境的清洁度

要考虑使用环境对托盘的污染程度。污染程度高的环境一定要选择耐污染、易于清洁的托盘，如木托盘、塑料托盘、钢托盘、复合材料托盘等。

4）承载的货物对托盘材质的特殊要求

有时托盘承载的货物具有腐蚀性，或者承载的货物要求托盘有较高的清洁度，此时要选择耐腐蚀性强的塑料托盘或经过处理的木质托盘。

2. 根据托盘的具体用途选择不同材质的托盘

1）托盘承载的货物是否用于出口

许多国家对于进口货物使用的包装材料要进行熏蒸杀虫处理，相当于增加了出口成本，因此用于出口的托盘应尽量选择材料经人工合成或经加热、加压等深度加工的包装用木质材料，如胶合板、刨花板、纤维板、薄板旋切芯、锯屑、木丝、刨花等以及厚度等于或者小于6mm 的木质材料。同时中华人民共和国国家质量监督检验检疫总局、中华人民共和国海关总署等部门还要求，2005 年 3 月 1 日起凡是用于出口货物的木质包装应在出境前进行除害处理，并加施 IPPC 确定的专用标识。

因此，用于出口使用的托盘应该尽可能选择上述材料的托盘或者简易的塑料托盘、金属托盘。日本、韩国、欧盟等地区对于进口的不可重复使用的包装物已经开始征收废物处理费用。

2）托盘是否在货架上使用

用于货架堆放的托盘应选择刚性强、不易变形、动载较大的托盘，如钢制托盘和木质托盘。普通的塑料托盘原则上不适合用于货架，但是随着技术的进步，一些塑料托盘生产厂家开发出了含有嵌入件的新型托盘，试验表明效果比较理想。

3. 根据具体情况选择不同结构的托盘

托盘的结构直接影响托盘的使用效率，适合的结构能够充分发挥叉车高效率作业的特点。

（1）托盘作为地铺板使用，即托盘装载货物以后不再移动，只是起到防潮防水的作用，可选择结构简单、成本较低的托盘，如简易的木托盘或简易塑料托盘，但是使用时应该注意托盘的静载量。

（2）用于运输、搬运、装卸的托盘要选择强度高、动载大的托盘。这类托盘由于要反复使用并且要配合叉车使用，所以对托盘的强度要求较高，要求托盘的结构是田字形或者是川字形。

（3）根据托盘装载货物以后是否要堆垛来选择单面托盘还是双面托盘。单面托盘由于只有一个承载面，不适合用于堆垛，否则容易造成下层货物损坏。转载货物后需要堆码的要尽量选择双面托盘。

（4）如果托盘是用在立体库的货架上，要考虑托盘的结构是否适合码放在货架上。通常由于只能从两个方向从货架上插取货物，所以用于货架上的托盘应该尽可能选用四面进叉的托盘，这样便于叉车叉取货物，提高工作效率。这样的托盘一般选择田字形的结构。

4. 选择合适尺寸的托盘

要考虑运输工具和运输装备的规格尺寸。合适的托盘尺寸应该符合运输工具的尺寸，可以充分利用运输工具的空间，节省运输费用，尤其要考虑集装箱和运输卡车的箱体尺寸。

（三）托盘的正确使用

托盘的正确使用应该做到包装组合码放在托盘上的货物并加上适当的捆扎和裹包，便于机械装卸和运输，从而满足装卸、运输和储存的要求。

1. 托盘的载重质量

每个托盘的载重质量应小于或等于 2t。为了保证运输途中的安全，所载货物的重心高度不应超过托盘宽度的 2/3。

2. 托盘货物的码放方式

根据货物的类型、托盘所载货物的质量和托盘的尺寸，合理确定货物在托盘上的码放方式。托盘的承载表面积利用率一般不应低于 80%。

对于托盘货物的码放有如下要求。

(1) 木质、纸质和金属容器等硬质直方体货物单层或多层交错码放，拉伸或收缩包装。

(2) 纸质或纤维质类货物单层或多层交错码放，用捆扎带十字封合。

(3) 密封的金属容器等圆柱体货物单层或多层码放，木质货盖加固。

(4) 需进行防潮、防水等防护的纸质品、纺织品货物单层或多层交错码放，拉伸或收缩包装或增加角支撑，货物盖隔板等加固结构。

(5) 易碎类货物单层或多层码放，增加木质支撑隔板结构。

(6) 金属瓶类圆柱体容器或货物单层垂直码放，增加货框及板条加固结构。

(7) 袋类货物多层交错压实码放。

(四) 托盘的保管

1. 木托盘、纸托盘的保管

木托盘因其防水性差，易受潮变形，所以不要放置于室外，防止被雨水冲刷引起金属紧固件生锈，从而影响使用寿命。

2. 塑料托盘的保管

塑料托盘应该码放整齐，防止机械碰伤，避免阳光暴晒引起塑料老化而缩短使用寿命。

3. 金属托盘保管

应注意防潮，以免生锈，同时注意远离腐蚀性的化工原料。

4. 复合材料托盘的保管

应防止机械性的碰伤。

(五) 托盘的维修

在使用一段时间后，托盘可能因各种原因造成损坏，应该及时维修，以保持其使用寿命。对于可组合的托盘应及时更换受损部件，如木托盘的面板；对于整体的托盘应及时更换。现在许多塑料托盘生产厂家都承诺三个坏的托盘可以换一个新托盘。

现阶段中国托盘在使用中基本是企业内部周转。对于生产企业，其所拥有的托盘不出企业，托盘的使用范围仅限于从企业的仓库到运输环节之间的搬运。对于物流企业，托盘也局限于企业内部调配使用，尚没有形成一个托盘顺畅流通的机制。

三、叉车

(一) 叉车的概念

叉车又称为铲车或叉式取货机，它以货叉作为主要取货装置，依靠液压起升机构升降货物，由轮胎式行驶系统实现货物水平搬运，具有装卸、搬运双重功能。

叉车是装卸搬运机械中最常见的具有装卸、搬运双重功能的机械。叉车除了使用货叉以外，还可以更换各类装置，以适应多种货物的装卸、搬运和作业。随着中国经济的快速发展，大部分企业的物料搬运已经脱离了原始的人工搬运，取而代之的是以叉车为主的机械化搬运。它不仅可以将货物叉起进行水平运输，还可以叉取货物进行垂直堆码，具有适用性强、机动灵活、效率高等优点。

（二）叉车种类

按照性能和功用分类，叉车分为平衡重式叉车、插腿式叉车、侧面式叉车、前移式叉车、集装箱式叉车、高位拣选式叉车等。

按其基本构造可分为液压叉车、平衡重式叉车、前移式叉车、侧叉式叉车、窄通道叉车等。

（1）液压叉车。液压叉车是利用人力推拉运行的简易叉车，其形式有手摇机械式、手动液压式和电动液压式三种。它被用于工厂车间和仓库内效率要求不高、需要有一定堆垛作业、装卸高度不大且单向搬运距离在 10m 以内的场所。其起重能力为 500～1000kg，起升高度为1000～3000mm，货叉最低离地高度小于 100mm，见图 1-15 和图 1-16。

图 1-15　手动液压式叉车

图 1-16　电动液压式叉车

（2）平衡重式叉车。平衡重式叉车是使用最广泛的叉车，这种叉车的货叉在前轮中心线以外，如图 1-17 所示。为了克服货物产生的倾斜力矩，在叉车的尾部装有平衡重。车轮采用的是充气轮胎或实心轮胎，运行速度比较快，而且有较好的爬坡能力。取货和卸货时，叉车门架前倾，前倾角度一般为 3°，便于货叉的插入和抽出；取货后，门架后倾，后倾角度一般为 8°～10°，以便在行驶中保持货物的稳定。这种叉车可根据作业对象和作业方式的不同在叉车的叉架上增设叉车属具，实现"无托盘"搬运的需要。平衡重式叉车可以是内燃式的，也可以是电动式的。

（3）前移式叉车。前移式叉车（图 1-18、图 1-19）结构紧凑，叉车尺寸小，转弯半径小。取货或卸货时，门架或货叉可由液压系统推动，移到前轮之外；运行时，门架或货叉又可缩回车体内。前轮的直径大约为 300mm。因此，要收回货叉，必须先将货物升起一定高度。

图 1-17　平衡重式叉车

（4）侧叉式叉车（见图 1-19）。

（a）　　　　　　　　　　　　（b）

图 1-18　前移式叉车

图 1-19　侧叉式叉车

（三）叉车的选择

1．根据工况选择车型和配置

每种叉车都有其典型的运用工况，了解这些是选型的前提，要结合其具体的工况，选择最适合企业需要的车型和配置。车型和配置的选择一般要从以下几方面出发。

1）作业功能

叉车的基本作业功能分为水平搬运、堆垛/取货、装货/卸货、拣选。根据企业所要达到的作业功能可以从上面介绍的车型中初步确定。另外，特殊的作业功能会影响到叉车的具体配置，如搬运的是纸卷、铁水等，需要叉车安装属具来完成特殊功能，如图 1-20 所示。

纸卷夹　　　　　整体式调距叉　　　　　推拉器　　　　　旋转桶夹

图 1-20　叉车作业

2）作业要求

叉车的作业要求包括托盘或货物规格、提升高度、作业通道宽度、爬坡度等，同时还需要考虑作业效率（不同的车型其效率不同）、作业习惯（如习惯坐驾还是站驾）等方面的要求。

3）作业环境

如果企业需要搬运的货物或仓库环境对噪声或尾气排放等环保方面有要求，则在选择车型和配置时应有所考虑。如果是在冷库中或是在有防爆要求的环境中，叉车的配置也应该是冷库型或防爆型的。仔细考察叉车作业时需要经过的地点，设想可能的问题，例如，出入库时门高对叉车是否有影响；进出电梯时，电梯高度和承载对叉车的影响；在楼上作业时，楼面承载是否达到相应要求等。

在选型和确定配置时，要向叉车供应商详细描述工况，并实地勘察，以确保选购的叉车完全符合企业的需要。即使完成以上分析，仍然可能有几种车型同时能满足上述要求，此时需要注意以下几方面。

（1）不同的车型，工作效率不同，那么需要的叉车数量、司机数量也不同，会导致一系列成本发生变化，详见本文中性能评判部分关于成本的论述。

（2）如果叉车在仓库内作业，不同车型所需的通道宽度不同，提升能力也有差异，由此会带来仓库布局的变化，如货物存储量的变化。

（3）车型及其数量的变化，会对车队管理等诸多方面产生影响。

（4）不同车型的市场保有量不同，其售后保障能力也不同。例如，低位驾驶三向堆垛叉车和高位驾驶三向堆垛叉车同属窄通道叉车系列，都可以在很窄的通道内（1.5～2.0m）完成堆垛、取货。但是前者驾驶室不能提升，因而操作视野较差，工作效率较低。由于后者能完全覆盖前者的功能，而且性能更出众，所以在欧洲后者的市场销量比前者超出 4～5 倍，在中国则达到 6 倍以上。因此，大部分供应商都侧重发展高位驾驶三向堆垛叉车，而低位驾驶三向堆垛叉车只是用在小吨位、提升高度低（一般在 6m 以内）的工况下。在市场销量很少时，其售后服务的工程师数量、工程师经验、配件库存水平等服务能力就会相对较弱。要对以上几方面的影响综合评估后，选择最合理的方案。

2．叉车的性能评判标准

在综合评估时，很多企业由于对叉车专业知识及技术不了解，常常对产品质量无法作出合理的判断。一般来说，高质量的叉车其优越的性能往往体现在高效率、低成本、高可靠性、人机工效设计好以及服务便利等诸多方面。

1）高效率

高效率并不只意味着高速度（行驶、提升、下降速度），它还意味着操作者在完成一个工作循环所需的时间短，并且能在整个工作时间始终保持这个效率。许多因素都可以促使效率提高：

（1）速度的高低，如行驶速度、提升和下降速度等；

（2）人机工程设计的应用，减少操作动作的次数；

（3）操作的精确性；

（4）人机工程设计的应用，最大限度地减少疲劳；

（5）良好的视野。

2）低成本

企业购买和使用叉车时，每年所需花费的总成本包括采购成本、维护成本、能耗成本和人工成本等。采购成本将被平摊到叉车寿命中,因此高价叉车将因其寿命更长而使采购成本降低。实际的维修费用不仅与维修配件的成本有关,而且与故障率或故障时间有关。因此,一台高品质的叉车,由于其较低的故障率,它的维护成本也更低。能耗成本将随不同动力系统的叉车而不同,如电能、柴油、液化石油气或汽油。人工成本随驾驶员的数量和他们每月总工资变化而不同,驾驶员的数量将会因采用高效率的叉车而减少。

3)高安全性

叉车的安全性设计应能够全面保证驾驶员、货物以及叉车本身的安全。高品质的叉车往往在安全设计方面考虑到每个细节、每个可能性。

4)人机工程

人机工程学是一门广泛应用于产品设计特别是改善操作环境的科学,目的是通过降低驾驶员疲劳度和增加操作的舒适性等手段,最大限度地提高生产效率。

在叉车设计上,人机工程学体现在方方面面:

(1)降低驾驶员操作时的疲劳度。独特的设计能减少驾驶员的操作动作,使操作更省力。

(2)舒适性。人性化的设计能够使驾驶员保持良好的心情,减少操作失误。

(3)良好的视野。为叉车作业过程提供良好的视野,不仅能提高效率,同时有利于确保驾驶员安全。

5)维护方便

要考虑叉车是否方便维护。所有的零部件应更换方便,故障的确诊和排除要快。高品质的叉车控制系统都已经模块化,可直接与便携式计算机连接,利用诊断程序来快速查找故障或修改参数设置(如行驶速度)。

企业在购买叉车前,除了解叉车的价格和吨位外,还应结合企业的具体工况和发展规划综合考虑叉车厂家的实力、信誉、服务保证等多方面因素之后作出采购决定。有实力的叉车供应商除了能提供可靠的售后服务外,其销售人员应该具备专业知识,能够帮助客户完成车型及配置选择阶段的工作。

3. 品牌选择

目前国内市场的叉车品牌从国产到进口有几十家,其中国产品牌有合力、杭州、大连、巨鲸、湖南叉车、靖江、柳工、佳力、靖江宝骊、天津叉车、洛阳一拖、上力重工、玉柴叉车、合肥搬易通、湖南衡力等。进口品牌有林德(德国)、海斯特(美国)、丰田(日本)、永恒力(德国)、BT(瑞典)、小松(日本)、TCM(日本)、力至优(日本)、尼桑(日本)、现代(韩国)、斗山大宇(韩国)、皇冠(美国)、OM(意大利)、OPK(日本)、日产(日本)、三菱(日本)等。

先初步确定几个品牌作为考虑的范围,然后综合评估。在初选阶段,一般把以下几方面作为初选的标准:

① 品牌的产品质量和信誉。

② 该品牌的售后保障能力如何,在企业所在地或附近有无服务网点。

③ 企业已用品牌的产品质量和服务。

④ 选择的品牌需要与企业的定位相一致。

初选完成后,对各品牌的综合评估包括品牌、产品质量、价格、服务能力等。很多企业在选择品牌时存在着一定的误区:如果均为进口品牌的叉车,质量都是差不多的,价格也应该是接近的。实际上这是一个常识性的错误,就像汽车一样,进口品牌的汽车很多,不同品牌之间的价格差距也非常大,性能当然也有差别。此外,叉车是一种工业设备,最大限度地保证设备的正常运转是企业的目标之一，停工就意味着损失。因此，选择一个售后服务有保障的品牌是至关重要的。中国的叉车市场非常大，因此吸引了很多国外品牌叉车供应商，但是中国地域辽阔，要想建立一个全国性的专业服务网络，没有一定的时间是难以实现的。

随着市场透明度的增加、各叉车厂商品牌建设的加强，企业的采购行为也将更加理性化，企业和叉车供应商都将趋向于追求双赢的局面，并建立长期的、相互信任的合作关系。对于还未使用叉车且物料搬运量大的企业，有必要比较采用人力搬运和叉车搬运的成本和综合效益，现在叉车的价格、种类和功能已大有改变，往往有比人力搬运更好的选择。

四、其他设备

（一）起重机

1. 概念

起重机是借助各种吊索具从物品上部实施装卸的一类起重机械的总称，主要适用于装卸大件笨重货物。最常用的起重机有龙门起重机、桥式起重机、悬臂起重机等。

2. 特点

起重机是唯一以悬吊方式装卸搬运货物的设备，吊运能力大，适用于装卸大件笨重货物，适用于仓库、港口、车站、露天堆场等场所。

3. 种类

（1）龙门起重机。门式起重机又称为龙门起重机，是桥架通过两侧支腿支承在地面轨道上的桥架型起重机，见图1-21。

（2）桥式起重机。桥式起重机由桥架和起重小车两部分组成，桥架两端通过运行装置直接支承在高架轨道上，沿轨道纵向运行；其中小车在桥架主梁上沿小车轨道横向运行。

（3）悬臂起重机。取物装置悬挂在臂端或悬挂在可沿悬臂运行的起重小车上，悬臂可回转，但不能俯仰的臂架型起重机称为悬臂起重机，见图1-22。

图1-21　龙门起重机

图1-22　悬臂起重机

（二）输送机

1. 概念

输送机是以搬运为主要功能的载运设备，有些输送机兼装卸功能。

2．特点

输送机能实现连续搬运，作业效率高，可实现小范围的轮动，易于规划统筹，作业稳定。

3．种类

（1）皮带输送机。皮带输送机是一种利用连续而具有挠性输送带连续地输送物料的输送机，见图1-23。

（2）辊道输送机。辊道输送机是利用辊子的转动来输送成件物品的输送机。它可沿水平或曲线路径进行输送，结构简单，安装、使用、维护方便，对不规则的物品可放在托盘或者托板上进行输送，见图1-24。

图1-23　皮带输送机　　　　　　　　　　　图1-24　辊道输送机

（三）作业车辆

1．双轮手推车

双轮手推车又称为手车，俗称老虎车，是最常用的人力搬运工具，适用于货物重量为50～100kg、体积不超过0.4m³、运距一般在30m以内的情况，见图1-25。

2．四轮手推车

四轮手推车又称为平板推车，既是搬运工具，又是集装单元器具，能随电梯上下楼或随汽车运输，形式多样，灵活方便，见图1-26。

　　　　　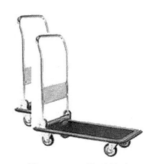

图1-25　双轮手推车　　　　　　　　　　　图1-26　四轮手推车

3．平板拖车

仓库平板拖车是一种安装在定向轮或车轮上的载货平台，它与牵引车配合使用。

（四）手动液压搬运车

手动液压搬运车是一种小巧方便、使用灵活、载重量大、结实耐用的货物搬运工具，俗

称地牛，见图 1-27。搬运车除了具有托运货物的
功能外，为了方便起降货物，车地盘与轮之间带
有液压装置，可以方便地将车推入货箱底座之下，
然后用液压将地盘升高，托起货物，便可拖动货
物移动，到达目的地后，用液压将底盘降落，货
物也随之落地，可以方便地抽出搬运车，省去了
人力搬运的复杂过程。

（五）集装箱

所谓集装箱，是指具有一定强度、刚度和规
格专供周转使用的大型装货容器。使用集装箱转
运货物，可直接在发货人的仓库装货，运到收货

图 1-27　手动液压搬运车

人的仓库卸货，中途更换车、船时，无需将货物从箱内取出换装。按所装货物种类分，集装
箱分为杂货集装箱、散货集装箱、液体货集装箱、冷藏箱集装箱等；按制造材料分，有木集
装箱、钢集装箱、铝合金集装箱、玻璃钢集装箱、不锈钢集装箱等；按结构分，有折叠式集
装箱、固定式集装箱等，固定式集装箱还可分为密闭集装箱、开顶集装箱、板架集装箱等；
按总重分，有 30t 集装箱、20t 集装箱、10t 集装箱、5t 集装箱、2.5t 集装箱等。许多书籍对
集装箱有详细介绍，这里不再详述。

五、自动化立体仓库

（一）自动化立体仓库及其组成

1. 什么是自动化立体仓库

自动化立体仓库又称为自动存取系统、自动仓库、自动化高架仓库、高架立体仓库、无
纸仓库等。它是指通过计算机和相应的自动控制设备对仓库的作业和仓储管理进行自动控制
和管理，并通过自动化系统进行仓库作业的现代化仓库，如图 1-28 所示。

图 1-28　自动化立体仓库

　　自动化立体仓库是第二次世界大战后随着物流与信息技术的发展而出现的一种新的现代化仓库系统。20 世纪 50 年代初，美国出现了采用桥式堆垛起重机的立体仓库；20 世纪 60 年代出现了司机操作的巷道式堆垛起重机立体仓库；1963 年美国率先在高架仓库中采用计算机控制技术，建立了第一座计算机控制的立体仓库。此后，自动化立体仓库在美国和欧洲得到迅速发展。20 世纪 60 年代中期，日本开始兴建立体仓库，并且发展速度越来越快，成为当今世界上拥有自动化立体仓库最多的国家之一。在中国，真正意义上的立体仓库出现在 20 世纪 70 年代。到目前为止，我国已建成自动化立体仓库数百座。

　　自动化立体仓库应用范围很广，几乎遍布所有行业。在我国，自动化高架仓库应用的行业主要有机械、冶金、化工、航空航天、电子、医药、食品加工、烟草、印刷、配送中心、机场、港口等。

　　2. 自动化立体仓库的基本组成

　　1）高层货架

　　高层货架是立体仓库的主要构筑物，一般用钢材或钢筋混凝土制作而成。钢货架的优点是构件尺寸小，仓库空间利用率高，制作方便，安装建设周期短。钢筋混凝土货架的突出优点是防火性好，抗腐蚀能力强，维护保养简单。高层货架按建筑形成可以分为整体式和分离式。

　　2）巷道式堆垛机

　　巷道式堆垛机是立体仓库中最重要的搬运设备，它的主要用途是在高层货架的巷道内来回穿梭，将位于巷道口的货物存入货格，或者从货格中取出货物运到巷道口。按结构形式分为单立柱和双立柱两种基本形式；按服务方式分为直道、弯道和转移车三种基本形式，见图 1-29 和图 1-30。

图 1-29　有轨堆垛机

图 1-30　无轨堆垛机

　　3）周边搬运系统

　　周边搬运系统包括搬运输送机、自动导向车、叉车、台车、托盘等。其作用是配合巷道堆垛机完成货物输送、搬运、分拣等作业，还可以临时取代其他主要搬运系统，使自动存取系统维持工作，完成货物出入库作业。输送机系统是立体库的主要外围设备，负责将货物运送到堆垛机或从堆垛机将货物移走。输送机种类非常多，常见的有辊道输送机、链条输送机、升降台、分配车、提升机、皮带机等。自动导向小车根据其导向方式分为感应式导向小车和激光导向小车。托盘（货箱）是用于承载货物的器具，也称为工位器具。

自动导引车(Automated Guided Vehicle，AGV)又称为无人搬运车，是指装备有电磁或光学等自动导引装置，能够沿规定的导引路径行驶，具有安全保护以及各种移载功能的运输小车。AGV 的关键技术包含导航(Navigation)和导引计算(算法)两部分，导航是指确定 AGV 在系统全局中的坐标位置(X，Y)及车体自身的方位角度(q)；导引计算是指将导航信号转换为 AGV 驱动命令(速度和转向角度)的算法，不同的导引方式有不同的导引算法。目前应用较为广泛的导引技术主要有电磁导引、磁带导引、激光导引和惯性导航，其中激光导引是通过激光束扫描地面反射坐标点，根据三点计算法确定其精确位置与方向，能非常方便地变更走行路径，具有很高的柔性。

自动导向车可自动装载货物，并按预先设置的路线自动行驶，其自动作业的基本功能分为自动载货、自动行驶和自动卸货；AGV 具有独特的功能，其优势表现在很多方面：可以十分方便地与其他物流系统实现自动连接立体、仓库到生产线的连接、立体仓库到立体仓库的连接传递，从而实现自动化物流。完成物流及信息流的自动连接均可以通过无线通信完成信息的自动传递，从而实现自动化物流。

AGV 的最大优势是由于采用埋设在地下的通信电缆或采用激光制导技术，能够保持地面的平整和不受破坏。在许多需要其他交通、运输工具交叉运行的场合，如生产线等，应用十分广泛。

4) 控制系统

自动化立体仓库的控制形式有手动控制、随机自动控制、远距离自动控制和计算机自动控制四种形式。

存取系统的计算机中心或中央控制室接收到出库或入库信息后，通过对输入信息进行处理，又由计算机发出出库指令或入库指令，巷道机、自动分拣机及其他周边搬运设备按指令启动，协调完成自动存取作业，管理人员在控制室对整个过程进行监控和管理。其中库存信息管理系统是全自动化立体库控制系统的核心。目前典型的自动化立体库系统均采用大型数据库系统(如 Oracle、Sybase 等)构筑典型的客户机/服务器体系，可以与其他系统(如 ERP 系统等)联网或集成。

对于立体仓库构成而言，还应包括土建、消防、通风、照明等多方面的内容，共同构成完整的系统。

(二) 自动化立体仓库的分类

自动化立体仓库是一个复杂的综合自动化系统，作为一种特定的仓库形式一般有以下几种分类方式。

1. 按建筑形式可以分为整体式和分离式

整体式是指货架除了储存货物以外，还可以作为建筑物的支撑结构，就像建筑物的一部分，即库房与货架形成一体化结构；分离式是指储存货物的货架独立存在，建在建筑物内部。在现有的建筑物内可改造为自动化仓库，也可以将货架拆除，使建筑物用于其他目的。

2. 按货物存取形式可以分为单元货架式、移动货架式和拣选货架式

单元货架式是一种最常见的结构，货物先放在托盘或集装箱内，再装入仓库货架的货位中。移动货架式由电动货架组成。货架可以在轨道上行走，由控制装置控制货架的合拢和分离。作业时货架分开，在巷道中可进行作业；不作业时可将货架合拢，只留一条作业巷道，从而节省仓库面积，提高空间的利用率。

拣选货架式仓库的分拣机构是这种仓库的核心组成部分，它有巷道内分拣和巷道外分拣

两种方式，每种分拣方式又分为人工分拣和自动分拣。

3. 按货架构造形式可分为单元货位式、贯通式、水平循环式和垂直旋转式

单元货位式仓库是使用最广、适用性较强的一种仓库形式，其特点是货架沿仓库的宽度方向分成若干排，每两排货架为一组，其间有一条巷道供堆垛起重机或其他起重机作业。每排货架沿仓库纵长方向分为数列，沿垂直方向又分若干层，从而形成大量货位，用以储存货物。在大多数情况下，每个货位存放一个货物单元(一个托盘或一个货箱)。在某些情况下，例如，货物单元比较小或者采用钢筋混凝土的货架，则一个货位内往往存放两三个货物单元，以便充分利用货位空间，减少货架投资。在单元货位式仓库中，巷道占去了1/3左右的面积。为了提高仓库利用率，在某些情况下可以取消位于各排货架之间的巷道，将个体货架合并在一起，使同一层同一列的货物互相贯通，形成能依次存放多货物单元的通道。在通道一端，由一台入库起重机将货物单元装入通道，而在另一端由出库起重机取货。

4. 按作用可以分为生产性仓库和流通性仓库

生产性仓库是指工厂内部为了协调工序和工序间进行有节奏的生产而建立的仓库。流通性仓库是一种服务性仓库，它是企业为了调节生产平衡而建立的仓库，这种仓库进出货物比较频繁，吞吐量较大。

(三) 自动化立体仓库的优越性

自动化立体仓库的优越性是多方面的，对于企业来说，可从以下几方面得到体现。

1. 提高空间利用率

早期立体仓库的构想，其基本出发点就是提高空间利用率，充分节约有限且宝贵的土地。在西方有些发达国家，提高空间利用率的观点已有更广泛深刻的含义，节约土地已与节约能源、环境保护等更多方面联系起来。有些甚至把空间的利用率作为系统合理性和先进性考核的重要指标来对待。

立体库的空间利用率与其规划紧密相连，一般来说，自动化高架仓库的空间利用率为普通仓库的2~5倍，这是相当可观的。

2. 便于形成先进的物流系统，提高企业生产管理水平

传统仓库只是货物储存的场所，保存货物是其唯一的功能，是一种"静态储存"。自动化立体仓库采用先进的自动化物料搬运设备，不仅能使货物在仓库内按需自动存取，而且可以与仓库以外的生产环节进行有机的连接，并通过计算机管理系统和自动化物料搬运设备使仓库成为企业生产物流中的一个重要环节。企业外购件和自制生产件进入自动化仓库储存是整个生产过程的一个环节，短时储存是为了在指定的时间自动输出到下一道工序进行生产，从而形成一个自动化的物流系统，这是一种"动态储存"，也是当今自动化仓库发展的一个明显的技术趋势。

以上所述的物流系统又是整个企业生产管理大系统(从订货、必要的设计和规划、计划编制和生产安排、制造、装配、试验、发运等)的一个子系统，建立物流系统与企业大系统间的实时连接，是目前自动化高架仓库发展的另一个明显的技术趋势。

现代化企业对管理提出了更高的要求，"管理出效益"的思维方式已成为大多数现代企业管理者的共识。生产管理是企业管理的一个重要组成部分，主要包括产品规划、生产组织、物流规划、外购外设、产品质量、成本测算等内容。自动化立体库系统作为生产过程的一个中心环节，几乎参与了生产管理的全过程。

3. 加快货物的存取节奏，减轻劳动强度，提高生产效率

建立以自动化立体仓库为中心的物流系统，其优越性还表现在自动化高架库具有的快速的入出库能力，能快速妥善地将货物存入高架库中(入库)，也能快速及时并自动地将生产所需零部件和原材料送达生产线。这一特点是普通仓库所不能达到的。同时，自动化立体仓库的实现是减轻工人劳动强度的最典型的例子，这种劳动强度的减轻是综合的，具体包括以下几方面：

(1) 存取货作业机械化。采用自动巷道堆垛机取代人工存放货物和人工取货，既快捷又省力。由于工人不必进入仓库内工作，工作环境大为改善。

(2) 管理信息化。采用计算机管理系统对货物进行管理，大大增强了货物的管理能力，使仓库管理科学化，准确性和可靠性有质的提高，入出库管理、盘库、报表等工作变得简单快捷，工人的劳动强度大大降低。

(3) 出入库操作简化。自动化立体仓库系统辅以库前辅助输送设备，使入出库变得简单方便。

(4) 人员及工作精简化。自动化立体库系统所需要的操作人员和系统维护人员很少，既节省了人力、物力，节约了资金，又改善了工作环境，一举多得。

4. 减少库存资金积压

经过对一些大型企业的调查了解，由于历史原因造成管理手段落后，物资管理零散，使生产管理和生产环节的紧密联系难以到位，为了到达预期的生产能力和满足生产要求，就必须准备充足的原材料和零部件，这样库存积压就成为一个较大的问题。如何降低库存资金积压和充分满足生产需要，已成为大型企业不得不面对的一个大问题。自动化立体库系统是解决这一问题的最有效的手段之一。

(1) 平衡原料供给和生产。以自动化立体仓库为中心的工厂物流系统解决了生产各环节的流通问题和供求矛盾，使原材料的供给和零部件的生产数量可以达到一个最佳值。

(2) 更精确地确定采购时间。计算机网络系统的建立使原材料和零部件外购件的采购更及时和满足实际需求。

此外，自动化立体仓库有利于提升企业形象，具有巨大的社会经济效益。例如，联想公司自动化物流系统自建成后，接待了国内外团体 1000 多次，其中包括许多国家元首、企业界的代表等，这对提升企业形象产生了巨大的作用。

六、自动分拣机

(一) 自动分拣机作业描述

自动分拣机是将混在一起而去向不同的物品按设定要求自动进行分发配送的设备，它主要由输送装置、分拣机构、控制装置等组成。当分拣物到达分拣口时，通过推拉机构、拨块、倾倒、输送等方式，使分拣物滑动或传输到分拣口，可实现多品种、小批量、多批次、短周期的物品分拣和配送作业。自动分拣机的种类很多，但较为先进的主要有三种：滑靴式分拣机、翻盘/翻板式分拣机、交叉带式分拣机。

自动分拣系统(Automated Sorting System)是二战后在美国、日本的物流中心广泛采用的一种自动分拣系统，该系统目前已经成为发达国家大中型物流中心不可缺少的一部分。该系统的作业过程可以简单描述如下：物流中心每天接收成百上千家供应商或货主通过各种运输工具送来的成千上万种商品，在最短的时间内将这些商品卸下并按商品品种、货主、储位或

发送地点进行快速准确的分类，将这些商品运送到指定地点(如指定的货架、加工区域、出货站台等)，同时，当供应商或货主通知物流中心按配送指示发货时，自动分拣系统在最短的时间内从庞大的高层货架存储系统中准确找到要出库的商品所在位置，并按所需数量出库，将从不同储位上取出的不同数量的商品按配送地点的不同运送到不同的理货区域或配送站台集中，以便装车配送。

（二）自动分拣机的主要特点

1. 能连续、大批量地分拣货物

由于采用大生产中使用的流水线自动作业方式，自动分拣系统不受气候、时间、人的体力等的限制，可以连续运行，同时由于自动分拣系统单位时间分拣件数多，所以自动分拣系统的分拣能力相当于人工分拣连续工作100h以上，每小时可分拣7000件包装商品，如用人工则每小时只能分拣150件左右，同时分拣人员也不能在这种劳动强度下连续工作8h。

2. 分拣误差率极低

自动分拣系统的分拣误差率大小主要取决于所输入分拣信息的准确性，这又取决于分拣信息的输入机制，如果采用人工键盘或语音识别方式输入，则误差率在3%以上，如果采用条形码扫描输入，除非条形码的印刷本身有差错，否则不会出错。因此，目前自动分拣系统主要采用条形码技术来识别货物。

3. 分拣作业基本实现无人化

国外建立自动分拣系统的目的之一就是减少人员的使用，减轻员工的劳动强度，提高人员的使用效率，因此自动分拣系统能最大限度地减少人员的使用，基本做到无人化。分拣作业本身并不需要使用人员，人员的使用仅限于以下工作：

（1）送货车辆抵达自动分拣线的进货端时，由人工接货。

（2）由人工控制分拣系统的运行。

（3）分拣线末端由人工将分拣出来的货物进行集载、装车。

（4）自动分拣系统的经营、管理与维护。

例如，美国一公司配送中心面积为10万 m² 左右，每天可分拣近40万件商品，仅使用约400名员工，这其中部分人员都在从事上述(1)、(3)、(4)项工作，自动分拣线做到了无人化作业。

（三）自动分拣系统的组成

自动分拣系统一般由控制装置、分类装置、输送装置及分拣道口组成。控制装置的作用是识别、接收和处理分拣信号，根据分拣信号的要求指示分类装置，按商品品种、商品送达地点或货主的类别对商品进行自动分类。这些分拣需求可以通过不同方式，如可通过条形码扫描、色码扫描、键盘输入、重量检测、语音识别、高度检测及形状识别等方式，输入分拣控制系统中，根据对这些分拣信号的判断，来决定某一种商品该进入哪一个分拣道口。

分类装置的作用是根据控制装置发出的分拣指示，当具有相同分拣信号的商品经过该装置时，该装置动作，改变在输送装置上的运行方向进入其他输送机或进入分拣道口。分类装置的种类很多，一般有推出式、浮出式、倾斜式和分支式几种，不同的装置对分拣货物的包装材料、包装重量、包装物底面的平滑程度等有不完全相同的要求。

输送装置的主要组成部分是传送带或输送机，其主要作用是使待分拣商品鱼贯通过控制装置、分类装置，并输送至装置的两侧，一般要连接若干分拣道口，使分好类的商品滑下主输送机(或主传送带)，以便进行后续作业。

分拣道口是已分拣商品脱离主输送机(或主传送带)进入集货区域的通道，一般由钢带、皮带、滚筒等组成滑道，使商品从主输送装置滑向集货站台，在那里由工作人员将该道口的所有商品集中后或是入库储存，或是组配装车并进行配送作业。

以上四部分装置通过计算机网络连接在一起，配合人工控制及相应的人工处理环节构成一个完整的自动分拣系统。

（四）自动分拣系统的适用条件

在引进和建设自动分拣系统时一定要考虑以下条件。

1. 一次性投资巨大

自动分拣系统本身需要建设短则 40～50m，长则 150～200m 的机械传输线，还有配套的机电一体化控制系统、计算机网络及通信系统等，这一系统不仅占地面积大，动辄 2 万 m² 以上，而且一般自动分拣系统都建在自动主体仓库中，这样就要建 3～4 层楼高的立体仓库，库内需要配备各种自动化的搬运设施,这丝毫不亚于建立一个现代化工厂所需要的硬件投资。这种巨额的先期投入要花 10～20 年才能收回，如果没有可靠的货源作为保证，则有可能系统大都由大型生产企业或大型专业物流公司投资，小企业无力进行此项投资。

2. 对商品外包装要求高

自动分拣机只适用于分拣底部平坦且具有刚性的包装规则的商品。袋装商品、包装底部柔软且凹凸不平、包装容易变形、易破损、超长、超薄、超重、超高、不能倾覆的商品不能使用普通的自动分拣机进行分拣，因此为了使大部分商品都能用机械进行自动分拣，可以采取两条措施：①推行标准化包装，使大部分商品的包装符合国家标准；②根据所分拣的大部分商品的统一的包装特性定制特定的分拣机。但要让所有商品的供应商都执行国家的包装标准是很困难的，定制特定的分拣机又会使硬件成本上升，并且越是特别的其通用性就越差。因此，公司要根据经营商品的包装情况来确定是否建或建什么样的自动分拣系统。

七、智能仓库

智能仓库利用物联网技术、视频技术等各种先进技术，可快速、准确地进行数据采集和处理，保证货物仓库管理各个环节数据输入的速度和准确性，确保企业准确地掌握库存的真实数据，合理保持和控制企业库存，优化仓库业务流程，从而实现仓库的标准化和高效化运营。

（一）传统仓库管理的难点

目前市场竞争日益激烈，提高生产效率、降低运营成本，对于企业来说至关重要。仓储物流管理广泛应用于各个行业，设计及建立整套健全的仓储管理流程，提高仓储周转效率，减少运营资金的占用，使冻结的资产变成现金，减少由于仓储淘汰所造成的成本，是企业提高生产效率的重要环节。

传统的仓库管理一般依赖于一个非自动化的、以纸张文件为基础的系统来记录、追踪进出的货物，完全由人工实施仓库内部的管理，因此仓库管理的效率极其低下，所能管理的仓库规模也很小。仓储管理通常使用的条码标签或是人工仓储管理单据等方式支持自有的仓储管理，这些管理方式有着明显的缺点：①条码管理，易复制、不防污、不防潮而且只能近距离、可视范围读取；②人工录入，工作烦琐，数据量大易出错，增加仓储环节人工成本；③手工盘点工作量大，导致盘点周期长，货物缺失或者偷盗不能及时发现。

　　随着企业规模的不断发展，仓库管理的物资种类及数量在不断增加、出入库频率剧增，仓库管理作业也已十分复杂和多样化，传统的人工仓库作业模式和数据采集方式已难以满足仓库管理快速、准确的要求，严重影响了企业的运行工作效率，成为制约企业发展的一大障碍。

　　（二）RFID 技术在仓库管理中的应用

　　目前 RFID 技术正在为供应链领域带来一场巨大的变革，以识别距离远、快速、不易损坏、容量大等条码无法比拟的优势，简化繁杂的工作流程，有效改善供应链的效率和透明度。随着 RFID 技术的迅速发展，因耐用可靠、操作迅速方便的优点，正被广泛地应用于公路收费、考勤、门禁、餐厅记账及身份识别等系统中，给人民生活带来了前所未有的方便。

　　把 RFID 技术应用于仓库管理比较理想，这也是 RFID 技术一个新的应用领域。对仓库到货检验、入库、出库、调拨、移库移位、库存盘点等各个作业环节的数据进行自动化的数据采集，保证仓库管理各个环节数据输入的速度和准确性，确保企业及时准确地掌握库存的真实数据，合理保持和控制企业库存。通过科学地编码，还可方便地对物品的批次、保质期等进行管理。利用系统的库位管理功能，可以更及时掌握所有库存物资当前所在位置，有利于提高仓库管理的工作效率。

　　（三）系统组成

　　下面以摩佰尔(天津)电子科技有限公司的仓储管理系统为例说明系统组成。

　　1. 系统框架结构(图 1-33)

　　RFID 是一种利用射频通信实现的非接触式自动识别技术。RFID 标签具有体积小、容量大、寿命长、可重复使用等特点，支持快速读写、多目标识读、非可视识别、移动识别、定位及长期跟踪管理。RFID 系统结构如图 1-31 所示。

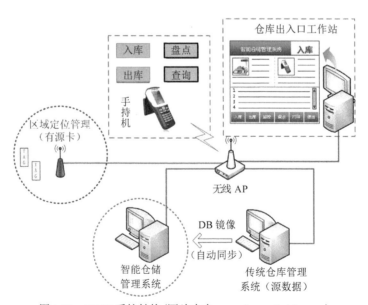

图 1-31　RFID 系统结构(图片来自 www.image.baidu.com)

　　基于 RFID 技术的仓库管理系统设计的目的是实现物品出/入库控制、物品存放位置及数量统计、信息查询过程的自动化，方便管理人员进行统计、查询和掌握物资流动情况，达到方便、快捷、安全、高效等要求。

2．系统组成

RFID 系统由 RFID 电子标签（RFID Tag）、读写器（天线＋控制器）、PC 等高级设备、手持终端四要素构成。RFID 电子标签由可保存大量数据的 IC 芯片及天线构成，根据 PC 等高级设备的指令，保存在 RFID 芯片中的数据可由读写器读取或擦写。

1）RFID 电子标签

RFID 电子标签（图 1-32）内置全球唯一 ID，并拥有 96bit/240bit 空间存储用户定制信息；防水，防油污；使用寿命长；读取距离长，标签数据可以加密，且信息防篡改；标签可擦写，可循环利用。

图 1-32　RFID 电子标签

2）远距离读写器

采用串口与计算机通信；RFID 电子标签非接触式地读取货物信息，准确率为 98%。读写距离可达 8m，工作频率为 900MHz，符合 EPC global Gen2 ISO18000-6C 标准和 FCC 条例；读取性能可靠，可以在读取器密集环境中工作；标签数据速率高达 640Kbit/s，每秒读取 1000 个标签；信号接收敏感度达-80dB；主要用于航空、高速路、时装、药品、资产管理、防伪、零售等。

3）便携式短距离读写器

支持协议标准 ISO18000-6B、EPC Class 1、EPC Class 1 GEN 2；最大射频输出功率为 30dBm；识别卡时间为单卡识别小于 8ms；读/写卡时间为读每 8 字节小于 5ms，写每 4 字节小于 25ms；通信接口为 RS-232、RS485、Wiegand26/34、USB；工作状态提示采用蜂鸣器、通信指示灯、电源指示灯、读卡指示灯。

4）智能盘点车

可对托盘以及高层货架的存货进行盘点，一次充电可连续不间断工作 8h，通过 WiFi 或者是 GPRS 与系统数据同步，读写距离可达 8m，工作频率为 900MHz，符合 EPC global Gen2 ISO18000-6C 标准，符合 FCC 条例，读取范围大，准确率高，智能盘点车见图 1-33。

图 1-33　智能盘点车

5）智能手持终端

智能手持终端可实现手持读取 RFID 标签信息，显示产品信息，读取距离为 1～2m，可实现存货移位、查询、分销商店内盘点。可通过 WiFi、GPRS 网络实时与系统进行数据交换，兼容 IC 智能卡、实现 UHF RFID、HF RFID 和一维/二维条形码扫描功能，同时装备了数据加密、操作人员授权功能，设备硬件配置是目前国际上同类产品中功能最全、配置最高的便携式自动识别装置，被广泛应用于物流管理、生产管理、金融押运管理、路桥停车收费管理、资产管理等方面。智能手持设备如图 1-34 所示。

图 1-34　智能手持终端

6）管理软件

进出库管理软件：对阅读器采集的数据进行处理，可与用户现有应用系统对接；同时根据用户实际需求提供应用系统的定制开发。

二维电子货位管理软件：跟踪货位信息、货物存放位置，方便入库时货位准备，出库快速搜索，保证先进先出，避免存货浪费和过期，提高仓库利用率。同时根据用户实际需求，提供应用系统的定制开发，如图 1-35 所示。

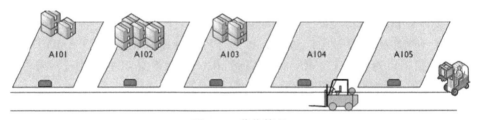

图 1-35　货位管理

（四）系统实施

良好的货位管理可以为仓库提高作业效率和降低成本，增加货品吞吐量，改善劳动力的使用，减少工伤，更好地利用空间和减少产品的破损。

1. 入库

在成品包装车间，工人先将 RFID 电子标签贴在产品上，成批装箱后贴上箱标，需打托盘的也可在打完托盘后贴上托盘标；将包装好的货物产品由装卸工具经由 RFID 阅读器与天线组成的通道进行入库(可根据库房的大小设定通道的宽度)，RFID 设备将会自动获取入库数量并传送信息至系统保存，如果用带有标签的托盘直接运送，每托盘货物信息通过进货口读写器写入托盘标，同时形成订单数据关联，然后通过计算机仓储管理信息系统运算出库位(或人工在一开始对该批入库指定库位)。

2. 出库

物流部门的发货人根据销售要求的发货单生成出库单，即根据出库优先级(如生产日期靠前的优先出库)向仓库查询出库货物存储仓位及库存状态，如有客户指定批号则按指定批号查询，并生成出库货物提货仓位及相应托盘所属货物。

领货人携出库单至仓库管理员，仓管员核对信息安排叉车司机执行对应产品出库。叉车提货经过出口闸，出口闸 RFID 阅读器读取托盘上的托盘标获取出库信息，并核实出库产品与出库单中列出产品批号与库位是否正确。

出库完毕后，仓储终端提示出库详情供管理员确认，并自动更新资料到数据库。当商品出库时，系统库存自动减少，因此库存只能通过重新入库或者出库更改，否则无法改变。

3. 盘点

盘点时不需要人工的检查质询要仓管人员使用智能盘点车或者手持终端，在每个货架或者是托盘边推过，智能盘点车/手持终端能够读取货架或者托盘上的货物的数量种类，并进行累加，当库存数量不满足一定数量的时候，系统可报警提示。盘点完成后生成盘点报表，并提供系统内的数据信息与仓库实际存货的数量对比，以供仓管人员参考。同时可根据需要修正系统内的数据信息，保证货账一致，也可连接打印机直接打印成报表形式。

仓库管理员也可以通过手持式读写器随时查找所需要的商品，查询具体某一商品的具体信息，如保质期、入库日期、箱(包或件)内的数量等。

如将供应链计划系统制订的收货计划、取货计划等与射频识别技术相结合，能够高效地完成指定堆放区域、上架取货和补货等各种业务操作，增强了作业的准确性和快捷性，提高了服务质量，降低了成本，节省了劳动力和库存空间，同时减少了整个物流中由于商品误置、偷窃、损害和库存、出货错误等造成的损耗；盘点时不需要人工检查，更加快速准确，并且减少了损耗和人力；并可提供有关库存情况的准确信息，管理人员可由此快速识别并纠正低效率运作情况，从而实现快速供货，并最大限度地减少储存成本。

4. 标签回收

当仓库管理员确认发货准确无误时，将贴(或挂)在商品上的 RFID 电子标签收回，以便仓库管理重复使用。

5. 系统绩效

(1) 人工可降低 20%～30%。

(2) 99%的仓库产品可视化，降低商品缺失的风险。

(3) 改良的供应链管理将降低 20%～25%的工作服务时间。

(4) 提高仓储信息的准确性与可靠性。

(5) 高效、准确地采集数据，提供作业效率。

(6) 入库、出库数据自动采集，降低人为失误。

(7) 降低企业仓储物流成本。

【阅读资料】

智能仓储——物流网新时代

引入世界前沿科技——物联网技术，实现应急物资储备仓库的"存储、配送、盘点"三大智能化。浙江嘉兴电力局应急物资储备仓库作为华东唯一，全国 6 个应急物资储备仓库之一，日前获评了国网公司首个五星级仓库。坐落于嘉兴电力综合园区的嘉兴电力局应急物资储备仓库建于 2010 年 10 月份，占地面积 14400m^2，是该局根据国网公司和省公司的要求，针对电网应急储备物资的特点，建成的具有前沿科技的智能化应急储备仓库。

物联网技术的率先应用是智能化仓储的一大亮点，在该局储备仓库内，一件物料从出厂前的信息，如厂家名称、出厂日期、型号等，到入库的状态，如是否通过检测、验收，以及检测数据报告，再到物料出库后的去向，如该物料用于哪个项目，甚至可以细化到地址和方位等，物联网技术在仓储管理中的初步运用初步实现了物料和物料之间的信息交流和通信，智能化识别、定位为、追踪、监控和管理。

该储备仓库中，大大小小的物料品种都被依次摆放在被称为存放单元，尺寸为 1.2m×1m 的蓝色塑料托盘内,这些看似普通的托盘外侧贴有状如创可贴般大小的白色小片,那就是计算机记忆芯片,里面记载着托盘中所有货物的名称、型号、厂商、检验状态等一系列从出厂、入库到出库等所有信息,成为每件物料的包含身份、状态等信息在内的电子标签。

货物入库时,贴有电子标签的托盘载着物品通过 RFID 系统,进行电子标签扫描,将自动接收到的数据信号传输到计算机进行入库数据处理;然后叉车将物料运送到自动传输带之后,堆垛机将物资自动存放到立体货架的指定位置,入库单同步进入 EAP-SAP 管理系统,从而完成物资的入库流程。出库时同样也必须经过射频扫描,数据自动录入,一切都是自动的,无需人为干预,实现了物资自动出入库、自动盘点、自动生成装车计划以及运输车辆实时监控等功能。在该局储备仓库,GPS、RFID、OTA 等高新传输、识别技术随处可见,物资存储实现了保管智能化、物资配送智能化、物资盘点智能化。

在智能仓储试点获得成功的基础上,该局还进一步拓展了其智能化应用领域。如今,智能化仓库技术一直覆盖到基层供电营业所的物料小库,实现了大库与小库之间的远程联网。作为有着良好的小库信息化管理基础的部分基层供电营业所实现了小库物资申报、验收、入库、保管、领用、退料、废旧物资回收等工作的网络化,到 2011 年 2 月,嘉兴南湖、秀洲、滨海供电分局等共 5 个基层供电营业所的物料小库纳入局系统的 EAP-SAP 管理系统,实现了物料信息流的动态共享,进一步了解大库流向小库后其物料的具体使用情况,也方便了小库与小库之间的物料调配和互补,为企业的精益化管理节约了成本,提高了效率。(资料来源:中华工控网 http://www.gkong.com/item/news/2011/08/60237.html 2011/8/2 10:28:19)

【任务实施】

教师首先介绍背景知识,通过 PPT 和图片对货架、托盘、叉车等设备的功能分类进行讲解,让学生有初步认识,然后带领学生到仓库参观和操作训练,使学生对仓库的设备配置有直观认识。

【归纳总结】

仓储设备的配置是仓储系统规划的重要内容,关系到仓库建设成本和运营费用,更关系到仓库的生产效率和效益。仓储设备是指仓储业务所需的所有技术装置与机具,即仓库进行生产作业或辅助生产作业以及保证仓库及作业安全所必需的各种机械设备的总称。根据设备的主要用途和特征,仓储设备可以分为货架系统、装卸搬运设备、计量检验设备、分拣设备、养护照明设备、安全设备以及其他用品和工具等。自动化立体仓库是自动化技术和立体仓库相结合的产物,由于其具有很高的空间利用率、很强的入出库能力且采用计算机进行控制管理,从而有利于企业实施现代化管理。

通过学习,应掌握以下内容:

(1)货架的分类及其作用。

(2)托盘的分类及用途。

(3)叉车的分类及用途。

(4)仓库设备选择考虑仓储商品的配套。

【实训任务(一)】

物流设备操作训练

(1)观察货架的结构和材质,比较不同货架的承重特点和使用要求。

(2)观察托盘的结构和材质,比较不同托盘的特点和使用要求。

(3)现场观察叉车,了解叉车结构特点及其与托盘的对应关系。

(4)简单学习叉车操作方法。

【实训任务（二）】

货物保管堆存的操作训练

了解相关知识：

(1) 货物存放的基本原则。

(2) 货物码垛的基本要求。

(3) 货物的垫垛。

(4) 货物存放的基本方法。

(5) 垛形与码垛。

(6) 货垛苫盖。

(7) 货垛牌。

操作：分组进行货物垫垛、码垛、苫盖操作。

【实训任务（三）】

选择仓储设施设备

方达仓储物流有限公司（以下简称方达物流公司）成立于 2000 年，是一家实力雄厚的第三方物流企业，该公司以仓储业务为主，同时提供运输、市内配送和流通加工等物流服务。公司占地 200 亩（1 亩=666.7m²），拥有 6 万 m² 的露天货场、2 万 m² 的简易货棚和 4 万 m² 的普通库房。

2011 年 9 月，方达物流公司与兴华电子贸易公司签订了仓储合同，方达物流公司承诺为兴华电子贸易公司准备一个专业库房用于储存电子产品。

目前方达物流公司已经为兴华电子贸易公司库房修建了一间新库房，该库房长 50m、宽 40m、高 8m，地坪车载重量 200kg/m²。

如果你是方达物流公司的仓储部经理，你应该为新仓库选择和准备哪些设施和设备才能开展正常的仓储业务呢？

【项目小结】

本项目介绍仓库的形式和建筑要求、仓库内部布局、自动化仓库以及常用仓库设备等相关知识。现代仓库总平面规划，就是根据现代仓库总体设计要求，科学地解决生产和生活两大区域的布局问题。仓库对储存商品进行科学管理的一种重要方法是实现分区、分类和定位保管。通过案例情景导入课程，认识现代化的仓储设施、设备对发展现代物流业的重要作用，本项目涉及仓储企业的众多设施设备，为了增加感性认识，对本项目中的仓储建筑物、装卸搬运设备、保管设备及各项库场设备、托盘、货架、叉车等要安排现场参观考察和实训，掌握设备的基本使用方法和保养常识。

【关键概念】

(1) 仓库：保管、储存物品的建筑物和场所的总称。

(2) 保税仓库：经海关批准，在海关监管下专供存放未办理关税手续而入境或过境货物的场所。

(3) 自动化仓库：由电子计算机进行管理和控制，不需要人工搬运作业而实现收发作业的仓库。

(4) 立体仓库：采用高层货架配以货箱或托盘储存货物，用巷道堆垛起重机及其他机械进行作业的仓库。

(5) 仓库布局：在一定区域或库区内，对仓库的数量、规模、地理位置、仓库设施、道路等要素进行科学规划和总体设计。

(6) 货场：用于存放某些物品的露天场地。

(7) 货架：用支架、隔板或托架组成的立体储存货物的设施。

(8) 托盘：用于集装堆放搬运和运输的放置作为单元负荷的货物和制品的水平平台装置。

(9) 叉车：具有各种叉具，能够对货物进行升降、移动以及装卸作业的搬运车辆。

【思考与练习】

(1) 解释仓库的概念。

(2) 仓库具有哪些功能？

(3) 说明仓库的分类。

(4) 仓库的主要设备有哪些？

(5) 自动化立体仓库的功能有哪些？

(6) 构成自动化立体仓库的主要设备有哪些？

(7) 仓库布局时应考虑的因素有哪些？

(8) 某配送中心准备建一个综合型仓库，计划采用两种储存方法：一种是就地堆码，其货物的最高储存量为1200t，已知这种货物的仓容物资储存定额是 5t/m²，堆存货物的面积利用系数是 0.5；另一种是上货架储放，其货物最高储存量为630t，货架长 8m、宽 2.5m、高 6m，货架容积充满系数为 0.7，上架存放货物的单位质量是 150kg/m³，若货架摆放方式为纵列式，主通道宽度为 3.5m，副通道宽度为 2.5m，仓库宽度方向放 10 个纵向货架，则设计此仓库的有效面积是多少？使用面积是多少？该仓库的面积利用系数是多少？绘出仓库平面布置示意图。

【案例分析】

案例 1 各种仓储货架方式的比较与分析

某仓库长和宽分别是 48m 和 27m，该仓库托盘单元货物尺寸为 1000mm（宽）× 1200mm（深）×1300mm（高），重 1t。仓库若采用窄通道（VNA）系统，可堆垛 6 层，仓库有效高度可达 10m；而其他货架方式只能堆垛 4 层，有效高度为 7m。

下面比较几种不同的货架和叉车、堆垛机系统方案，其货仓容量、叉车类型和最佳性价比。

1. 窄通道系统

该系统货物可实现先进先出，取货方便，适用于仓库屋架下弦较高，如 10m 左右。因采用高架叉车，采购价为 58 万元，地面需要加装侧向导轨。叉车通道宽为 1760mm，总存货量为 2088 个货位。货架总造价为 41.76 万元，仓库总造价为 129.6 万元，工程总投资为 229.36 万元，系统平均造价为 1098 元/货位。

2. 驶入式货架系统

货物先进后出且单独取货困难；但存货密度高，适用于面积小、高度适中的仓库。该系统适用于货品单一、成批量进出货的仓库。系统采用平衡重式电动叉车，采购价为 22.5 万元，叉车直角堆垛通道宽度为 3200mm，总存货量为 1812 个货位，货架总造价为 43.5 万元。仓库建筑总造价为 123.12 万元，工程总投资为 189.12 万元，系统平均造价为 1044 元/货位。

3. 选取式货架系统

货物可先进先出，取货方便。该系统对货物无特殊要求，适用于各种类型的货物，但属于传统型仓库系统，货仓容量较小。系统采用电动前移式叉车，采购价为 26 万元，叉车直角堆垛通道宽度为 2800mm，总存货量为 1244 个货位，货架总造价为 16.2 万元，仓库建筑总造价为 123.12 万元，工程总投资为 165.32 万元，系统平均造价为 1329 元/货位。

4. 双深式货架系统

货物可先进后出，取货难度适中。该系统货仓容量较大，可与通廊式货架媲美；且对货物和货仓无特殊要求，适应面广。系统采用站驾式堆高车和伸缩叉，采购价为 25 万元，叉车直角堆垛通道宽度为 2800mm，总存货量为 1716 个货位，货架总造价为 24 万元，仓库建筑总造价为 123.12 万元，工程总投资为 172.12 万元，系统平均造价为 1003 元/货位。

通过以上比较可以看出，除了投资成本不同，4 种不同的货架仓储方式有各自的特点。

窄通道系统能有效利用仓库的空间(通道最小)，同时又能保证有很好的存取货速度和拣选条件(每个托盘都能自由存取和拣选)。该类仓库系统每台设备的存取货速度为 30~35 个托盘，适合于各种行业，特别是种类比较多或进出速度较快的情况；仓库越大仓库的进出量越大，使用该系统的设备数量增加不会很多，成本反而有所降低。近年来，这种系统的仓库已越来越多，特别是大型仓库。

驶入式系统可以有效地利用仓库的空间(货架排布密度大)，但不能满足拣选的要求。每个托盘不能自由存取，适合于种类比较单一、大批量进出状况的作业。该系统的出货速度不快，每小时只有 10~12 个托盘。该系统一般在较少的行业使用。

选取式货架系统是使用最广泛的一种，不能非常有效地利用仓库的空间，但能保证有很好的存取速度和拣选条件(每个托盘都能自由存取和拣选)。该类仓库系统每台设备的存取速度大约为每小时 15~18 个托盘，适用于各种行业。随着仓库的增大，仓库的进出量越大，使用该系统的设备数量增加越多，所以成本会增加；但它的活性非常好，第三方物流的仓库大都采用这种形式。

双深式货架系统是选取式和驶入式货架系统的结合体，可以非常有效地利用仓库的空间(货架排布密度较大)，又能保证有很好的存取货速度和拣选条件(每两个托盘都能自由存取和拣选)。该类仓库系统每台设备的存取速度大约为每小时 12~15 个托盘，它的灵活性也较好，随着仓库的增大，仓库的进出量增大，使用该系统的设备数量增加不会较多，所以成本基本保持不变。近年来，这种系统的仓库使用已逐步增多，没有行业限制，但货物种类不能太多。

综合来看，每种仓库系统各有特色，各公司要按照各自的行业特点来选择最适合的、性价比最高的系统。当然，每个系统并不是独立的，可以结合使用，根据不同的物流方式、进出货速度、货物品种、进出量来选择。(案例选编自《物流设施与设备》.清华大学出版社，北京交通大学出版社，2005 年)

【思考题】

比较各种仓储货架方式，说明各自的优缺点。

案例 2　自动化仓库的困惑

20 世纪 70 年代，北京某汽车制造厂建造了一座高层货架仓库(自动化仓库)作为中间仓库，存放装配汽车所需的各种零配件。此厂所需的零配件大多数是由其协作单位生产，然后运至自动化仓库。该厂是我国第一批发展自动化仓库的企业之一。

该仓库结构分高库和整理室两部分，高库采用固定式高层货架与巷道堆垛机结构，从整理室到高库之间设有辊式输送机。当入库的货物包装规格不符合托盘或标准货箱时，还需要对货物的包装进行重新整理，这项工作在整理室进行。由于当时各种物品的包装没有标准化，所以整理工作的工作量相当大。

货物的出入库运用计算机控制与人工操作相结合的人机系统，这套设备在当时是相当先进的。该库建在该厂的东南角，距离装配车间较远，因此，在仓库与装配车间之间需要进行二次运输，即将所需的零配件先出库，装车运输到装配车间，然后才能进行组装。

自动化仓库建成后，这个先进设施在企业的生产经营中所起的作用并不理想。因此，其利用率也逐年下降，最后不得不拆除。

【思考题】

(1) 帮助该企业分析自动化仓库为什么在该企业没有发挥其应有作用的原因。

(2) 我们从中得到了哪些启示？

案例 3 蒙牛乳业自动化立体仓库案例

内蒙古蒙牛乳业泰安有限公司乳制品自动化立体仓库，是蒙牛乳业公司委托太原刚玉物流工程有限公司设计制造的第三座自动化立体仓库。该库后端与泰安公司乳制品生产线相衔接，与出库区相连接，库内主要存放成品纯鲜奶和成品瓶酸奶。库区面积 8323m²，货架最大高度 21m，托盘尺寸为 1200mm×1000mm，库内货位总数为 19632 个。其中，常温区货位数为 14964 个，低温区货位有 46687 个。入库能力 150 盘/h，出库能力 300 盘/h，出入库采用联机自动实现。

一、工艺流程及库区布置

根据用户存储温度的不同要求，该库划分为常温和低温两个区域。常温区保存鲜奶成品，低温区配置制冷设备，恒温 4℃，存储瓶酸奶。按照生产→存储→配送的工艺及奶制品的工艺要求，经方案模拟仿真优化，最终确定库区划分为入库区、储存区、托盘(外调)回流区、出库区、维修区和计算机管理控制室 6 个区域。

入库区由 66 台链式输送机、3 台双工位高速梭车组成，负责将生产线码垛区完成的整盘货物转入各入库口。双工位穿梭车则负责生产线端输送机输出的货物向各巷道入库口的分配、转动及空托盘回送。

储存区包括高层货架和 17 台巷道堆垛机。高层货架采用双托盘货位，完成货物的存储功能。巷道堆垛机则按照指令完成从入库输送机到目标的取货、搬运、存货及从目标货位到出货输送机的取货、搬运、出货任务。

托盘(外调)回流区分别设在常温储存区和低温储存区内部，由 12 台出库口输送机、14 台入库口输送机、巷道堆垛机和货架组成，分别完成空托盘回收、存储、回送、外调货物入库、剩余产品和退库产品入库、回送等工作。

出库区设置在出库口外端，分为货物暂存区和装车区，由 34 台出库输送机、叉车和运输车辆组成。叉车司机通过电子看板、射频终端扫描完成装车作业，反馈发送信息。

维修区设在穿梭车轨道外一侧，在某台空梭车更换配件或处理故障时，其他穿梭车仍旧可以正常工作。

计算机管理控制室设在二楼，用于出入库登记以及出入库高度、管理和联机控制。

二、设备选型及配置

(一) 货架

1. 主要使用要求和条件

托盘单元载重能力为 850kg/400kg(常温区/低温区)。存储单元体积为 1000mm (运行方向）×1200mm（沿货叉方向）×1470mm（货高含托盘）；库区尺寸为9884m²，库区建筑为撕开屋顶，最高点23m。

2. 货架规格

根据使用要求和条件，结合刚玉公司设计经验，经力学计算和有限元分析优化，确定采用具有异形截面、自重轻、刚性好、材料利用率高、表面处理容易、安装和运输方便的双货位横梁式组合货架。其中，货架总高度分别有21000mm、19350mm、17700mm、16050mm、14400mm和12750mm。货架规模为常温区14964个，低温区4668个。

3. 货架主材

主柱：常温区选用刚玉公司自选轧制的126型异型材，低温区采用120型异型材。横梁：常温区选用刚玉公司自轧制异型材，55BB区采用5BB型异型材。天地轨：地轨采用30kg/m钢轨；天要采用16号工字钢。

4. 采用的标准和规范

JB/T5323—1991立体仓库焊接式钢结构货架技术条件；JB/T9018—1999有轨巷道式高层货架仓库设计规范；CECS 23：90钢货架结构设计规范和Q/140100GYCC001—1999货架用异型钢材。

5. 基础及土建要求

仓库地面平整度允许偏差±10mm；在最大载荷下，货架区域基础地坪的沉降变形应小于1/1000。

6. 消防空间

货架北部有400mm空间，200mm安装背拉杆，200mm安装消防管道。

（二）有轨巷道堆垛机

1. 主要技术参数

堆垛机高度：21000mm、19350mm、17700mm、16050mm、14400mm和12750mm。堆垛机额定载重量为850kg/400kg；载货台宽度为1200mm；结构形式为双立柱；运行速度为5～100m/min（变频调速）；起升速度为4～40m/min（变频调速）；货叉速度为3～30m/min（变频调速）。停准精度：超升、运行≤±10mm，货叉≤±5mm；控制方式有联机自动、单机自动、手动；通信方式为远红外通信；供电方式采用安全滑触线供电；供电容量为20kW、三相四线制380V、50Hz。

2. 设备配置

有轨巷道堆垛起重机主要由多发结构、起升结构、货叉取货结构、载货台、断绳安全保护装置、限速装置、过载与松绳保护装置以及电器控制装置等组成。

驱动装置：驱动装置采用德国德马格公司的产品，该产品具有性能优良、体积小、噪声低、维护保养方便等特点。变频调整：驱动单元采用变频调速，可满足堆垛机出入库平衡操作和高速运行，具有启动性能好、调速范围宽、速度变化平衡、运行稳定并有完善的过压、过流保护功能。堆垛机控制系统：先用分解式控制、控制单元采用模块式结构，当某个模块发生故障时，在几分钟内便可更换备用模块，使系统重新投入工作。安全保护装置：堆垛机起升松绳和过载、娄绳安全保护装置；载货台上、下极限位装置；运行及起升强制换速形状和紧急限位器；货叉伸缩机械限位挡块；货位虚实探测、货物高度及歪斜控制；电器连锁装置；各运行端部极限设缓冲器；堆垛机设作业报警电铃和警示灯。

3. 控制方式

手动控制：手动控制是由操作人员通过操作板的按钮和万能转换形状，直接操作机器运行，包括水平运行、载货台升降、货叉伸缩三种动作。

单机自动：单机自动控制是操作人员在出入库端通过堆垛机电控柜上的操作板，输入入(出)库指令，堆垛机将自动完成入(出)库作业，并返回入(出)库端指令。

在线全自动控制：操作人员在计算机中心控制室，通过操作终端输入入(出)库任务或入(出)库指令，计算机与堆垛机通过远红外通信连接将入(出)库指令下达到堆垛机，再由堆垛机自动完成入(出)库作业。

(三) 输送机

1. 主要技术参数

额定载荷为 850kg/400kg(含托盘)；输送货物规格为 1200mm×1000mm×1470mm(含托盘)；输送速度为 12.4m/min。

2. 设备配置

整个输送系统由两套 PLC 控制系统控制，与上位监控机相连，接收监控机发出的作业命令，返回命令的执行情况和子系统的状态等。

(四) 双工位穿梭车

系统完成货物的输送，其中一工位完成成品货物的接送功能，另一工位负责执行托盘的拆卸分配。主要技术参数有：安定载荷为 1300kg；接送货物规格为 1200mm×1000mm×1470mm(含托盘)；最大空托盘数为 8 个；空托盘最大高度为 1400mm；运行速度为 5～160m/min(变频调速)；输送速度为 12.4m/min。

(五) 计算机管理与控制系统

依据蒙牛乳业泰安有限公司立库招标的具体需求，考虑企业长远目标及业务发展需求，针对立库的业务实际和管理模式，为本案例制订了一套适合用户需求的仓储物流管理系统，主要包括仓储物流信息管理系统和仓储物流控制与监控系统两部分。仓储物流信息管理系统实现上层战略信息交流、中层管理信息流的管理；仓储物流控制与监控系统实现下层信息流与物流作业的管理。

1. 仓储物流信息管理系统

(1) 入库管理。实现入库信息采集、入库信息维护、脱机入库、条形码管理、入库交接班管理、入库作业管理、入库单查询等。

(2) 出库管理。实现出库单据管理、出库货位分配、脱机出库、发货确认、出库交接班管理、出库作业管理。

(3) 库存管理。对货物、库区、货位等进行管理，实现仓库调拨、仓库盘点、存货调价、库存变动、托盘管理、在库物品管理、库存物流断档分析、积压分析、质保期预警、库存报表、出库报表等功能。

(4) 系统管理。实现对系统基础资料的管理，主要包括系统初始设置、系统安全管理、基础资料管理、物料管理模块、业务资料等模块。

(5) 配送管理。实现车辆管理、派车、装车、运费结算等功能。

(6) 质量控制。实现出入库物品、库存物品的质量控制管理，包括抽检管理、复检管理、质量查询、质量控制等。

(7) 批次管理。实现入库批次数字化、库存批次查询、出库发货批次追踪。

(8) 配送装车辅助。通过电子看板、射频终端提示来指导叉车进行物流作业。

(9) 射频信息管理系统。通过射频实现入库信息采集、出库发货数据采集、盘点数据采集等。

2．仓储物流控制与监控系统

自动化立体仓库控制与监控系统是实现仓储作业自动化、智能化的核心系统，它负责管理仓储物流信息系统的作业队列，并把作业队列解析成自动化仓储设备的指令队列，根据设备的运行状况指挥协调设备的运行。同时，本系统以动态仿真人机交互界面监控自动化仓储设备的运行状况。

本系统包括作业管理、作业高度、作业跟踪、自动联机入库、设备监控、设备组态、设备管理等几个功能模块。

3．结论

自动化立体仓库项目于 2004 年 9 月正式通过验收，各项技术参数和性能指标均达到设计要求，经过试运行及投产运行，全库设备运行稳定，得到用户的一致好评。

【思考题】

蒙牛乳业自动化立体仓库配置了哪些设备与设施系统？它们各起什么作用？

项目二　仓库作业与库存控制

【教学目标】

1. 知识目标

(1)掌握物资入库、存储及出库作业流程。

(2)熟悉商品验收方法。

(3)掌握库存管理原理和方法。

(4)了解仓储作业单证流转过程。

2. 能力目标

能够根据不同商品情况选择合适的商品检查验收方法，能够完成简单的理货堆码盘点操作及仓储作业单证填写工作。

【项目概述】

本项目介绍物资入库、存储及出库作业要求和作业流程、商品盘点方法和盘点流程、商品保管知识。要求学生能处理入库业务、出库业务，并能完成相关单据的填写和制作。明确盘点的概念，理解各种不同盘点方法的区别和作用，熟练掌握盘点单的制作过程，能够全面、准确地理解盘点单上的各项数据，能进行库存控制计算。了解常见商品的特点和储存保管要求，了解商品理货堆码知识。

【引导案例】

探访亚马逊巨型仓库

刚刚走进亚马逊位于菲尼克斯的仓库，第一眼看到的是一个骑着大三轮车的人，在他的身后是不断运转的传送带，上面是黄色的包裹。后边的墙上是几个大字：努力工作，享受工作，创造历史(Work hard，Have fun，Make history)。

身处这个巨大的仓库，你会完全陷入机器运转的嗡嗡声中。在亚马逊内部，这个仓库被称为"完成中心"(Fulfillment Center，FC)。这里才是亚马逊整个企业的基石，用户在网页上每次单击按钮都跟这里有关系，无论你选择的是什么产品。

与其他的零售业历史上的变化不同，如大型超市的出现等，亚马逊基本完全不在人们的视野之中，它不愿意让客户注意到它的运作机制，但是《连线》杂志曾获得他们的邀请，参观了其全球90个仓库中的一个，了解其中的秘密。

有一个数据称，已经有超过200万的第三方卖家利用亚马逊的平台来卖东西了，当然亚马逊会在订单上显示自己的品牌，但是亚马逊非常重视第三方卖家，因为亚马逊的销售额已经占到了全部数量的40%，据称2013年已经有超过10亿个第三方物品卖了出去。

为此亚马逊还专门设立了名为Fulfillment by Amazon的项目，简称FBA，通过这个计划可以更好地帮助第三方卖家，使第三方卖家的产品和亚马逊自己的产品享有同等待遇。

这样做一方面可以帮助亚马逊提供选择余地，另一方面可以避免陷入库存的问题。而第三方也不用再和亚马逊竞争了，因为仓库的大门已经向他们敞开。

亚马逊FBA计划让人们想起了它的另一个项目——亚马逊云服务(AWS)，通过AWS平台，信息技术行业的新创公司可以不需自己搭建云平台，而更专注地开发产品，亚马逊会解决这些问题，通过这种形式已经诞生了很多科技企业，如Dropbox、Netflix等。

亚马逊的仓库和实现中心可以最大程度地放大人们的能力，就像它的云服务一样，今后这种仓库将成为消费经济领域的路由器，成为在线商务的基础。

在菲尼克斯的大仓库中，你会感到控制这里的是机器而不是人，亚马逊的内部人员还叫这里 PHX6，面积达 120 万 ft^2（1ft=30.48cm），分为两个面积一样的部分，中间有一个观察室，可以看到整个仓库的情况。

在货架上可以看到一款名为 ShaveWell 的防雾镜，这家小公司也是亚马逊着力宣传的代表。ShaveWell 公司由 Bill Vogel 创建，他之前是金融人士，受到金融危机的影响失去了工作，另一方面为了方便照顾有病的儿子，他选择了制造业，他认为美国本土的制造业还是有很强能力的。而有了产品之后，他选择在亚马逊上进行销售，这样做的好处是可以把销售、物流等问题都交给亚马逊来做，自己只要负责最重要的产品质量和客服就行了。

ShaveWell 会把防雾镜送到亚马逊的仓库，工人进行挑选和入库，所有的产品被编码后都放入架子上的某个位置。当有客户下单之后，会按照号码挑选、扫描、放入传送带，然后重新回到仓库外的世界。当然亚马逊会向第三方卖家所占用的空间收费。

当然也有一些问题，例如，有的卖家起诉了亚马逊，因为他们在毫不知情的情况下对商品涨价，抵消运费的成本等。还有卖家抱怨，一旦有个产品流行开来，那么亚马逊会马上参与进来，并低价进行销售。

但是亚马逊认为这些指责都有失偏颇，很多卖家都有成功的策略，另外应该更加关注其他的对手而非亚马逊。

行业人士认为，亚马逊的这一战略，一方面可以促进第三方卖家的销售收入，另一方面可以巩固亚马逊自己的品牌优势。很多消费者购买了第三方的产品，但是完全没有意识到，以为是亚马逊自己的产品，消费者的信任让他们不必担心。而建立这种大型仓库的目的就是帮助建立用户体验的一致性。

当然亚马逊也面临一些挑战，作为物流流产线，亚马逊仓库也是一样的，不可能是舒适与温馨的。从某种角度说它就像一个大型的机器人一样，仓库内部也确实有越来越多的机器，但是人还是不可缺少的。当然跟同类公司相比亚马逊还是有很多智能技术的;而非本行业的科技公司，如谷歌和微软等，基本没有可能进入这个行业，因为要想在短时间复制这样的仓库太难了。因此有业界人士也认为，阿里上市后是否可以轻松进入美国市场其实也是个问题，原因也在于此。

不论怎样，亚马逊定义了 21 世纪的用户体验，亚马逊的仓库就是实现消费者购物希望的地方。（来源：网易财经）

思考题：亚马逊的仓库有什么特别之处？

任务一　入 库 作 业

【任务介绍】

该任务包含的内容有：货物的入库准备工作、货物的接运、单证审核、货物交接验收、货物入库。要求学生掌握货物验收方法，入库单据的填制等。

【任务分析】

对于入库工作，可以通过参观各种仓库进行了解，通过顶岗实习熟悉入库作业流程。

【相关知识】

一、入库作业的基本流程

入库作业的基本流程如图 2-1 所示。

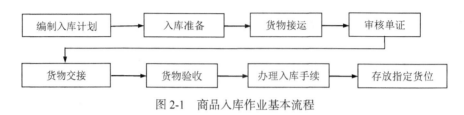

图 2-1　商品入库作业基本流程

1. 编制入库计划

存货人在储存货物之前，会以仓储合同或保管合同的形式将其存放货物的种类、规格、数量、性质、入库时间、保管时间、保管条件等信息明确告知仓储部门。这时，仓库计划人员就可以对其进行分析，编制具体的入库作业计划，说明作业程序与内容，并及时通知各部门做好相应的准备工作，以保证入库的顺利进行。通常，入库作业计划包括以下内容：

(1)了解货物入库的时间、数量、包装形式、规格。

(2)计划货物所需占用的仓容大小。

(3)预测车辆到达的时间及送货车型。

(4)为了方便装卸搬运，计划车辆的停放位置。

(5)计划货物的临时存放地点。

(6)确定入库作业的相关部门。

可以看出，计划人员负责将信息进行分解，把相应信息下发到各部门，再由各部门做好入库的具体准备工作。

2. 入库前的准备工作

(1) 了解仓库库场情况。熟悉在货物入库期间、保管期间，仓库的库容、设备、人员的变动情况，以便对工作进行具体安排。必要时对仓库进行清查、清理归位，以便腾出仓库。对于必须使用重型设备操作的货物，一定要事先准备好货位。

(2) 熟悉入库货物。仓库业务、管理人员应认真核对入库物品的资料，必要时向存货人询问，掌握入库货物的规格、数量、包装状态、单件体积、到库确切时间、货物存期、货物的理化特性以及保管要求等。据此精确和妥善地进行库场安排、准备。

(3) 制订仓储计划。仓库业务部门根据货物情况、仓库情况、设备情况，制订仓储计划，并将任务下达到各相应的作业单位、管理部门。

(4) 妥善安排货位。根据入库货物的数量、性能、类别，结合仓库分区分类保管的具体要求，核算货位大小，妥善安排货位，验收场地，确定堆垛方法和苫垫方案等。

(5) 做好货位准备。仓库理货人员要及时进行货位准备，对货位进行清洁，清除残留物，清理排水管道(沟)，必要时安排消毒铺地、除虫。详细检查照明、通风等设备，发现任何损坏应及时进行修理。

(6) 验收准备。仓库理货人员根据货物情况和仓库管理制度，确定验收方法。准备验收所需的点数、调试、称量、开箱与装箱、丈量、移动照明等用具和工具。

（7）装卸搬运工艺设定。根据货物、货位、人员、设备条件等情况，合理科学地制订卸车搬运工艺，确定工作顺序。

（8）文件单证准备。仓库理货人员将货物入库所需的各种票据凭证、单证、记录簿(如入库记录、理货检验单、料卡、残损单等)预填备妥，以备查用。由于货物、仓库、业务性质不同，入库准备工作也有很大差别，需要根据具体情况和仓库制度做好充分准备。

（9）准备苫垫材料、作业用具。在货物入库前，根据所确定的苫垫方案准备相应的材料，并组织衬垫铺设作业。将作业所需的用具准备妥当，以便及时使用。

3. 货物接运

货物接运是入库业务流程的第一道作业环节，也是仓库直接与外部发生的经济联系。它的主要任务是及时而准确地向交通运输部门提取入库商品，要求手续清楚，责任分明，为仓库验收工作创造有利条件。因为接运工作是仓库业务活动的开始，是货物入库和保管的前提，所以接运工作好坏直接影响商品的验收和入库后的保管保养。因此，在接运由交通运输部门(包括铁路)转运的商品时，必须认真检查，分清责任，取得必要的证件，避免将一些在运输过程中或运输前已经损坏的商品带入仓库，造成验收中责任难分和在保管工作中的困难或损失。

做好货物接运业务管理的主要意义在于：防止把在运输过程中或运输之前已经发生的商品损害和各种差错带入仓库，减少或避免经济损失，为验收和保管保养创造良好的条件。

4. 审核单证

货物到库后，首先要核对入库凭证，然后核查供货单位提供的发票、产品说明书、质量合格证书、装箱单、磅码单、发货明细等，最后核查承运部门提供的运单。如果在入库时货物已经发生货损货差现象，还必须索取货运记录或普通记录。在核对证件时，要注意检查它们的真实性、合法性、有效性以及是否与实物相符。

5. 货物交接

完成以上各项作业内容后，就可以办理货物的交接手续。收货人员以送货单为依据，接收数量相符、质量合格的货物，同时接收送货人送交的货物资料、运输的货运记录、普通记录等，以及随货同行的相应证明文件。最后由双方在送货单、交接清单上签署和批注，并留存相应凭证。

6. 货物验收

办理完交接手续后，需要对货物进行详细验收才能办理入库手续。通过初步验收确定的只是大件货物的数量和包装状况，要想确认货物的具体数量、质量是否合乎标准还需进一步验收。在入库作业流程中，货物验收不仅是严格控制入库商品质量的关键，还是决定入库作业效率的重要环节。验收工作要求及时、准确，在规定的验收期限内完成，并且采用科学的验收方法、合理的验收工具，认真仔细地完成验收工作。如果在验收时发现数量短少、质量异常问题，要及时填写验收报告，划分清楚责任归属，妥善处理。

7. 办理入库手续

验收无误后，就可以办理入库手续。入库手续包括入库货物的信息录入、建立物料明细卡、货物登账、建立仓库工作档案和签单。信息录入是将入库货物的相关数据通过手工或条码扫描的形式录入仓储管理系统中，以便查询、管理。根据入库通知单所列的内容填写物料明细卡，要反映出该货物的品名、型号、规格、数量、单位及进出动态和积存数，要做到入库后立即建卡，一垛一卡。然后在仓库实务保管明细账上登记货物的入库、出库、结存等详细情况，并要经常核对，保证账、卡、货相符。建立仓库工作档案的目的是便于货物管理和客户联系，作为发生争议时的凭证，同时有助于总结和积累仓储管理的经验，更好地提供仓储服务。在货物验收入库后，还要按照《仓库商品验收记录》的要求准确填写单据，以便向供货单位表明收到货物的情况。

8. 存放指定货位

根据仓库内货位的分配原则和货物的属性特征，为其安排合理的存放位置。在安排货位时，还要考虑货物的出入库频率、搬运的省力性、操作的安全性、管理的方便性、养护的简便性、设备的可操作性、空间的利用率等多方面因素。

以上环节是入库作业的基本作业内容，在实际中，由于储存场所的条件不同、仓库的性质不同、货物的种类特性不同，以及储存的时间不同，会增加或减少一些其他的作业内容，例如，有的仓库需要对货物在入库时进行拆包，将大包装变为小包装，就会增加流通加工这一环节；又如，危险品或是紧急物资在入库时就会尽量减少环节，缩短作业时间。因此，组织货物入库时，需要结合实际的作业特点设计合理的入库流程。

二、入库操作

（一）货物接运

随着第三方物流业务范围的不断扩展，已经很少有供货商自己开展运输将货物送到仓库，绝大多数都是将这一部分业务转交给专门从事运输业务的物流公司完成，这样既可以将企业的精力都集中到核心竞争力上，又可以充分利用运输的规模经济原理来降低运输成本。

做好货物接运业务管理的主要意义在于：防止把在运输过程中或运输之前已经发生的货物损害和各种差错带入仓库，减少或避免经济损失，为验收和保管保养创造良好的条件。

商品接运可以在车站、码头、专用线或仓库进行，因此可以分为到货和提货两种。

1. 到货

到货是指仓库不需要自己组织车辆开展库外运输，而是供货单位直接将货物送到仓库的一种形式。在这种形式下，又可以分为供货单位直接送货到库和铁路专用线到货接运两种形式。

1）供货单位直接送货到库接货

这种接货方式通常是托运单位与仓库在同一城市或附近地区，不需要长途运输时采用。其作业内容和程序是，当托运方送货到仓库后，根据托运单（需要现场办理托运手续的先办理托运手续）当场办理接货验收手续，检查外包装，清点数量，做好验收记录。如果在以上工序中无异常情况出现，收货人员在送货回单上盖章表示货物收讫。若发现有异常情况，则必须在送货单上详细注明并由送货人员签字，或由送货人员出具差错、异常情况记录等书面材料，作为事后处理的依据。

2）路专用线到货接运

这是指仓库备有铁路专用线，大批整车或零担到货接运的形式。一般铁路专线都与公路干线联合。在这种联合运输形式下，铁路承担主干线长距离的货物运输，汽车承担直线部分的直接面向收货方的短距离运输。

接到专用线到货通知后，应立即确定卸货货位，力求缩短场内搬运距离；组织好卸车所需要的机械、人员以及有关资料，做好卸车准备。

车皮到达后，引导对位，进行检查。看车皮封闭情况是否良好（卡车、车窗、铅封、苫布等有无异状）；根据运单和有关资料核对到货品名、规格、标志和清点件数；检查包装是否有损坏或有无散包；检查是否有进水、受潮或其他损坏现象。在检查中若发现异常情况，应请铁路部门派员复查，做普通或商务记录，记录内容应与实际情况相符，以便交涉。

卸车时要注意为货物验收和入库保管提供便利条件，分清车号、品名、规格，不混不乱；保证包装完好，不碰坏，不压伤，更不得自行打开包装。应根据货物的性质合理堆放，以免混淆。卸车后在货物上应标明车号和卸车日期。

编制卸车记录，记明卸车货位规格、数量，连同有关证件和资料，尽快向保管员交代清楚，办好内部交接手续。

2. 提货

提货是指由仓库组织车辆、选择路线，自行将货物运回的一种接货形式，在回库途中，尤其要注意运输安全。提货接运可以分为到车站、码头提货接运和到供货单位提货接运两种形式。

1）到车站、码头提货

这是由外地托运单位委托铁路、水运、民航等运输部门或邮局代运或邮递货物到达本埠车站、码头、民航站、邮局后，仓库依据货物通知单派车提运货物的作业活动。此外，在接受货主的委托，代理完成提货、末端送货的活动的情况下也会发生到车站、码头提货的作业活动。这种到货提运形式大多是零担托运、到货批量较小的货物。

提货人员对所提取的商品应了解其品名、型号、特性、一般保管知识以及装卸搬运注意事项等，在提货前应做好接运货物的准备工作，如装卸运输工具，腾出存放商品的场地等。提货人员在到货前，应主动了解到货时间和交货情况，根据到货多少组织装卸人员、机具和车辆，按时前往提货。

提货时应根据运单以及有关资料详细核对品名、规格、数量，并注意商品外观，查看包装、封印是否完好，有无沾污、受潮、水渍、油渍等异状。若有疑点或不符，应当场要求运输部门检查。对短缺损坏情况，凡属铁路方面责任的，应做商务记录，属于其他方面责任需要铁路部门证明的应做普通记录，由铁路运输员签字。注意，记录内容与实际情况要相符。

在短途运输中，要做到不混不乱，避免碰坏损失。危险品应按照危险品搬运规定处理。

货物到库后，提货员应与保管员密切配合，尽量做到提货、运输、验收、入库、堆码成一条龙作业，从而缩短入库验收时间，并办理内部交接手续。

2）到供货单位提货

这是仓库受托运方的委托，直接到供货单位提货的一种形式。其作业内容和程序主要是当货栈接到托运通知单后，做好一切提货准备，并将提货与物资的初步验收工作结合在一起进行。最好在供货人员在场的情况下，当场进行验收。因此，接运人员要按照验收注意事项提货，必要时可由验收人员参与提货。

（二）货物验收

货物的验收主要包括数量验收、质量验收和包装验收，其中包装验收的目的是通过检查包装的异常状况来判断内部商品是否发生破损、丢失，因此，货物验收工作实际上就是"数量的清点"和"质量的检验"两项任务。在实际工作时，一种做法是数量清点无误后，通知检验部门进行质量检验；另一种做法是先由检验部门检查完质量，认为完全合格后，再通知仓库作业部门办理接收手续，填写收货单。

1. 货物验收的内容和标准

货物验收的内容包括数量检验、质量检验和包装检验。

数量检验：根据供货单位规定的计量方法进行数量检验，或过磅或检尺换算，以准确地测定出全部数量。数量检验除规格整齐划一、包装完整者可抽验 10%～20%外，其他应采取全验的方法，以确保入库物资数量的准确性。

质量检验：仓库一般只作物资的外观形状和外观质量的检验。进口物资或国内产品需要进行物理、化学、机械性能等内在质量检验时，应请专业检验部门进行化验和测定，并做记录。

包装检验：是在初步验收时进行的，主要检验外包装是否完好无损，查看包装有无浸湿、油污、破损、变形等异常情况。对外包装破损的商品，要另外进行验残，查明货损责任方以及货损程度。对发生残损的商品要检查其是否由于包装不良所引起。其次查看包装是否符合相关标准要求，包括选用的材料、规格、制作工艺、标志、填充方式等。另外对于包装物的干湿度也要进行检验，以免由于过干或过潮对货物造成影响。包装物安全含水量见表 2-1。当需要开箱拆包检验时，应由两人以上在场同时操作，以明确责任。

表 2-1　包装物安全含水量

包装材料	含水量/%	说明
木箱(外包装)	18～20	内装易霉、易锈货物
	18～23	内装一般货物
纸箱	12～14	五层瓦楞纸的外包装及纸板衬垫
	10～12	三层瓦楞纸的包装及纸板衬垫
胶合板箱	15～16	
布包	9～10	

为了确保入库货物的质量，在验收前需要对验收的标准予以确认，通常根据以下几项标准进行检验：

(1) 依据采购合同或订购单所规定的条件进行验收。

(2) 以比价或议价时的合格样品作为验收的标准。

(3) 依据采购合同中的规格或图纸作为验收标准。

(4) 以各种产品的国家质量标准作为验收标准。

2. 货物验收的方式

由于货物的种类、性质、价值等因素各不相同，在入库验收时可以结合需求选用全检或抽检的方式。

1) 全检

全检即全部检验，是主要针对数量验收，或是对于批量小、种类杂、型号多、价值高的货物所采用的验收方法。全检是一项耗费人力、物力、财力、时间的作业，在组织时要注意做好充分的准备以及各环节的比例性和均衡性。

2) 抽检

抽检即抽样检验，是借助于统计学的原理，从总体中抽选出一定量的样本作为检验对象，并以样本的检验结果作为评价总体质量水平的依据。抽样是根据合同或标准所确定的方案，从被检批商品中抽取一定数量有代表性的、用于检验的单位商品的过程,又称为取样或拣样。

被检批商品应为同一来源、同质的商品。组成被检批的基本单位称为单位商品。其划分形式有自然划分和按抽检需要人工划分两种。

抽样的目的在于通过尽可能少的样本所反映出的质量状况来统计推断整批商品的质量水平。所以如何抽取对该批商品具有代表性的样品,对于准确评定整批商品的平均质量显得十分重要,是关系生产者、消费者利益的大事。所以要正确选择抽样方法,控制抽样误差,以获取较为准确的检验结果。根据商品的性能特点,抽样方法在相应的商品标准中均有具体规定。

目前,被广泛采用的是随机抽样法,即被检验整批商品中的每一件商品都有同等机会被抽取的方法。被抽取机会不受任何主观意志的限制,抽样者按照随机的原则、完全偶然的方法抽取样品,因此比较客观,适用于各种商品、各种批量的抽样。常用的抽样方法有简单随机抽样、分层随机抽样和系统随机抽样。

(1) 简单随机抽样。

简单随机抽样法又称为单纯随机抽样法,它是对整批同类商品不经过任何分组、划类、排序,直接从中按照随机原则抽取检验样品。简单随机抽样通常用于批量不大的商品的抽样,通常是将批中各单位商品编号,利用抽签或随机表抽样。从理论上讲,简单随机抽样最符合随机的原则,可避免检验员主观意识的影响,是最基本的抽样方法,是其他复杂随机抽样方法的基础。当批量较大时,则无法使用这种方法。

(2) 分层随机抽样。

分层随机抽样法又称为分组随机抽样法、分类随机抽样法。它是将整批同类商品按主要标志分成若干组,然后从每组中随机抽取若干样品,最后将各组抽取的样品放在一起作为整批商品的检验样品的抽样方法。样本抽取方式如下:

$$样本 N = N_1 + N_2 + \cdots + N_i(均匀整齐分层)$$

分层随机抽样法适用于批量较大的商品检验,尤其是当批中商品质量可能波动较大时,如不同设备、不同时间、不同生产者生产的商品组成的被检批。它抽取的样本有很好的代表性,是目前使用最多、最广的一种抽样方法。

(3) 系统随机抽样。

系统随机抽样法又称为等距随机抽样法、规律性随机抽样法。它是先将整批同类商品按顺序编号,并随机决定某一个数为抽样的基准号码,然后按已确定的"距离"机械地抽取样品的方法,如按 2、12、22 的顺序抽取样品。这种抽样方法抽样分布均匀,比简单随机抽样更为精确,适用于较小批量商品的抽样,但当被检批商品质量问题呈周期性变化时,易产生较大偏差。

抽检结果会受到选取样本的直接影响,在确定抽样方法和抽样数量时,首先要结合货物的性质、特点、价值、生产条件、包装情况、运输工具、气候条件等综合因素的具体情况,利用统计学假设检验的方法确定在不同期望水平下缩影抽取样本的数量和方法。在检验结果时,还要避免出现"弃真"和"取伪"的现象。弃真是指本来货物的质量达到了验收标准,但由于随机选取样本的质量偏低,没有达到标准,就拒绝接收全部货物;取伪是指本来货物总体的质量是不合格的,但由于随机抽取的样本质量合格就认为货物全部合格,同意接收。表 2-2 和表 2-3 给出了部分货物的入库抽检比例。

表 2-2　货物数量验收的抽检比例

验收对象	抽检比例
散装货物	检斤率为100%，不清点件数
有包装的货物	毛检斤率为100%，回皮率为5%~10%，清点件数为100%
定尺钢材	检尺率为10%~20%
非定尺钢材	检尺率为100%
贵重金属材料	检斤率为100%
有标量或标准定量的化工产品	按标量计算，核定总重量
同一包装、大批量、规格整齐的货物，或包装符合国家标准且有合格证的货物	抽检率为10%~20%

表 2-3　货物质量验收的抽检比例

验收对象	抽检比例
带包装的金属材料	抽检5%~10%
无包装的金属材料	全部目测查验
10台以内的机电设备	验收率为100%
100台以内的机电设备	验收率不低于10%
运输、起重设备	验收率为100%
仪器仪表外观缺陷	查验率为100%
易于发霉、变质、受潮、变色、污染、虫蛀、机械性损伤的货物	抽验率为5%~10%
外包装有质量缺陷的货物	检验率为100%
进口货物	检验率为100%

3．抽样检验方法

1）计量抽样检验方法和计数抽样检验方法

按商品质量的度量特性分类。

（1）计量抽样检验：从批量商品中抽取一定数量的样品（样本），检验此样本中每个样品的质量，然后与规定的标准值或技术要求进行比较，由此确定该批商品是否合格。

特点：样本较小、可充分利用质量信息，但在管理上较麻烦，需进行适当的计算，适用于单项质量指标的抽样检查。

（2）计数抽样检验：从批量商品中抽取一定数量的样本，检验其中每个样品的质量，然后统计合格品数，再与规定的合格判定数比较，由此决定该批商品是否合格。

特点：使用简便，并能用于检验多项质量指标，缺点是质量信息利用较差。

2）调整型抽样检验方法和非调整型抽样检验方法

调整型抽样检验：是由正常、加严、放宽等不同抽样检验方案与转移规则联系在一起而组成的一个完整的抽样检验体系。根据连续若干批商品质量变化情况，按转移规则及时转换抽样检验方案，适用于各批质量有联系的连续批商品的质量检验。

非调整型抽样检验：其单个抽样检验方案不考虑商品批的批量历史，使用中也没有转移规则，因此它较容易为质检人员所掌握，但只对孤立批的质量检验为适宜。

4. 验收方法

1) 感官检验法

感官检验法指利用人体的感觉器官结合平时积累的实践经验对商品质量进行判断和鉴定的方法。

感官检验法主要包括视觉检验、嗅觉检验、味觉检验、触觉检验和听觉检验五种方法。可以判断和评定商品的外形、结构、外观疵点、色泽、声音、味道、气味、弹性、硬度、光滑度、包装装潢等质量情况，并可以对商品的种类、规格等进行识别。

感官检验法快速、经济、简便易行，不需要专用仪器、设备和场所，不损坏商品，成本较低，因而使用较广泛。但是，感官检验法一般不能检验商品的内在质量；检验的结果常受检验人员技术水平、工作经验以及客观环境因素等的影响，而带有主观性和片面性，且只能用专业术语或记分法表示商品质量的高低，而得不出准确的数值。为提高感官检验结果的准确性，通常是组织评审小组进行检验。

视觉检验：在充足的光线下，利用视力观察货物的状态、颜色、结构等表面状况，检查有无变形、破损、脱落、变色、结块等损害情况以判定其质量。

听觉检验：通过摇动、搬运操作、轻度敲击听取声音，以判定货物的质量。

触觉检验：利用手感鉴定货物的细度、光滑度、黏度、柔软程度等，以判定质量。

嗅觉、味觉检验：通过货物所特有的气味、味道测定、判定质量；或者感觉到串味损害。

2) 理化检验法

理化检验法是借助各种仪器设备或化学试剂来测定和分析商品质量的方法。理化检验往往在实验室或专门场所进行，故也称为实验室检验法。

理化检验法主要用于检验商品的成分、结构、物理性质、化学性质、安全性、卫生性以及对环境的污染和破坏等。

理化检验法既可对商品进行定性分析，又可进行定量分析，而且其结果比感官检验法精确而客观，它不受检验人员主观意志的影响，结果可用具体数值表示，能深入分析商品的内在质量。但是理化检验法需要一定的仪器设备和实验场所，成本较高；检验时往往需要破坏一定数量的商品，费用较大；检验时间较长；需要专门的技术人员进行操作；对于某些商品的某些感官指标，如色、香、味的检验还是无能为力的。因此，理化检验法在商业企业直接采用较少，多作为感官检验的补充检验，或委托专门的检验机构进行理化检验。

理化检验法根据其检验原理的不同，可分为物理检验法、化学检验法、生物学检验法三大类。其中物理检验法又分为一般物理检验法、力学检验法、电学检验法、光学检验法和热学检验法等；化学检验法又分为化学分析法、仪器分析法等；生物学检验法又分为微生物学检验法和生理学检验法。

(1) 物理检验法。

一般物理检验法：通过各种量具、量仪、天平、秤或专用仪器来测定商品的长度、细度、面积、体积、厚度、质量、密度、容重、粒度、表面光洁度等一般物理特性的方法。

光学检验法：利用光学仪器(光学显微镜、折光仪、旋光仪等)来检验商品的一种方法。

热学检验法：使用热学仪器测定商品的热学特性的一种方法。这些特性包括熔点、凝固点、沸点、耐热性等。

力学检验法：通过各种力学仪器测定商品的力学(机械)性能的一种检验方法，如抗拉强度、抗冲击强度、抗疲劳强度等，商品的力学(机械)性能与其耐用性密切相关。

电学检验法：利用电学仪器测定商品的电学特性(电阻、电容、介电常数、电导率、静电电压半衰期等)的一种方法。

(2) 化学检验法。

化学检验法是用化学试剂和仪器对商品的化学成分及其含量进行测定，进而判定商品是否合格的方法，分为化学分析法和仪器分析法。

① 化学分析法。化学分析法是根据已知的、能定量完成的化学反应进行分析的一种方法。以其所用的测定方法的不同，分为重量分析法、容量分析法和气体分析法。

重量分析法：是比较准确的分析方法，它选择某种试剂和被测定成分反应，生成一种难溶的沉淀物，再通过过滤、洗涤、干燥、灼烧等过程，使沉淀与其他成分分离，然后根据这种沉淀物的重量计算被测成分的含量。

容量分析法：在被测定成分溶液中，滴加一种已知准确浓度的试剂(标准溶液)，根据它们反应完全时所消耗标准溶液的体积计算出被测成分的含量。

气体分析法：用适当的吸收剂吸收试样(混合气体)的被测成分，根据气体体积的变化来确定被测成分的含量。

② 仪器分析法。它是一类通过检验试样的光学性质、电化学性质等而求出待测成分含量的化学检验法，包括光学分析法和电化学分析法。

光学分析法：是通过被测成分吸收或发射电磁辐射的特性差异来进行化学鉴定的，具体有比色法、分光光度法、核磁共振波谱法、荧光光谱法、发射光谱法等。

电化学分析法：利用被测物的化学组成与电物理量之间的定量关系来确定被测物的组成和含量，适用于微量成分的分析。

(3) 生物学检验法。生物学检验法是食品类、医药类和日用工业品类商品等质量检验的常用方法之一，它包括微生物学检验法和生理学检验法。

微生物学检验法：利用显微镜观测法、培养法、分离法和形态观测法等，对商品中有害微生物存在与否及其存在数量进行检验，判定其是否超过允许限度。

生理学检验法：用于检验食品的可消化率、发热量、维生素和矿物质对机体的作用以及食品和其他商品中某些成分的毒性等。该方法多用活体动物进行实验。只有经过无毒害性实验后，视情况需要并经有关部门批准后，才能在人体上进行试验。

5. 验收结果的处理

1) 合格货物的处理

对于验收合格的货物，应在外包装上贴"合格"标签，以示区别，仓库业务人员可根据货物标志办理合格品入库定位手续，并在每日工作结束时对处理的货物数量进行汇总记录。

2) 不合格货物的处理

对于不符合验收标准的货物，应在外包装上贴"不合格"标签，并在验收报告上注明不良原因，报相关主管请示处理方法，妥善处置。

3) 数量超额的处理

经验收，若发现交货数量超过"订购量"部分，原则上应予以退回。但对于以重量或长度计算的货物，其超交量在3%以下时，可在验收单上备注栏内注明超交数量，经请示相关负责人同意后予以接收。

4) 数量短缺的处理

经验收，若发货数量未达到"订购量"时，原则上应要求供应商予以补足，经采购部门负责人同意后，可采用财务方式解决。

　　对于验收不合格的货物，可能采取退货、维修或折扣的方式予以处理，为了方便迅速作出处理决定，可以参考表 2-4 进行决策。

表 2-4　货品验收处理程序表

货物的验收情况		a.货物数量正确吗?	b.质量检验合格吗?	c.能够维修吗?	d.供应商愿意付维修费吗?	e.物流中心急需这批货吗?	决策的类别	f.退回这批货物	g.使用这些货物,但寻找新供应商	h.维修缺陷并接收	i.寻找紧急供应商
问题行态	1	○	○	○	○	○	决策选择			√	
	2	○	○	○	○	●				√	
	3	○	○	●	●	●		√			
	4	○	○	●	○	●		√			
	5	○	○	○	○	○				√	
	6	○	○	○	○	●					
	7	○	●			○		√			√
	8	○	●			●		√			
	9	●	○	○		●				√	
	10	●	○	○		●		√			
	11	●	○	●		○			√		
	12	●	○	●		●		√			
	13	●	●			○			√		
	14	●	●			●		√			

　　注：○=是，●=否，√=采取此项行动。

（三）登记建卡

1. 建立货物明细卡

　　货物明细卡(货卡、货牌)是一张卡片，上面记载着所悬挂处货物的名称、型号、规格、数量、单位、进出库动态和积存数。对于货卡的管理通常有两种方式：一种是由专人负责，集中保存管理；另一种是将货卡直接挂在货物下方的货架支架上或是在货垛正面的明显位置，便于随时与实物核对，能够准确地掌握货物的结存数。

2. 登账

　　仓库中的实物保管明细账，用来登记货物入库、出库、结存的详细情况。要严格按照货物的出入库凭证及时登记，填写清楚、准确。记错时要画红线进行更正，并妥善保管，按货物的重量和编号顺序排列，注明货物的货位号和档案号，便于查对。仓库管理人员要经常进行核对，保证账、卡、货相符。图 2-2 和图 2-3 所示为进仓单。

3. 建立仓库工作档案

　　仓库建档工作是将货物入库作业全过程的有关资料证件进行整理、核对，建立成资料档案，便于查阅和管理。建立档案时要做到"一物一档，统一编号，妥善保管"，并由专人负责保管。档案资料主要包括货物到达仓库前的各种凭证、运输资料；入库验收时的各种凭证、资料；保管期间的各种业务技术资料；出库和托运时的各种业务凭证、资料。

中山市某机械设备有限公司
进 仓 单

No: 2011010323

客户　广州市某设备有限公司

日期：2013 年 1 月 15 日

编号	名称	规格	单位	数量	单价	金额
1	皮带	1898*50*3	条	15	178.63000000	2679.45
2	皮带	1729*35*3	条	15	227.35000000	3410.25
3	皮带	1207*45*3	条	15	101.71000000	1525.65
4	皮带	1124*45*3	条	18	94.87000000	1707.66
5	皮带	178*30*3	条	10	66.67000000	666.70
					小计	9989.71

会计：　　　　　记账：　　　　　　　　验收：　　　　　　　制单：张晓芬

备注：第一联：记账　　第二联：存根　　第三联：会计

图 2-2　进仓单（一）

中山市某机械设备有限公司
入 仓 单

No: 2011010333

客户　某公司

日期：2013 年 12 月 27 日

编号	名称	规格	单位	数量	单价	金额
1	大皮带轮	B22 第二轴	个	1		
2	小皮带轮	B22 第二轴	个	1		
3	组合皮带轮		套	3		
4	塔轮螺母		个	10		
5	排线皮带轮轴	B22	条	2		
6	眼模座	含眼模板	件	2		
7	喷淋头		个	6		
8	B22 第三轴		条	5		
9	B22 第四轴		条	5		
					小计	

会计：　　　　　记账：　　　　　　　　验收：　　　　　　　制单：张晓芬

备注：第一联：记账　　第二联：存根　　第三联：会计

图 2-3　进仓单（二）

（四）货位分配

合理地分配和使用货位可以减少货物搬运的成本，降低货物在存储过程及搬运过程中的损耗，从而降低物流业务本身的成本，提高收益，这也是仓储企业工作的重点。货位分配包含两层意义：①为入库的货物分配最佳货位，因为在仓库内可能同时存在多个空闲的货位，即入库货位分配；②要选择待出库货物的货位，因为同种货物可能同时存放在多个货位里。

货位分配考虑的原则很多，包括以下几点。

（1）货架受力均匀，上轻下重。重的物品存放在下面的货位，较轻的物品存放在高处的货位，使货架受力稳定。若是以人手进行搬运作业时，从人类工效学的角度考虑，人腰部以下的高度用于保管重物或大型物品，而腰部以上的高度则用来保管重量轻的物品或小型物品。

在搬动过程中，此原则有利于保证货架的安全性及人手搬运作业的安全性，避免对货架的损坏和对操作人员的伤害。分散存放，物料分散存放在仓库的不同位置，避免因集中存放造成货格受力不均匀。

（2）加快周转，先入先出。同种物料出库时，先入库者先提取出库，以加快物料周转，避免因物料长期积压产生锈蚀、变形、变质及其他损坏造成的损失。

（3）提高可靠性，分巷道存放。仓库有多个巷道时，同种物品分散在不同的巷道进行存放，以防止因某巷道堵塞影响某种物料的出库，造成生产中断。

（4）提高效率，就近进出库。为保证快速响应出库请求，一般将物料就近放置在出库台附近。

（五）入库单证

入库作业的很多环节都需要填写相应的单据和凭证，下面给出各环节的一些基本的单证格式作为参考。

1. 货物接运单据（表 2-5）

表 2-5　到货交接单

编号：　　　　　　　　　　　　　　　　　　　　　日期：　　年　　月　　日

收货人	发站	发货人	货物名称	标志标记	单位	件数	重量	货物存放处	车号	运单号	提料单号
备注											

提货人：　　　　　　　　　经办人：　　　　　　　　　接收人：

2. 货物验收单据（表 2-6 ~ 表 2-8）

表 2-6　货物验收单

订单编号：　　　　　　　　验收单编号：　　　　　　　　填写日期：

货物编号	品名	订单数量	是否符合规格		单位	实收数量	单价	总金额
			是	否				

是否分批交货	□是 □否	检查	抽样____%不良	验收结果	1.	验收主管	验收员
			全数____个不良		2.		

总经理	财务部		仓储部	
	主管	核算员	主管	收货员

表 2-7 入库检验表

编号：

货物名称			型号/规格		
供　　方			进货日期		
进货数量			验证数量		
验证方式					
验证项目	标准要求		验证结果		是否合格
检验结论	□合格		□不合格		
复检记录	1. 2.				
检验主管		检验员		日期	
不合格品处置方法	□拒收		□让步接收		□全检
	批准			日期	
备注	对于顾客的货品，其不合格品处置由顾客批准				

表 2-8 入库验收报告单

编号： 填写日期： 年 月 日

入库名称			数量		
验收部门			验收人员		
验收记录			验收结果	□ 合 格 □ 不合格	
入库记录	入库单位		入库部门		
	主管经办		验收主管		验收专员

3. 入库手续单据(表 2-9、表 2-10)

表 2-9 物品入库日报表

编号： 入库日期： 年 月 日

物品检验人			物品入库记录人			
物品名称	生产厂家	规格	入库数量	单价	总金额	仓库位置

表 2-10 入库通知表

通知日期： 年 月 日

日期	到货日期		供货单位		收货人	
	入库日期		合同单号		储位	
	验收日期		运单号		入库单号	
物料入库详细信息						

物料编号	物料名称	计量单位	数量					质量	价格		说明
			交货	多交	短交	退货	实收		购入	基本	

（六）存货量的确定

1. 货位存货量计算

1）确定库场货物单位面积定额

通过以下两个指标确定。

（1）库场单位面积技术定额（用 $p_库$ 表示），如 3t/m²。

（2）货物单位面积堆存定额（用 $p_货$ 表示）。

【例 2-1】 某电冰箱注明限高为 4 层，每箱底面积为 0.8m×0.8m，每箱重 80kg，存于某仓库，仓库地面单位面积定额为 3t/m²，则单位仓容定额 P 为多少？10m×10m 的货位可存放电冰箱多少台？

解：该电冰箱的单位面积堆存定额为

$$p_货 = \frac{80 \times 4 \text{ t}}{0.8 \times 0.8 \times 1000 \text{ m}^2} = 0.5 \text{ t/m}^2$$

库场货物单位面积定额则由以上两个指标来确定，使用较小的数值，这样才能同时保证库场地面不会损坏以及货物本身不会被破坏。

在例 2-1 中，$p_货$=0.5t/m²，p=3t/m²，所以 p=0.5t/m²，即库场货物单位面积定额为 0.5t/m²。那么在长宽各 10m 的地方可以放多少台冰箱？放 4 层又是多少？

2）货位存货重量计算

所选用的货位能堆存拟安排货物的总重量，即货位的存货能力（用 q 表示），有

$$q = p \times s$$

式中，p 为货物单位仓容定额（t/m²）；s 为该货物有效堆存面积（m²）。

2. 仓库储存能力计算

仓库储存能力（用 Q 表示）是指某一仓库或整个库区对特定货物的存放能力，计算公式为

$$Q = \sum p \times s$$

【课堂练习】

某仓库有两个货位，第一个货位预计存放电视机，限高 6 层，每箱重 60kg，每箱底面积为 0.6m×0.6m，有效占用面积为 100m²。第二个货位预计存放机器零件，限高 7 层，每箱重 100kg，每箱底面积为 0.4m×0.5m，有效占用面积为 20m²。请估算该仓库的储存能力（注：

该仓库地面的单位面积定额为 $2.5t/m^2$)。

【任务实施】

教师首先介绍背景知识，通过 PPT 和图片对入库工作进行讲解，让学生有初步认识。带领学生到多个仓库参观，到企业进行顶岗实习，掌握相关知识。

【归纳总结】

该任务是完成货物的入库准备工作、货物的接运、单证审核、货物交接验收等工作，学生应掌握以下内容：

(1)货物入库基本流程。

(2)入库验收方法。

(3)入库单据的填制。

【实训任务】

入库接运、验收

1. 实训目的和要求

学生掌握货物接运的主要方式、货物验收的基本要求与程序，提高其实际操作能力。

2. 实训内容、步骤与方法

(1)回顾理论对于相关作业的论述。

(2)进行分组，设定角色。例如，5 人一个小组，其中 2 人为送货人员，3 人充当仓库收货人员。

(3)送货人员向仓库收货人员出示送货单。

(4)仓库收货人员进行数量验收、质量验收等。

(5)验收结果处理。

(6)教师总结和点评。

(7)学生完成实训报告并上交。

3. 考核办法

(1)组长根据表现负责对本组成员进行评分。

(2)教师针对小组综合表现评定小组成绩。

(3)小组成员个人分析报告为个人成绩评定依据。

4. 思考与练习

(1)货品验收的基本要求包括哪些？

(2)怎样处理验收中出现的问题？

任务二 商品保管保养作业

【任务介绍】

该任务包含的内容有：理货的方法和单证、盘点的方法和程序、商品养护保管方法及储位管理技术。要求学生掌握理货盘点方法、仓库温湿度的控制方法及储位编码方法。

【任务分析】

对于理货盘点，可以通过实际操作库进行学习，仓库温湿度的控制要考虑多种方法，储位编码要考虑商品特点。

【相关知识】

一、理货

理货是指仓库在接收入库货物时，根据入仓单、运输单据、仓储合同和仓储规章制度，对货物进行清点数量、检查外表质量、分类分拣、数量接收的交接工作。

仓库理货是货物在库管理的一项基础工作，它对货物在库管理具有积极的意义。首先，仓库理货是仓库确认收存货物实体的作业过程，经过理货意味着接收货物，因而是仓库履行仓储合同保管人义务的行为。其次，仓库理货是仓库管理中保管质量的第一道关口，理货有助于明确责任的划分，通过理货确定货物的数量、质量状况，若发现货物短少、残损，仓库不对其承担责任，若未发现，原残就会成为仓储期间的损耗，要由仓库承担责任。对货物质量隐患的认定，减轻了仓库对货物保管质量的负责程度。另外，理货工作也是从时间上划分了仓库负责的期间，在理货之后的期间发生的残损，原则上由仓库负责。此外，理货过程也是仓库管理员安排仓储、指挥装卸搬运作业的过程，货物经过理货确认，由理货人员与送货部门或者承运人办理货物交接手续，签署送货单或交接清单，签署现场单证，接收送货文件。

（一）理货作业的作用

（1）理货是仓库履行仓储合同的行为。

（2）理货是确保仓库保管质量的关口。

（3）划分责任。

（4）理货是仓储作业的必要过程。

（5）理货是实现货物交接工作的前提。

仓库理货是仓库管理人员在仓库现场对货物进行管理工作。其工作内容不只是狭义的理货工作，还包括货物入库的一系列现场管理工作。

（二）理货的内容

1. 清点货物件数

对于件装货物，包括有包装的货物、裸装货物、捆扎货物，根据合同约定的计数方法点算完整货物的件数。如果合同没有约定则仅限于点算运输包装件数(称为大数点收)。合同约定计件方法为约定细数以及需要在仓库拆除包装的货物，则需要点算最小独立包装(装潢包装)的件数，包括捆内细数、箱内小件数等；对于件数和单重同时要确定的货物，一般只点算运输包装件数。对入库拆箱的集装箱则要在理货时开箱点数。

2. 查验货物单重、尺寸

货物单重是指每一运输包装的货物重量，一般通过称重的方式核定。按照数量检验方法确定称重程度。

对于根据长度、面积或者体积进行交易的货物，入库时必然要对货物的尺寸进行丈量，以确定入库货物数量。丈量的项目(长、宽、高、厚等)根据约定或者根据货物的特性确定，通过使用合法的标准量器，如卡尺、直尺、卷尺等进行丈量。

3. 查验货物重量

查验货物重量是指对入库货物的整体重量进行查验。对于计重货物(如散装货物)、件重并计(如包装的散货、液体)的货物，需要衡定货物重量。衡重方法有以下几种：

（1）衡量单件重量，总重等于所有单件重量之和。

（2）分批衡量重量，总重等于每批重量之和。

（3）入库车辆衡重，总重=总重车重量-总空车重量。

（4）抽样衡量重量，总重=（抽样总重/抽样样品件数）×整批总件数。

（5）抽样重量核定，误差在1%以内，总重=货物单件标重×整批总件数。

对于没有连续法定计量工具的仓库，可以直接用该设备进行自动衡重。连续计量设备主要有轨道衡、皮带衡、定量灌包器、流量计等。连续计量设备必须经国家计量行政管理部门检验发证（审证）方可有效使用。

此外，还可以通过对容器或运输工具的液体货物体积测算（容器、货舱体积）和液体的比例测定来计算重量，此法称为液量计算。通过船舶的排水体积×水的比例-（空船、储备、油水重量）可计算货物重量，称为船舶水尺计量，但通过此法计算的重量不是很准确。

4. 检验货物表面状态

理货时应对每一件货物的外表进行感官检验，查验货物外表状态，确定货物有无包装破损、内容外泄、变质、油污、散落、标志不当、结块、变形等不良质量状况，接收货物外表状态良好的货物。

5. 剔除残损

在理货时若发现货物外表状况不良，或者怀疑内容损坏等，应将不良货物剔出，单独存放，避免与其他正常货物混淆，待理货工作结束后进行质量确定，确定内容有无受损以及受损程度。对不良货物可以采取退货、修理、重新包装等措施，或者制作残损报告，以便明确划分责任。

6. 货物分拣

仓库原则上采取分货种、分规格、分批次的方式储存货物，以保证仓储质量。对于同时入库的多品种、多规格货物，仓库有义务进行分拣分类分储。对于仓储委托的特殊分拣作业，如对外表的分颜色、分尺码等，也应在理货时进行，以便分存。如需要开包进行内容分拣，则需要进行独立作业。

7. 安排货位，指挥作业

根据货物质量检验的需要，指定检验货位，无须进一步检验的货物，直接确定存放位置。要求作业人员按照预定的堆垛方案堆码或者上架，并根据实际需要适当做好垫垛与苫盖工作。作业完毕，作业人员应清扫运输，搬运工具，收集地脚货。

8. 处理现场事故

对于在理货中发现的残损货物，不能退回的，仓库只能接收，但要制作残损记录，并由送货人、承运人签署确认。对作业中发生的工损事故，也应制作事故报告，由事故责任人签署。

9. 办理交接

由理货人员与送货人、承运人办理货物交接手续。接收随货单证、文件，填制收费单据，代表仓库签署单证，提供单证由对方签署等。

（三）理货的方法

1. 在运输工具现场进行理货

仓库理货必须在送货入库的运输工具现场进行。一般在车旁卸货同时进行，或者在车上点数，卸车时查验外表状态。除非在特殊情况下或者对于特殊货物，经送货人、存货人同意，可以在其他地方理货。例如，双方同意在货垛点数，有开箱查验货物内容质量时，约定卸车时不查验外表质量等。

2. 与送货人一起理货

理货又称为理货交接，是货物交接的一个环节，因而理货必须由交接双方在场共同理货，以免将来发生争议。如果送货人或存货人拒绝参与理货，表明其放弃理货权，只能接受仓库单方的理货结论。

3. 按送货单或者仓储合同理货

仓管员在理货时，按照仓储合同的约定或者送货单的货物记载、质量要求进行理货，只要货物符合单据、合同所描述的状态和质量标准，符合送货人提供的验收标准，就可以验收，不需要求货物绝对质量合格。如果运单记载货物使用旧包装，则不要求包装物表面无污迹。没有约定质量标准的，按照国家标准、行业标准或者能保证储藏保管质量不发生变化的要求进行验收，验收货物的品种、规格、数量、外表状态、包装状态等。

4. 在现场进行记录和及时签署单证

对于在理货中查验的事项、发现的问题，理货员应在现场进行记录和编写单证，并要求送货人给予签署证明，不能等待事后补编补签。

（四）理货单证

1. 计数单

计数单是理货在现场使用的记录簿。理货点数时不能仅依靠记忆进行计数，这样容易出现差错，而应采用统一格式的计数单进行计数。对每一单元的点数进行记录，同时记录发现的残损等不良现象的货号、残损量、存位等，以便统计数量和查找残损。

2. 入库单

入库单是仓库统一设置的入库单证，一般由仓库管理部门预填入库货物信息后交付仓库，作为向仓库下达的仓库作业命令。在查验货物后，将实收货物数、存放货位填写在单上，在备注上注明货物不良情况，最后要送货人签署。入库单一般为一式三联，一联交送货人，仓库留存一联，最后一联交记账，如有需要还可以相应增加联数。

3. 送货单、交接清单

送货单或者交接清单是送货人随货提交来的单证，仓库根据来单理货验收。验收完毕，理货人员签署该单据，并将验收情况，特别是短少和残损记录在单据上，并收留其中一联。

4. 现场记录

现场记录是理货员对作业现场所发生的事故、不当作业、气候突变，或者其他影响到货物质量、作业安全的事件所进行的记录。现场记录既是为了明确责任，也是仓库严格管理的需要。

二、盘点

在仓储作业过程中，商品处于不断地进库和出库的过程中，在作业过程中产生的误差经过一段时间的积累会使库存资料反映的数据与实际数量不相符。有些商品因长期存放品质下降，不能满足用户需要。为了对库存商品的数量进行有效控制，并查清商品在库房中的质量状况，必须定期对各储存场所进行清点作业，这一过程称为盘点作业。

（一）盘点作业的目的和内容

1. 盘点作业的目的

仓库在营运过程中存在各种损耗，有的损耗是可以看见和控制的，但有的损耗是难以统计和计算的，如偷盗、账面错误等。因此需要通过年度盘点来得知店铺的盈亏状况。通过盘点，一来可以控制存货，以指导日常经营业务；二来能够及时掌握损益情况，以便真实地把握经营绩效，并尽早采取防漏措施。

盘点的作用如下：

（1）确定现存量。盘点可以确定现有库存商品实际库存数量，并通过盈亏调整使库存账面数量与实际库存数量一致，避免由于多记、误记、漏记使库存资料记录不实。此外，由于商品损坏、丢失、验收与出货时清点有误；有时盘点方法不当，产生误盘、重盘、漏盘等。为此，必须定期盘点确定库存数量，发现问题并查明原因，及时调整。

（2）确认企业资产的损益。库存商品总金额直接反映企业流动资产的使用情况，库存量过高，流动资金的正常运转将受到影响，而库存金额又与库存量及其单价成正比，因此为了能准确地计算出企业实际损益，必须进行盘点。

（3）核实商品管理成效。通过盘点可以发现作业与管理中存在的问题，得知损耗较大的商品大组以及个别单品，发掘并清除滞销品、临近过期商品，整理环境，清除死角，以便在下一个营运年度加强管理，控制损耗，改善作业流程和作业方式，提高企业的管理水平。

2. 盘点作业的内容

（1）查数量。通过点数计算查明商品在库的实际数量，核对库存账面资料与实际库存数量是否一致。

（2）查质量。检查在库商品质量有无变化，有无超过有效期和保质期，有无长期积压等现象，必要时还必须对商品进行技术检查。

（3）查保管条件。检查保管条件是否与各种商品的保管要求相符合，如堆码是否合理稳固，库内温湿度是否符合要求，各类计量器具是否准确等。

（4）查安全。检查各种安全措施和消防设备、器材是否符合安全要求，建筑物和设备是否处于安全状态。

（二）盘点作业的程序

盘点作业的程序如图 2-4 所示。

1. 盘点前的准备

盘点前的准备工作是否充分，直接关系到盘点作业能否顺利进行，甚至盘点是否成功。盘点的基本要求是必须做到快速准确，为了达到这一基本要求，盘点前的充分准备十分必要，应做的准备工作如下：

（1）确定盘点的具体方法和作业程序。

（2）配合财务会计做好准备。

（3）设计印制盘点用表单，盘存单格式可参考表 2-11。

（4）准备盘点用基本工具。

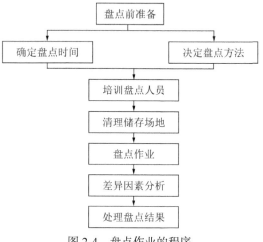

图 2-4 盘点作业的程序

表 2-11　盘存单

盘点日期:　　　　　　　　编号:

商品编号	商品名称	存放位置	盘点数量	复查数量	盘点人	复查人
⋮	⋮	⋮	⋮	⋮	⋮	⋮

2. 确定盘点时间

为了保证账物相符，盘点次数越多越好，但盘点需投入的人力、物力、财力都很大，有时大型全面盘点还可能引起生产的暂时停顿。为此，合理地确定盘点时间非常重要。事实上，引起盘点结果盈亏的关键原因在于出入库过程中传票的输入和查点数目的错误，或者出入库搬运形成商品损失。由此可见，出入库越频繁，引起的误差也会越大。

在确定盘点时间时，要根据仓库周转的速度来确定。对于商品流动速度不快的，可以半年至一年进行一次盘点。对于商品流动速度较快的仓库，既要防止长期不盘点造成重大经济损失，又要防止盘点频繁同样造成经济损失。在实际运行中可以根据商品的不同特性、价值大小、流动速度、重要程度来分别确定不同的盘点时间，盘点时间间隔可以从每天、每周、每月、每年盘点一次不等。例如，对于 A、B、C 等级的商品，A 类商品就需每天或每周盘点一次，B 类商品每两周或三周盘点一次，C 类商品一般每月盘点一次。另外必须注意的问题是，每次盘点持续的时间应尽可能短，全面盘点以 2～6 天完成为佳，盘点的日期一般会选择以下时间:

(1) 财务决算前夕。通过盘点决算损益，查清财务状况。

(2) 淡季。因淡季储货较少，业务不太频繁，盘点较为容易，投入资源较少，且人力调动也较为方便。

3. 确定盘点方法

盘点分为账面盘点及现货盘点两种。账面盘点又称为永续盘点，就是把每天出入库商品的数量及单价记录在计算机或账簿的存货账卡上，并连续地计算汇总出账面上的库存结余数量及库存金额；现货盘点又称为"实地盘点"或"实盘"，也就是实际去库内查清数量，再依商品单价计算出实际库存金额的方法。

(1) 账面盘点法。账面盘点法是将每一种商品分别设立存货账卡，然后将每一种商品的出入库数量及有关信息记录在账面上，逐笔汇总出账面库存结余数，这样随时可以从计算机或账簿上查悉商品的出入库信息及库存结余量。

(2) 现货盘点法。现货盘点法按盘点时间频率的不同又可分为期末盘点和循环盘点。期末盘点是指在会计计算期末统一清点所有商品数量的方法；循环盘点是指在每天、每周清点一小部分商品，一个循环周期将每种商品至少清点一次的方法。

① 期末盘点法。由于期末盘点是将所有商品一次盘点完，所以工作量大，要求严格。通常采取分区、分组的方式进行，其目的是明确责任，防止重复盘点和漏盘。分区即将整个储存区域划分成一个一个的责任区，不同的区由专门的小组负责点数、复核和监督，因此，一个小组通常至少需要三人分别负责清点数量并填写盘存单，复查数量并登记复查结果，第三

人核对前两次盘点数量是否一致，对不一致的结果进行检查。等所有盘点结束后，再与计算机或账册上反映的账面数核对。

② 循环盘点法。循环盘点通常对价值高或重要的商品检查的次数多，而且监督也严密一些，而对价值低或不太重要的商品盘点的次数可以尽量少，循环盘点一次只对少量商品盘点，所以通常只需保管人员自行对照库存资料进行点数检查，发现问题按盘点程序进行复核，并查明原因，然后调整。也可以采用专门的循环盘点单登记盘点情况。

4. 盘点人员的培训

大规模的全面盘点必须增派人员协助进行，这些人员通常来自管理部门，主要对盘点过程进行监督，并复核盘点结果，因此必须对他们进行熟悉盘点现场及盘点商品的训练。培训的另一个方面是针对所有盘点人员进行盘点方法及盘点作业流程的训练，必须让盘点作业人员对盘点的基本要领、表格、单据的填写十分清楚，盘点工作才能顺利进行。

5. 清理储存场地

盘点现场即储位管理包括的区域。盘点作业开始之前必须对其进行整理，以提高盘点作业的效率和盘点结果的准确性，清理工作主要包括以下几方面内容：

(1) 盘点前对已验收入库的商品进行整理归入储位，对未验收入库属于供应商的商品，应区分清楚，避免混淆。

(2) 盘点场所关闭前应提前通知，将需要出库的商品提前准备好。

(3) 账卡、单据、资料均应整理后统一结清。

(4) 预先鉴别变质、损坏商品。对储存场所堆码的货物进行整理，特别是对散乱货物进行收集与整理，以方便盘点时计数。在此基础上，由商品保管人员进行预盘，以提前发现问题并加以预防。

6. 盘点作业

盘点时可以采用人工抄表计数，也可以用电子盘点计数器。盘点工作不仅工作量大，而且非常烦琐，人员易疲劳。因此，为保证盘点的正确性，除了加强盘点前的培训工作外，盘点作业时的指导与监督也非常重要。

7. 查清盘点差异的原因

盘点会将一段时间以来积累的作业误差，及其他原因引起的账物不符暴露出来，发现账物不符，而且差异超过容许误差时，应立即追查产生差异的原因，这些原因通常可能来自以下一些方面：

(1) 计账员素质不高，登录数据时发生错登、漏登等情况。

(2) 账物处理系统管理制度和流程不完善，导致数据出错。

(3) 盘点时发生漏盘、重盘、错盘现象，盘点结果出现错误。

(4) 盘点前数据资料未结清，使账面数不准确。

(5) 出入库作业时产生误差。

(6) 货物损坏、丢失等原因。

8. 盘点的盈亏处理

查清原因后，为了通过盘点使账面数与实物数保持一致，需要对盘点盈亏和报废品一并进行调整。除了数量上的盈亏，有些商品还将会通过盘点进行价格的调整，这些差异的处理可以通过填写商品盘点盈亏调整表(表2-12)和"商品盈亏价格调整表(表2-13)，经有关主管审核签认后，登入存货账卡，调查库存账面数量。

表 2-12　商品盘点盈亏调整表

商品编号	商品名称	单位	账面数量	实存数量	单价	盘盈		盘亏		备注
⋮	⋮	⋮	⋮	⋮	⋮	⋮	⋮	⋮	⋮	⋮

表 2-13　商品盈亏价格调整表

商品编号	商品名称	单位	数量	原价	金额	现价	金额	差异		备注
								单价	金额	
⋮	⋮	⋮	⋮	⋮	⋮	⋮	⋮	⋮	⋮	⋮

（三）盘点结果的处理

盘点的主要目的是希望通过盘店来检查目前仓库中商品的出入库及保管状况，并由此发现和解决管理及作业中存在的问题，需要通过盘点了解的问题主要有：①通过盘点，实际库存量与账面库存量的差异有多大？②这些差异主要集中在哪些品种？③这些差异对公司的损益造成多大影响？④平均每个品种的商品发生误差的次数情况如何？

通过对上述问题的分析和总结，找出在管理流程、管理方式、作业程序、人员素质等方面需要改进的地方，进而改善商品管理的现状，降低商品损耗，提高经营管理水平。

盘点评价指标如下：

盘点数量误差=实际库存数－账面库存数

盘点数量误差率=盘点数量误差/实际库存数

盘点品项误差率=盘点误差品项数/实际品项数

平均每件盘差品金额=盘点误差金额/盘点误差量

平均每品项盘差次数率=盘差次数/盘差品项数

三、养护保管

商品养护是指商品在储存过程中所进行的保养和维护。从广义上说，商品从离开生产领域而未进入消费领域之前这段时间的保养与维护工作，都称为商品养护。

商品只能在一定的时间内、一定的条件下，保持其质量的稳定性，商品经过一定的时间就会发生质量变化，这种情况在运输和储存中都会出现。而且商品不同，其质量变化的快慢程度也不同。由于商品本身和储运条件决定商品质量的变化程度，同时也决定了商品流通的时间界限。商品越容易发生变质，它对储运条件的要求就越严格，它的空间流通就越狭窄，它的销售市场就越带有地方性。因此，易发生变质的商品，对它的流动时间限制越大，就越需要商品养护。

商品养护是流通领域各部门不可缺少的重要工作之一。应在此过程中贯彻"以防为主，防重于治，防治结合"的方针，达到最大限度地保护商品质量，减少商品损失的目的。防是指不使商品发生质量上的降低和数量上的减损，治是指商品出现问题后采取救治的方法。防和治是商品养护不可缺少的两方面，主要手段包括：检查测试、通风、防雨雪、排水除湿、除虫灭鼠、湿度控制、温度控制；防止货垛倒塌；防霉除霉，剔除变质货物；对特殊货物采取针对性的保管措施。

（一）商品储运期间的质量变化

商品在储运期间，由于商品本身的性能特点以及外界因素的影响，可能发生各种各样的质量变化，归纳起来有物理机械变化、化学变化、生理生化变化等。研究商品的质量变化，了解商品质量变化的规律及影响质量变化的因素，对确保商品安全，防止、减少商品劣变或损失有十分重要的作用。

1. 商品的物理机械变化

物理变化是指只改变物质的外表形态，不改变其本质，没有新物质生成的质量变化现象。商品的机械变化是指商品在外力作用下发生的形态变化。物理机械变化的结果不是数量的损失，就是质量的降低，甚至失去使用价值。商品常发生的物理机械变化主要有挥发、溶化、熔化、渗漏、串味、冻结、沉淀、破碎与变形等。

1）挥发

低沸点的液体商品或经液化的气体商品，在一定的条件下，其表面分子能迅速气化而变成气体散发到空气中的现象叫做挥发。常见的易挥发商品有汽油、酒精、苯、香水、印刷油墨、液氨、液氮等。

挥发速度与商品中易挥发成分的沸点、气温的高低、空气流速以及与它们接触的空气表面积等因素有关。液体商品的挥发不仅会降低商品的有效成分，增加商品损耗，降低商品质量，有些燃点很低的商品还可能引起燃烧或爆炸；有些商品挥发的气体有毒性或麻醉性，容易造成大气污染，对人体有害；一些商品受到气温升高的影响，体积膨胀，使包装内部压力增大，可能发生爆破。

防止商品挥发的主要措施是加强包装的密封性。此外，要控制库房温度，高温季节要采取降温措施，保持在较低的温度条件下储存商品。

2）溶化

溶化是指固体商品在保存过程中，吸收潮湿空气或环境中的水分达到一定程度时，会溶解变成液体的现象。常见的易溶化商品有食糖、食盐、明矾、硼酸、尿素、氯化钙、硝酸铵、烧碱等。

商品溶化后，商品本身的性质并没有发生变化，但由于形态改变，给储存、运输及销售部门带来很大的不便。商品溶化与空气温度、湿度、堆码高度有密切关系。

对易溶化的商品应按商品性能分区分类存放在阴凉干燥的库房内，不适合与含水分较多的商品同储，在堆码时要注意底层商品的防潮与隔潮，垛底要垫得高一些，并采取吸潮和通风相结合的温湿度管理方法来防止商品吸湿溶化。

3）熔化

熔化是指低熔点的商品受热后发生软化乃至化为液体的变化现象。熔化除受气温高低的影响外，与商品本身的熔点、商品中的杂质种类和含量高低密切相关。熔点越低、杂质含量越高，越容易熔化。常见易熔化的商品有香脂、发蜡、蜡烛、复写纸、蜡纸、圆珠笔芯、松香、萘、硝酸锌、油膏、胶囊、糖衣片等。

商品熔化，有的会造成商品流失、粘连包装、沾污其他商品；有的因产生熔解热而体积膨胀，使包装爆破；有的因商品软化而使货垛倒塌。

预防商品的熔化，应根据商品的熔点高低，选择阴凉通风的库房储存。在保管过程中，一般可采用密封和隔热措施，加强仓库的温度管理，防止日光照射，尽量减少温度的影响。

4）渗漏

渗漏主要是指液体商品发生跑、冒、滴、漏等现象。商品的渗漏与包装材料性能、包装容器结构及包装技术的优劣有关，还与仓储温度变化有关，如金属包装焊接不严，受潮锈蚀；有些包装耐腐蚀性差；有的液体商品因气温升高、体积膨胀而使包装内部压力增大胀破包装容器；有的液体商品在低温或严寒季节结冰，也会发生体积膨胀引起包装破裂而造成商品损失。

因此，对液体商品应加强入库验收和在库商品检查及温湿度控制和管理。

5）串味

串味是指吸附性较强的商品吸附其他气体、异味，从而改变本来气味的变化现象。具有吸附性、易串味的商品，主要是因为它们的成分中含有胶体物质，以及具有疏松多孔性的组织结构。商品的串味与其表面状况、与异味物质接触面积的大小、接触时间的长短，以及环境中异味的浓度有关。

常见易串味的商品有大米、面粉、木耳、食糖、茶叶、卷烟、饼干等。常见的易引起其他商品串味的商品有汽油、煤油、腌鱼、腌肉、樟脑、肥皂、农药等。预防商品串味，应对易被串味的商品尽量采取密封包装，在储存运输中不得与有强烈气味的商品共储混运，同时还要注意运输工具和仓储环境的清洁卫生。

6）沉淀

沉淀是指含有胶质和易挥发成分的商品，在低温或高温条件下，部分物质凝固，进而发生下沉或膏体分离的现象。常见的易沉淀商品有墨水、墨汁、牙膏、雪花膏等。预防商品沉淀，应根据不同商品的特点，防止阳光照射，做好商品冬季保温和夏季降温等工作。

7）沾污

沾污是指商品外表沾有其他脏物、染有其他污秽的现象。商品沾污主要是生产、储运过程中卫生条件差及包装不严所致。对一些外观质量要求较高的商品，如绸缎呢绒、针织品、服装等要注意防沾污，精密仪器仪表类也要特别注意。

8）破碎与变形

破碎与变形是指商品在外力作用下所发生的形态上改变的机械变化。脆性较大或易变形的商品，如玻璃、陶瓷、搪瓷制品、铝制品等，因包装不良在搬运过程中受到碰撞、挤压和抛掷而易破碎、掉瓷、变形等；塑性较大的商品，如皮革、塑料、橡胶等制品由于受到强烈的外力撞击或长期重压易失去回弹性能，从而发生形态改变。对易发生破碎和变形的商品，要注意妥善包装，轻拿轻放，堆垛高度不能超过一定限度。

2. 商品的化学变化

商品的化学变化是指构成物质的分子发生了变化，商品的外表形状和商品的本质都发生了改变，并生成了新的物质的变化现象。商品发生化学变化，严重时会使商品完全丧失使用价值。常见的化学变化有分解、水解、氧化、老化、腐蚀等。

1）分解、水解

分解是指某些化学性质不稳定的商品，在光、热、酸、碱及潮湿空气的作用下，会由一种物质分解成两种或两种以上物质的变化现象。分解不仅使商品质量变差，而且会使商品完全失效。例如，漂白粉在温度高，水分大，光照不密闭的条件下，会分解生成次氯酸和氧，失去漂白能力，使商品失去使用价值。

水解是某些商品在一定条件(如酸性或碱性条件)下，与水作用而发生的复分解反应。对于易分解或水解的商品，在储存运输中应尽量避免发生这些变化所需的外部条件，尤其不宜与酸性或碱性物质共储混运。

2) 氧化

氧化是指商品与空气中的氧或与其他放出氧气的物质接触，发生与氧结合的化学变化。商品氧化不仅会降低商品的质量，有的还会在氧化的过程中产生热量，引起自燃，有的甚至会引发爆炸。易于氧化的商品种类很多，如化工原料中的亚硝酸钠、硫代硫酸钠、保险粉、油脂类商品(包括用油脂加工的食品)和纤维制品等。这类商品在储运过程中应选择低温避光条件，避免与氧接触，同时注意通风散热，有条件的可在包装容器中放入脱氧剂。

3) 老化

老化是指某些以高分子化合物为主要成分的商品，如橡胶、塑料、合成纤维等高分子材料制品，在储运过程中受到光、氧、热及微生物等的作用，出现发黏、龟裂、变脆、失去弹性、强力下降、丧失原有优良性能的变质现象。

易老化是高分子材料存在的一个严重缺陷。老化的原因主要是高分子化合物在外界条件的作用下，分子链发生了降解和交连等变化。储存和运输这些商品时，要注意防止日光照射和高温，尤其是要防止暴晒，同时堆码不宜过高，要避免重压。

4) 腐蚀

腐蚀是指物质接触周围的介质(如酸、碱、氧气及腐蚀性气体等)，其表面受到破坏的变化现象。金属的锈蚀也是其中的一种。

金属的锈蚀主要是发生了电化学腐蚀，在潮湿的空气中，金属制品通过表面吸附、毛细管(表面裂纹和结构缝隙)凝聚，特别是结露作用，可在金属表面形成水膜。水膜溶解表面的水溶性粘附物和空气中的氧气、二氧化碳、二氧化硫等气体，形成具有导电性的电解液。金属制品接触这种电解液后，引起电化学反应，反应中，金属原子成为离子不断进入电解液而被溶解，这种腐蚀称为电化学腐蚀。电化学腐蚀先在金属表面造成不规则的凹洞、斑点和溃疡，然后使破坏的金属变为金属氧化物或氢氧化物而附于金属表面，最后或快或慢地往里深入腐蚀，这是金属商品的主要破坏形式。

3. 商品的生理生化变化及其他生物引起的变化

商品的生理生化变化是指有生命活动的有机体商品，在储存过程中为维持自身的生命活动所进行的一系列变化，如粮食、水果、蔬菜、鲜蛋等商品的呼吸、发芽、胚胎发育和后熟等现象。

商品的生物学变化则是指由微生物、仓库害虫以及鼠类等生物所造成的商品质量的变化，如工业商品和食品商品的霉变、腐败、虫蛀和鼠咬等。

1) 呼吸作用

呼吸作用是指有机体商品在生命过程中，由于氧和酶的作用，体内有机物质被分解，并产生热量的一种缓慢的生物氧化过程。

呼吸作用可分为有氧呼吸和缺氧呼吸两种类型。不论有氧呼吸还是缺氧呼吸，都要消耗营养物质，降低食品的质量。有氧呼吸热的产生和积累往往使食品腐败变质。同时，有机体分解出来的水分又有利于有害微生物生长繁殖，使商品的霉变加速。缺氧呼吸则会产生酒精积累，引起有机体细胞中毒，造成生理病害，缩短商品储存时间。对于一些鲜活商品，缺氧呼吸往往比有氧呼吸要消耗更多的营养物质。

保持正常的呼吸作用，有机体商品本身会具有一定的抗病性和耐储性。因此，鲜活商品的储藏应保证它们正常而最低的呼吸，利用它们的生命活性减少损耗、延长储藏时间。

2）后熟作用

后熟是指瓜果、蔬菜类食品脱离母株后继续成熟的现象，促使这类食品后熟的主要因素是高温、氧以及某些有催熟作用的刺激性物质（如乙烯、乙醇等）的存在。瓜果、蔬菜等的后熟作用能改进其色、香、味以及硬脆等食用性能。但当后熟作用完成后，则容易发生腐烂变质，难以继续储藏，甚至失去食用价值。因此，对于这类食品，应在其成熟之前采收并采取控制储藏条件的办法来调节其后熟过程，以达到延长储藏期、均衡上市的目的。

为了延长后熟期，可采用低温储运和适当通风（散去成熟食品释放的乙烯气体）的方法。有时为了及早上市也可用乙烯或乙醇等进行人工催熟。

3）胚胎发育

胚胎发育主要指鲜蛋的胚胎发育。在鲜蛋的储存过程中，当温度和供氧条件适宜时，胚胎会发育成血丝蛋、血环蛋。经过胚胎发育的禽蛋，其新鲜度和食用价值大大降低。为抑制鲜蛋的胚胎发育，应加强温湿度管理，最好是低温储藏或停止供氧。

4）发芽和抽薹

这类现象是两年生的蔬菜，如马铃薯、大蒜、生姜、萝卜等，在储存时经过休眠期后的一种继续生长的生理活动。发芽和抽薹的蔬菜因大量的营养成分供给新生的芽和茎，使组织粗老或空心，失去原有鲜嫩品质，并且不耐储藏。因此，储存这类蔬菜时应将温度控制在5℃以下，并防止光照，可抑制其发芽、抽薹。

5）霉腐

霉腐是商品在霉腐微生物作用下所发生的霉变和腐败现象。在气温高、湿度大的季节，如果仓库的温湿度控制不好，储存的针棉织品、皮革制品、鞋帽、纸张、香烟以及中药材等许多商品就会生霉；鱼、肉、蛋类就会腐败发臭；水果、蔬菜就会腐烂；果酒变酸、酱油生白膜。无论哪种商品，只要发生霉腐，就会受到不同程度的破坏，严重霉腐可使商品完全失去使用价值。有些食品还会因腐败变质而产生有毒物质。

易霉腐的商品在储存时必须严格控制温湿度，做好商品的防霉工作。

6）发酵

发酵是某些酵母尤其是野生酵母和细菌所分泌的酶，作用于食品中的糖类、蛋白质而发生的分解反应。发酵广泛用于食品酿造业。但如果空气中的这些微生物自然地作用于食品而进行发酵，则不但破坏了食品中的有益成分，使其失去原有的品质，而且会出现不良气味，甚至还会产生有害人体健康的物质。

常见的这类发酵有酒精发酵、醋酸发酵、乳酸发酵和酪酸发酵等。防止食品在储运中发酵，除了要注意卫生，密封和控制较低温度也是十分重要的。

7）虫蛀、鼠咬

商品在储运过程中，经常遭受仓库害虫的蛀蚀或老鼠的咬损，使商品体及其包装遭到损坏，甚至完全丧失使用价值。除食品商品能提供仓库害虫和老鼠生活活动所需的营养物质外，很多用动植物材料制成的工业品商品，如毛皮制品、皮革制品、丝毛织品、纸及纸制品、纤维制品等，都含有蛋白质、脂肪、淀粉、纤维素等仓库害虫所喜食的成分。纤维制品常成为老鼠觅取做窝的材料；而竹木制品、皮箱甚至聚氯乙烯制品等也成为老鼠咬啮的对象。

对虫蛀、鼠咬的防治，应熟悉虫、鼠的生活习性和危害规律，首先立足于防，即搞好运输工具和仓库的清洁卫生工作，加强日常管理，切断虫鼠的来源；其次采用化学药剂或其他方法杀虫灭鼠，坚持经常治理与突击围剿相结合的方法来防治。

(二) 影响库存商品质量变化的因素

要做好商品养护工作，首先必须研究商品储存期间导致其质量变化的两个因素：①商品本身的自然属性，即商品的结构、成分和性质，是内因；②商品的储存环境，包括空气的温度、湿度、氧气、阳光、微生物等，是外因。

1. 影响库存物变化的内因

物品本身的组成成分、分子结构及其所具有的物理性质、化学性质和机械性质，决定了其在储存期发生损耗的可能程度。通常情况下，有机物比无机物易发生变化，无机物中的单质比化合物易发生变化；固态物品比液态物品稳定且易保存保管，液态物品又比气态物品稳定并易保存保管；化学性质稳定的物品不易变化、不易产生污染；物理吸湿性、挥发性、导热性都差的不易变化；机械强度高、韧性好、加工精密的物品易保管。

1) 物品的物理性质

物品的物理性质主要包括吸湿性、导热性、耐热性、透气性等。

2) 物品的机械性质

物品的机械性质是指物品的形态、结构在外力作用下的反应。物品的这种性质与其质量关系极为密切，是体现适用性、坚固耐久性和外观的重要内容，它包括物品的弹性、可塑性、强力、韧性、脆性等。这些物品的机械性质对物品的外形及结构变化有很大的影响。

3) 物品的化学性质

物品的化学性质是指物品的形态、结构以及物品在光、热、氧、酸、碱、温度、湿度等作用下，发生改变物品本质相关的性质。与物品储存紧密相关的物品的化学性质包括物品的化学稳定性、毒性、腐蚀性、燃烧性、爆炸性等。

4) 化学成分

(1) 无机成分物品。无机成分物品的构成成分中不含碳，但包括碳的氧化物、碳酸及碳酸盐，如化肥、部分农药、搪瓷、玻璃、五金及部分化工物品等。无机性成分的物品按其元素的种类及其结合形式又可以分为单质物品、化合物、混合物等三大类。

(2) 有机成分物品。有机成分物品指以含碳的有机化合物为其成分的物品，但不包括碳的氧化物、碳酸与碳酸盐。属于这类成分的物品种类相当繁多，如棉、毛、丝、麻及其制品、化纤、塑料、橡胶制品、石油产品、有机农药、有机化肥、木制品、皮革、纸张及其制品、蔬菜、水果、食品、副食品等。这类物品成分的结合形式也不相同，有的是化合物，有的是混合物。

单一成分的物品极少，多数物品含杂质，成分绝对纯的物品很罕见。所以，物品成分有主要成分与杂质之分。主要成分决定着物品的性能、用途与质量，而杂质则影响着物品的性能、用途与质量，给储存带来不利影响。

5) 物品的结构

物品的种类繁多，各种物品又有各种不同形态的结构，所以要求用不同的包装盛装。例如，气态物品分子运动快、间距大，多用钢瓶盛装，其形态随盛器而变；液态物品分子运动比气态慢，间距比气态小，其形态随盛器而变；只有固态物品有一定的外形。

总之，影响物品发生质量变化的因素很多，这些因素主要包括物品的性质、成分、结构等内在因素，这些因素之间是相互联系、相互影响的统一整体，工作中决不能孤立对待。

2. 影响物品质量变化的外因

物品储存期间的变化虽然是物品内部活动的结果，但与储存的外界因素有密切关系。这些外界因素主要包括自然因素、人为因素和储存期。

1）自然因素

自然因素主要指温度、湿度、有害气体、日光、尘土、杂物、虫鼠雀害、自然灾害等。

2）人为因素

人为因素是指人们未按物品自身特性的要求或未认真按有关规定和要求作业，甚至违反操作规程而使物品受到损害和损失的情况，这些情况主要包括以下几种。

(1) 保管场所选择不合理。物品自身理化性质决定了不同库存物在储存期要求的保管条件不同，因此，对不同库存应结合当地的自然条件选择合理的保管场所。一般条件下，普通的黑色金属材料、大部分建筑材料和集装箱可在露天货场储存；怕雨雪侵蚀、阳光照射的物品放在普通库房及货棚中储存；要求一定温湿度条件的物品应相应存放在冷藏、冷冻、恒温、恒湿库房中；易燃、易爆、有毒、有腐蚀性危险的物品必须存放在特种仓库中。

(2) 包装不合理。为了防止物品在储运过程中受到可能的冲击、压缩等外力而被破坏，应对库存物进行适当的捆扎和包装，如果该捆扎或捆扎不牢，将会造成倒垛、散包，使物品丢失和损坏。某些包装材料或形式选择不当不仅不能起到保护作用，还会加速库存物受潮变质或受污染霉烂。

(3) 装卸搬运不合理。装卸搬运活动贯穿仓储作业过程的始终，是一项技术性很强的工作。各种物品的装卸搬运均有严格规定，如平板玻璃必须立放挤紧捆牵，大件设备必须在重心点吊装，胶合板不可直接用钢丝绳吊装等。实际工作表明，装卸搬运不合理不仅会给储存物造成不同程度的损害，还会对劳动者的生命安全带来威胁。

(4) 堆码苫垫不合理。垛形选择不当、堆码超高超重、不同物品混码、需苫盖而没有苫盖或苫盖方式不对都会导致库存物损坏变质。

(5) 违章作业。在库内或库区违章明火作业、烧荒、吸烟，可能引起火灾，造成更大的损失，带来更大的危害。

3）储存期

物品在仓库中停留的时间越长，受外界因素影响发生变化的可能性就越大，而且发生变化的程度也越深。

物品储存期的长短主要受采购计划、供应计划、市场供求变动、技术更新，甚至金融危机等因素的影响，因此仓库应坚持先进先出的发货原则，定期盘点，将接近保存期限的物品及时处理，对于落后产品或接近淘汰的产品限制入库或随进随出。

(三) 影响商品质量变化的外在因素控制

为保养维护好商品质量，就需要明确和掌握商品质量变化的内因与外因，特别是要明确和掌握如何正确地控制与调节仓库温湿度，维持良好的商品储存条件，以确保商品储运安全。这里对影响商品质量的外界因素(如氧气、日光、微生物、害虫等)作一些介绍。

1. 空气中的氧气

空气中含有21%左右的氧气。氧气能和许多商品发生作用，对商品质量变化影响很大。例如，氧气可以加速金属商品锈蚀；氧气是好氧型微生物活动的必备条件，易使有机体商品发生霉腐；氧气是害虫赖以生存的基础，是仓库害虫发育的必备条件；氧气是助燃剂，不利于危险品的安全储存；在油脂的酸败、鲜活商品的分解、变质中，氧气都是积极参与者。因此，在养护中，对于受氧气影响较大的商品，要采取各种方法，如浸泡、密封、充氮等，隔绝氧气。

2. 日光

日光中含有红外线和紫外线等。一方面，日光能够加速受潮商品的水分蒸发，杀死杀伤微生物和商品害虫，在一定程度上有利于商品的保护；另一方面，某些商品在日光的直接照射下又会发生质量变化，如日光能使酒类挥发、使油脂加速酸败、使纸张发黄变脆、色布褪色、药品变质、照相胶卷感光等。因此，商品的养护中要根据各种不同商品的特征，注意避免或减少日光的照射。

3. 微生物

微生物在生命活动过程中会分泌各种酶，利用它们把商品中的蛋白质、糖类、脂肪、有机酸等物质分解为简单的物质加以吸收利用，从而使商品受到破坏、变质，丧失其使用价值。同时，微生物异化作用中，在细胞内分解氧化营养物质，会产生各种腐败性物质排出，使商品产生腐臭味和色斑霉点，影响商品外观，还会加速高分子商品的老化。

常见危害商品的微生物主要是一些腐败性细菌、酵母菌和霉菌。特别是霉菌，它是引起绝大部分日用工业品、纺织品和食品霉变的主要根源，它们对纤维、淀粉、蛋白质、脂肪等物质具有较强的分解能力。

微生物的活动需要一定的温度和湿度。没有水分，它是无法生活的；没有适宜的温度，它也不能生长繁殖。掌握了这些规律，就可以根据商品的含水量采取不同的温湿度调节措施，防止微生物生长，以利商品储运。

4. 空气温度

气温是影响商品质量变化的重要因素。一般商品在常温以下都比较稳定；高温则能够促进商品的挥发、渗漏、熔化的物理变化和化学变化；而低温又容易引起某些商品的冻结、沉淀等变化。此外，温度适宜时，又会给微生物和仓虫的生长繁殖创造有利条件，加速商品的腐败变质和虫蛀。因此，控制和调节仓储商品的温度是商品养护的重要工作内容之一。

5. 空气湿度

空气湿度的改变能引起商品的含水量、外形或体态结构等的变化。空气湿度下降将使商品因放出水分而降低含水量，发生变质，如水果、蔬菜、肥皂等会发生萎蔫或干缩变形；纸张、皮革、竹木制品等失水过多会发生干裂或脆损。空气湿度增高，使商品吸收水分，含水量增大，也会使商品发生质变，如食糖、食盐、化肥等易溶性商品发生结块、膨胀或进一步溶化；金属制品生锈；纺织品、卷烟、竹木制品等发生霉变或被虫蛀等。湿度适宜可以保持商品的正常含水量。所以，在商品的养护中，必须掌握各种商品的适宜湿度要求，尽量创造商品适宜的空气湿度。

6. 卫生条件与仓库害虫

卫生条件是保证商品免于变质腐败的重要条件之一。卫生条件不良，不仅使灰尘、油垢、垃圾、腥臭等污染商品，而且还会为微生物、仓库害虫等创造活动场所。仓库害虫不仅蛀食各种商品和包装，破坏商品的组织结构，而且在生活过程中，吐丝结茧、做窝繁殖，排泄各种代谢废物沾污商品，影响商品的质量和外观。

7. 有害气体

大气中的有害气体主要来自煤、石油、天然气、煤气等燃料燃放出的烟尘和工业生产过程中的粉尘、废气。对空气的污染主要是二氧化碳、二氧化硫、硫化氢、氯化氢和氮氧化物等气体。商品储存在有害气体浓度大的空气中，将受到污染和腐蚀，质量变化明显。

（四）温湿度管理

1. 空气温度

空气温度是指大气的冷热程度，简称气温。气温是指近地面层大气的温度。常用的温标有摄氏和华氏两种。在仓库温度管理中，一般用摄氏温标。

摄氏温标是以纯水在标准大气压下的冰点为 0°，沸点为 100°，中间分为 100 等份，每等份代表 1°。凡 0°以下度数，在度数前加一个"－"，即表示零下多少摄氏度。

其他比较常用的温度单位还有华氏温度和绝对温度，华氏温标是以纯水在标准大气压下的冰点为 32°，沸点为 212°，中间分为 180 等份，每等份代表 1°来表示。

摄氏温度和华氏温度之间的换算关系为

$$摄氏温度=(华氏温度-32)×5/9$$
$$华氏温度=32+摄氏温度×9/5$$
$$绝对温度=273+摄氏温度$$

例如，夏天气温 37℃，$37×9=333$，$333÷5=66.6$，$32+66.6$ 得到华氏度数 98.6。

2. 空气湿度

空气湿度是指空气中含水蒸气的多少，即潮湿的程度。湿度是指空气中水汽含量的多少或空气的潮湿程度。空气中的水汽含水量越多，其湿度越大。可用绝对湿度、饱和湿度、相对湿度、露点等表示。

货物湿度对货物的影响明显，货物含水量高，产生霉变、溶解、锈蚀、发热、化学反应，如碳化钙遇水分解并产生易燃乙炔气。含水量低，货物变得干裂、干涸、挥发、易燃。

空气湿度的表示方法有以下几种。

（1）绝对湿度：单位体积空气中实际所含水蒸气的重量即每 $1m^3$ 的空气中所含水蒸气量；用克/立方米（g/m^3）表示。温度越高，水蒸气蒸发越多，绝对湿度越大。

（2）饱和湿度：指在一定气温气压下单位体积空气中所能容纳的水蒸气的最大限度。即单位体积空气中最大含水量，用 g/m^3 表示。饱和湿度一般随温度升高而增大，随温度的降低而减小。如果空气中的水蒸气含量超过此限量，多余的水蒸气就会凝成液态水从空气中析出。空气最高绝对湿度为 $31.7×10^2Pa$ 或者 $22.8g/m^3$。

（3）相对湿度：指在某一特定气温和气压下空气绝对湿度与饱和湿度的百分比，即相对湿度=（绝对湿度/饱和湿度）×100%（同一温度下）。

相对湿度越大，表明空气中的水蒸气量距离饱和状态越接近，表示空气越潮湿，水分就不易蒸发；相反，相对湿度越小，表明空气越干燥。仓库中的湿度管理也主要是指相对湿度的控制与调节，是根据相对湿度来了解和调节库内空气的干湿程度。

（4）露点：露点是露点温度的简称，指空气中所含水蒸气因气温下降达到饱和状态而开始液化成水（结露）时的温度。即指含有水蒸气的空气，其相对湿度会因温度的降低而增大，当温度降到某一数值时，空气中的水蒸气达到饱和状态（相对湿度达到 100%），随之就会液化，附在商品或库房建筑物等与空气接触的表面上，这种现象叫做结露，如夏季早晨花草上出现露水，俗称出汗。这时的温度叫做露点温度，简称"露点"。因此，露点是以温度表示湿度的概念。在商品储存的环境中，如果温度低于露点，空气中超饱和的水分会在温度低的商品或其他物体表面凝结成水珠，称为水淞，俗称出汗。对于怕潮商品有较大的危害性。当相对湿度大于等于 1 时出现露点、汗水。

3. 温湿度变化规律

1）温度变化规律

气温的变化分周期性变化和非周期性变化。周期性变化又分为日变化和年变化。

温度的年变化规律：一年中气温最高在 7（内陆）～8 月（沿海），最低在 1（内陆）～2 月（沿海），年平均 4 月底和 10 月底。一年中月平均气温的最高值与最低值之差称为气温的年较差。

气温的日变化一昼夜中最低气温在凌晨日出前，最高气温在下午 2～3 时，次日又开始循环。一昼夜中最高与最低气温的差值称为气温的日变幅。

库房温度变化的一般规律：从季节看，一般 1～4 月和 10～12 月气温低于库温；6～8 月气温则高于库温；4～5 月和 9～10 月气温和库温大致相当。

2）湿度变化规律

相对湿度的年、日变化随气温的升高而减小，随气温的降低而增大，所以相对湿度的年变化趋势与气温年变化相反，一般最高值出现在冬季，最低值出现在夏季，各地相对湿度的年变化也不完全一样。

4. 仓库温湿度的控制与调节

温湿度调节指仓库根据货物的特征，结合仓库的具体条件，采取各种科学手段对货物进行保养，防止和延缓货物质量变化的行为。保管的原则是"以防为主，防治结合"，参考表 2-14。

表 2-14　部分商品的安全温度和安全相对湿度表

商品名称	安全温度	安全相对湿度	商品名称	安全温度	安全相对湿度
金属制品	5～30℃	75%以下	仪表电器	10～30℃	70%
玻璃制品	35℃以下	80%以下	汽油、煤油	30℃以下	75%以下
橡胶制品	25℃以下	80%以下	树脂油漆	0～30℃	75%以下
皮革制品	5～15℃	60%～75%	卷烟	25℃以下	55%～70%
塑料制品	5～30℃	50%～70%	食糖	30℃以下	70%以下
棉织品	20～25℃	55%～65%	干电池	-5～25℃	80%以下
纸制品	35℃以下	75%以下	洗衣粉	35℃以下	75%以下

主要手段：检查测试、通风、防雨雪、排水除湿、除虫灭鼠、湿度控制、温度控制；防止货垛倒塌；防霉除霉，剔除变质货物；对特殊货物采取针对性的保管措施。

控制与调节温湿度的方法很多，有密封、通风、吸湿和加湿、升温和降温等。将几种方法合理地结合使用，效果更好。部分商品的安全温度和安全相对湿度见表 2-14。

（1）密封。密封指在库外高温高湿条件下，使商品库房严密封闭、减少温湿度对商品的影响，以达到安全储存的目的。密封是温湿度管理的基础，它是利用一些不透气、隔热、隔潮的材料，把商品严密地封闭起来，以隔绝空气，降低或减少空气温湿度变化对商品的影响。密封也是进行通风、吸湿等方法的有效保证。常用的密封材料有塑料薄膜、防潮纸、油毡、芦席等。这些密封材料必须干燥清洁，无异味。密封保管的形式有整库、整垛、整柜、整件密封等，在仓库中主要采用前两种形式。整库密封时，地面可采用水泥沥青、油毛毡等制成防潮层隔潮，墙壁外涂防水砂浆，内涂沥青和油毛毡，库内吊平顶。门窗边缘使用橡胶条密封，在门口可用气帘隔潮。

(2) 通风。通风指在库外温湿度较低条件下利用空气流通的规律使库内外空气交换，以达到降温降湿的目的。通风的方法有自然通风和机械通风。前者是开启库房门窗和风洞，让库内外的空气进行自然对流的通风方法；机械通风是指在库房上部装设排风扇，下部装设送风扇，以加速空气的交换。

采用通风的方法调节库内温湿度的关键是选择和掌握通风时机。通风时机的选择主要依据商品性质、库内外温湿度的差异，以及库外风向、风力等因素，这样通风才能达到预期的效果。对于通风时机的选择应掌握以下原则：通风时最好能达到既散热又散湿的目的，如不能达到这两个目的，也应在不增加库温的前提下，通风散湿或在不增加湿度的前提下通风降温。

采取自然通风的方法来降低湿度一向要遵循下面的原则：

① 外部温度和湿度都低于库内时可以通风，反之不能通风。

② 外部温度低于库内、库内外相对湿度一样时，可以通风，反之不能。

③ 库外相对湿度低于库内相对湿度而库内外温度一样时，可以通风。

(3) 吸湿和加湿。在不能采用通风来调节湿度或需要迅速改变湿度的情况下，可采用吸湿剂、空气吸湿机吸湿或用洒水、湿擦、盛水等方法增湿。在仓库储存中多数日工商品和纺织品要降低湿度，多数生鲜商品和鲜活商品需要增加湿度。

吸潮指在阴雨天气或雨季，库内外湿度都比较大，不易通风时，在库房密封条件下利用机械或吸潮剂来降低库内的湿度。机械降湿是使用吸湿机的蒸发器而凝成水滴排出，把冷却干燥的空气送入库内，如此不断循环，排除水分，促使库内降湿。吸潮剂具有较强的吸潮性，能迅速吸收库内空气的水分，进而降低相对湿度。吸潮剂有吸附剂和吸收剂。吸收剂主要是吸收水分，常用生石灰和无水氯化钙等；吸附剂具有大量毛细孔筛，对水气有强烈吸附作用，常用的有活性炭、分子筛、硅胶等。硅胶的吸附性能优良，吸潮后仍为固态，对商品无不良影响，而且经烘干可重复使用，应用于仪器、电信器材、照相器材、钟表等贵重商品的防潮。

随着市场经济的不断发展，现代商场仓库普遍使用机械吸潮方法，即使用吸湿机把库内的湿空气通过抽风机吸入吸湿机冷却器内，使它凝结为水而排出。

吸湿机一般适宜于储存棉布、针棉织品、贵重百货、医药、仪器、电工器材和烟糖类的仓间吸湿。在温度为 27℃，相对湿度为 70%时，一般每小时可以吸水 3～4kg。使用吸湿机吸潮不仅效率高、降湿快，而且体积小、重量轻、不污染商品。

(4) 升温和降温。在不能用通风来调节温度时，可用暖气设备来提高库房温度，也可用空调设备来升温或降温。

(5) 自动调控温湿度。自动调控温湿度指利用光电自动控制设备，在规定的仓库温湿度范围内自动报警、开窗、开动吸湿机、记录和调节库内温湿度等，当库内温湿度调至适宜时，又可自动停止工作。具有占地面积小(仅 $1m^2$ 左右)、使用灵敏准确的优点，为最先进的仓储设备。

(五) 金属商品防锈

金属商品发生锈蚀不仅影响外观质量，造成商品陈旧，同时会使其机械强度下降，降低使用价值，严重的甚至报废。例如，各种刀具常因锈蚀使其表面形成斑点、凹陷，以致难以平整和保持锋利；精密量具只要轻微锈蚀都可能影响其使用的精确度。金属的防锈蚀就是防止金属与周围介质发生化学作用或电化学作用，使金属免受破坏。在仓储中一般采用改善仓储条件控制环境温湿度和空气中腐蚀性气体(如 O、CO、H_2S、SO 等)的含量、还可采用表面涂防锈油、气相缓蚀剂、可剥性塑料、干燥空气封存等方法防治锈蚀。

1. 金属锈蚀的基本原理

金属与周围介质接触时,由于发生化学作用或电化学作用而引起的破坏叫做金属的腐蚀,一般也称为锈蚀。金属的腐蚀主要有两种,即化学腐蚀和电化学腐蚀。

1) 化学腐蚀

金属与气体(如 O_2、H_2S、SO_2、Cl_2 等)接触时,在金属表面生成相应的化合物而受到破坏,称为化学腐蚀。这种腐蚀在低温情况下不明显,但在高温时就很显著。

2) 电化学腐蚀

在潮湿环境中,金属与水及溶解于水中的物质接触时,因形成原电池而发生电化学反应所受到的腐蚀称为电化学腐蚀。这种腐蚀作用可以连续进行,以致金属由表及里受到严重损坏。电化学腐蚀的本质是:在原电池作用下,金属原子放出电子,其他物质接收电子,金属以离子状态进入溶液,然后形成氢氧化物或氧化物而发生锈蚀,使金属受到损坏。电化学腐蚀是金属商品腐蚀的主要形式,这种腐蚀速度也是惊人的,不容忽视。

2. 影响金属商品锈蚀的主要因素

在储存中发生锈蚀的因素有两个:①金属制品原材料结构不稳定,化学成分不纯,物理结构不均匀等,是引起金属制品锈蚀的内因;②由于空气温湿度的变化,空气中的腐蚀性气体和金属表面的尘埃都是影响金属制品发生锈蚀,是外因。

1) 金属生锈的内在因素

(1) 金属本身不稳定。金属由金属原子所构成,其性质一般较活泼。金属原子易失去电子成为阳离子而发生腐蚀,这是金属生锈的主要内在原因。

(2) 金属成分不纯。生产日用工业品的金属一般都含有杂质,金属成分不纯,在大气环境下表面形成电解质薄膜后,金属原子与杂质之间容易形成无数原电池,发生电化学反应而使金属受到腐蚀。

(3) 金属结构不均匀。金属在机械加工过程中也会造成变形不均匀,一般在金属材料的划伤处、焊接处、弯扩部位、表面不完整处等,都容易发生电化学腐蚀。

2) 影响金属生锈的外界因素

(1) 空气相对湿度的影响。金属的锈蚀主要是电化学腐蚀,电化学腐蚀是在表面上形成极薄的一层液膜下进行的。因此,空气中相对湿度是影响金属腐蚀的主要因素。当相对湿度超过85%时,金属表面就易形成电解质液膜,从而构成电化学腐蚀的条件。

(2) 空气温度的影响。通常情况下,温度越高金属商品腐蚀速度越快。当气温变化大时,金属表面容易出现"出汗"现象,形成电解质液膜,加剧金属锈蚀,这对五金商品的安全储存和运输是一个很大的威胁。

(3) 腐蚀性气体的影响。空气中的二氧化碳对金属腐蚀危害很大。此外硫化氢、氯化氢、二氧化硫、氨气、氯气等气体对金属都具有强烈的腐蚀性。

(4) 空气中杂质的影响。空气中的灰尘、煤烟、砂土等杂质附着在金属表面易产生原电池反应,造成金属商品的腐蚀。

3. 金属防锈蚀措施

(1) 创造良好的条件,选择适宜的场所,改善储存环境,是进行金属制品养护的最基本措施。储存金属制品的仓库要求通风干燥,门窗严密,便于调节库内温湿度,防止出现较大温差,相对湿度一般不超过70%。库内严禁与化工商品或含水量比较高的商品同库储存,以免相互影响，引起锈蚀。

（2）涂油防锈就是在金属制品表面涂一层油脂薄膜，以起到可将金属与外界环境隔离的作用，从而防止或减弱金属制品生锈。涂油防锈法简便易行，一般效果较好，但随着时间的推移，防锈油逐渐消耗，或者由于防锈油的变质而使金属制品生锈，所以用涂油法防护金属制品生锈要经常检查，发现问题及时采取新的涂油措施，以免造成损失。目前采用的油脂主要有蓖麻油、变压器油、凡士林、黄油、机械油、仪器油等。为提高防锈油的耐热性能、油脂强度以及对制品表面的附着力，常加一些蜡、松香和缓蚀剂。

（3）气相防锈是利用气相缓蚀剂来防止金属制品生锈的一种较新的方法。气相缓蚀剂是一种挥发性物质，靠挥发出来的气体达到防锈的目的。气体无孔不入，它可慢慢地充满整个包装空间，乃至空隙和小缝中。因此，气相防锈具有方便、封存期长、包装干净和适用于结构复杂的金属制品防锈等优点。气相缓蚀剂的使用方法有气相防锈纸法、粉末法、溶液法等。

（4）可剥性塑料封存。可剥性塑料是以树脂为基础原料，加入矿物油、增塑剂、缓蚀剂、稳定剂以及防霉剂等，加热溶解后制成。这种塑料液喷涂于金属制品表面，能形成可以剥脱的一层特殊的塑料薄膜，像给金属制品穿上一件密不透风的外衣，它有阻隔腐蚀性介质腐蚀金属制品的作用，可达到防锈的目的。可剥性塑料按其组成和性质不同可分为热熔型和溶剂型两类。

（5）金属除锈方法主要有手工除锈、机械除锈、化学药剂除锈等。除锈后的金属制品应立即采取有效的防锈措施，以防再次生锈。

（六）商品防霉腐

糖类、蛋白质、油脂和有机酸等物质是微生物生长繁殖所必需的营养物质。因此，在环境条件适宜微生物生长繁殖的情况下，它将在含有这些营养物质的商品上迅速生长繁殖，造成商品的霉变。常见的易霉腐的商品有含纤维素较多的商品，如棉麻织品、纸张及其制品、部分橡胶、塑料和化纤制品等；含蛋白质较多的非食品商品，如丝毛织品、毛皮及皮革制品等；含蛋白质较多的食品商品，如肉、鱼、蛋及乳制品等；含多种有机物质的商品，如水果、蔬菜、干果、干菜、卷烟、茶叶、罐头及含糖较多的食品等。

商品防霉腐是针对商品霉腐的原因所采取的有效措施。在仓库储存中，主要是针对商品霉腐的外因，用化学药剂抑制或杀死寄生在商品上的微生物，或控制商品的储存环境条件。

1. 加强仓储管理

加强仓储管理是防霉腐的重要措施，关键是应尽量减少霉腐微生物对商品的污染和控制霉腐微生物生长繁殖的环境条件。仓库温度和湿度是微生物生长繁殖的重要外界因素，为了劣化微生物生长繁殖的温湿度条件，就要调节一个可以抑制或延缓其生长繁殖的温度范围，以及与商品安全含水量相适应的相对湿度范围。所以，必须根据不同商品的不同要求，认真地控制和调节库房的温湿度。

2. 化学药剂防霉腐

这种方法是将对霉腐微生物具有杀灭或抑制作用的化学药品加入商品中，或把防霉剂喷洒在商品体和包装物上，或喷散在仓库内，以达到防霉的目的。防霉剂能使菌体蛋白质变性，破坏其细胞机能；能抑制酶的活性，破坏菌体正常的新陈代谢；降低菌体细胞表面张力，改变细胞膜的通透性，导致细胞破裂或分解，即可抑制酶体的生长。苯甲酸及其钠盐对人体无害，是国家标准规定的食品防腐剂。托布津对水果、蔬菜有明显的防腐保鲜作用。另外，水杨酰苯胺及五氯酚钠等对各类日用工业品、纺织品、服装鞋帽等有防腐作用。

3. 气相防霉腐

气相防霉腐是根据好氧性微生物需氧代谢的特性,在密封环境中改变气体的组成成分,采用缺氧的方法来抑制微生物的生理活动、酶的活性和鲜活食品的呼吸强度,达到防霉防腐和保鲜的目的。这种方法效果显著,应用面广。气相防霉腐主要有真空充氮防霉腐和二氧化碳防腐两种方法。气相防霉腐对好气性微生物的杀灭具有较理想的效果。真空充氮防霉腐是把商品的货垛或包装用厚度不少于 $0.25 \sim 0.3mm$ 的塑料薄膜进行密封,用气泵先将货垛或包装中的空气抽到一定的真空程度,再将氮气充入。二氧化碳防霉不必将密封货垛抽成真空或少量抽出一些空气,然后充入二氧化碳,当二氧化碳气体的浓度达到50%时,即可对霉腐微生物产生强烈的抑制和杀灭作用。

4. 低温冷藏防霉腐

多数含水量大的易腐商品,如鲜肉、鲜鱼、水果、蔬菜等,要长期保管,多采用低温冷藏的办法。低温冷藏是利用各种制冷剂降低温度,以保持仓库中所需要的一定低温,来抑制微生物的生理活动和酶的活性,使易腐商品在整个保藏期内基本上处于无变化的状态。常用的制冷剂有液态氨、天然冰以及冰盐混合物等,按降低温度的范围分为冷藏和冷冻两种。此外,还有干燥、盐腌、酸渍、辐射等防霉腐方法。

5. 干燥防霉腐

干燥防霉腐是通过降低仓库环境中的水分和商品本身的水分达到防霉的目的。采用干燥法时,一方面对仓库进行通风除湿;另一方面可以采用晾晒、烘干等方法降低商品中所含的水分。

商品防霉腐除以上较常用的方法外,还有蒸汽法、自然冷却法、盐渍法。目前在食品防霉腐中采用的射线防霉腐越来越受到广泛重视。

(七) 防止商品老化

防止商品老化是指根据高分子材料的性能变化规律采取各种有效措施,以达到减缓其老化速度,延长其使用寿命的目的。高分子材料(塑料、橡胶、化纤等)在光、氧、温度等因素的作用下,会发生老化现象,出现发黏、变软、脆裂、僵硬、龟裂、变色、退色、透明度下降等老化现象,引起各种性能的改变,严重的老化会丧失制品的使用价值。高分子制品的老化原因之一是受外界因素的影响,如光、热、氧等对高分子制品的作用,使制品氧化,分子结构发生变化,由长链分子产生交联或断裂。原因之二是高分子制品内的增塑剂挥发,制品也会老化。其基本防治方法是:严格控制高分子制品的储放条件,库房要清洁干燥,避开热源,避免日光直射,控制和调节好库房温湿度,合理堆码,防止重压。在生产中常采用添加抗老化剂、涂漆、涂蜡、涂油、涂布等方法,以防止外因的作用。

1. 商品老化的内在因素

影响高分子商品老化的内在因素如下:

(1) 高分子化合物分子组成与结构的影响。组成高分子材料的高分子化合物分子链结构中存在着不饱和的双键或大分子支链等,在一定条件下,易发生分子链的交联或降解。

(2) 其他添加剂组分的影响。塑料中的增塑剂会缓慢挥发或促使霉菌滋生;着色剂会产生迁移性色变;硫化剂会产生多硫交联结构,降低橡胶的耐老化能力等。

(3) 组分中杂质的影响。在高分子化合物的单体制造、缩合聚合及高分子与添加剂的配合过程中,会带入极少量的杂质成分,它们对高分子商品的耐老化性有较大的影响。

(4) 加工成形条件的影响。高分子材料在加工成形的过程中,由于加工温度等的影响,材料结构发生变化而影响商品的耐老化性能。

2．商品老化的外部因素

影响高分子商品老化的外部环境因素如下：

(1) 阳光。阳光(特别是光线中的紫外线)对高分子分子链及材料中各组分的老化起到催化作用。

(2) 空气中的氧气。氧气特别是臭氧也能加速高分子商品的老化。

(3) 温度的变化。温度过高，会使高分子材料变软或发黏；温度过低，会使高分子材料变硬或发脆。

此外，水分和湿度、微生物、昆虫排泄物、重金属以及重金属盐等，也会对高分子商品的老化有加速作用。

3．商品防老化的方法

根据影响商品老化的各种内外因素，高分子商品的防老化可以采取以下方法：

(1) 改变高分子化合物的工艺配方，以做到改变高分子化合物的结构性能，提高高分子商品的抗老化性。

(2) 添加助剂。根据不同高分子材料所产生老化现象的机理，加工时在原料中添加抗氧化剂、紫外线吸收剂、热稳定剂等各种防老化剂，用以延缓高分子商品的老化。

(3) 表面处理。在高分子材料表面浸喷涂料、金属粉末、蜡等作为保护层，使之与空气、阳光、水分、微生物等隔绝，以达到延长老化时间的目的。

(4) 加强管理，严格控制仓储条件，也是高分子商品防老化的有效方法。

(八) 仓库害虫的防治

很多商品是用动物性或植物性材料制成的，因而易遭仓虫危害。仓虫不但破坏商品组织结构，使商品出现孔洞直至破碎，还会排泄各种代谢废物沾污商品，降低商品的外观和内在质量。仓库害虫适应仓库环境，以仓储物为主要危害对象。其传播途径：一是自然传播；二是人为传播。其生存的主要条件是温度，仓库害虫是变温动物，能使其生长、发育、繁殖的温度是 $15\sim35℃$，停止生育的温度是 $0\sim15℃$ 及 $35\sim40℃$，低于 $0℃$ 和高于 $40℃$ 就达到了仓库害虫的致死温度。仓虫体内的水分主要来源于商品所含水分。一般仓库害虫可在商品水分 13% 以上和相对湿度在 70% 以下的条件下生活。干燥的环境会使害虫休眠，以致死亡。

常见易虫蛀商品主要有蛋白质、脂肪、纤维素、淀粉及糖类、木质素等营养成分含量较高的商品，具体包括毛、丝织品及毛皮制品，竹、藤制品，木材，纸张及纸制品，粮食，烟草，肉品，干果干菜，中药材等。容易虫蛀的商品主要是一些由营养成分含量较高的动植物加工制成的商品。为了做好这类商品的虫害防治，下面介绍它们遭受虫害的情况。

常见仓库害虫及其破坏物：黑皮蠹(粮食)；竹长蠹(竹木)；锯谷盗(干果)；袋衣蛾、烟草甲(皮毛)。

1．仓库害虫的主要来源

1) 由商品或包装带入

如竹木制品、毛皮、粮食等商品，害虫已在原材料上产卵或寄生，以后在加工过程中，又未采取杀灭措施，进仓后遇到适宜的条件，就会滋生。

2) 商品和包装在加工或储存过程中感染害虫

商品和包装原材料在加工时接触的加工设备、运输工具隐藏着害虫，或与已生虫的商品堆放在一起，受到感染等都会把害虫带入仓库。

3）库房不卫生

仓库的墙壁、梁柱、门窗、垫板等缝隙中隐藏着害虫，以及库内的杂物、垃圾等未清干净而潜伏的害虫，在商品入库后危害商品。

4）库外害虫侵入仓库

仓库外部环境中的害虫飞入或爬入库房内，在库内生长繁殖，危害商品。

2. 仓库害虫的生活特性

仓库害虫长时期生活在库房内，形成了一些特殊的生活习性。

1）耐干性

干燥是商品仓储养护的要求之一，因此仓库害虫必须具备耐干的能力，才能适应这种环境。掌握仓虫在一定温度下对一定商品的耐干能力是仓虫防治的必要条件之一。

2）耐热耐寒性

仓库害虫能忍受的极限最高温度是 48～52℃，这种状态如果持续，仓虫就会致死，但若不久温度下降到适宜温度，虫体仍可保持生命。

仓虫对低温的适应性较强，当温度低于生长发育要求时，它就采取休眠的办法，一旦温度适宜，就活动起来。

3）耐饥性

仓虫的耐饥性很强，有的仓库害虫耐饥能长达两三年。由于长期挨饿不死，它们就有可能在长时间没有食物的情况下被带到别处，等到环境适宜时又能繁殖发育。

4）食性广而杂

真正的仓虫是多食性和杂食性的，可以植物、动物、无机物和有机物为食。

5）繁殖能力强

多数仓虫在适宜的环境中一年四季能不断繁殖，仓虫个体小、体色深，故数量少时不易发现，一旦发生则难以根除，稍不注意很快就会蔓延开来，对仓库商品造成巨大损失。

3. 仓虫的防治

（1）卫生防治：是杜绝仓虫来源和预防仓虫感染的基本方法，造成不利于仓虫生长发育的条件，使仓虫不适宜生存的一种限制性措施。仓储中要经常保持库房的清洁卫生，使害虫不易滋生，彻底清理仓具和密封库房内外缝隙、孔洞等，严格进行消毒；严格检查入库商品，防止害虫进入库内，并做好在库商品的经常性检查，发现害虫及时处理，以防蔓延。

（2）物理机械防治：①自然或人为的调节库房温度，使库内最低温度和最高温度超过仓虫生存的界限，达到致死仓虫的目的；②利用人工机械清除的方法将仓虫排除。

（3）化学药剂防治：是利用杀虫剂杀灭仓虫的方法，具有彻底、快速、效率高的优点，兼有防与治的作用。但也有对人体有害、污染环境、易损商品的缺点，因此，在粮食及其他食品中应限制使用。在使用化学药剂防治中必须贯彻下列原则：对仓虫有足够的杀灭能力，对人体安全可靠，药品性质不致影响商品质量；对库房、仓具、包装材料较安全，使用方便，经济合理。化学药剂防治方法如下。

驱避法：易挥发和刺激性的固体药物放入商品包装内或密封货垛中，以达到驱虫、杀虫的目的，常用的有萘、樟脑精等，一般可用于毛、丝、棉、麻、皮革、竹木、纸张等商品的防虫，不可用于食品和塑料等商品。

喷液法：用杀虫剂进行空仓和实仓喷洒，直接毒杀仓虫，常用的杀虫剂有敌杀死、敌敌畏、敌百虫等。除食品外大多数商品都可以用来进行实仓杀虫或空仓杀虫。

熏蒸法：利用液体和固体挥发成剧毒气体用以杀死仓虫的防治方法，常用的药剂有氯化苄、溴代甲烷、磷化铝等。这种方法一般多用于毛皮库和竹木制品库的害虫防治。

另外，还有高低温杀虫、电离辐射、灯光杀虫、微波、远红外线杀虫等方法。

根据害虫的生活习性，人为地加以控制和创造对害虫不利的生长、发育和繁殖的外部环境，达到防治仓虫的目的。在综合防治中，需各部门、各环节的协调配合，把防治害虫的基本措施与各种防治方法有机结合起来，因地制宜地全面开展综合防治，才能收到良好的效果。

四、储位管理技术

（一）储位管理目标

储位的管理目标包括：①充分有效地利用空间；②尽可能提高人力资源及设备的利用率；③有效地保护好商品的质量和数量；④维护良好的储存环境；⑤使所有在储货物处于随存随取状态。

（二）储位管理要素

储位管理的基本要素主要包括储存空间的管理、商品的管理、人员的管理三方面。

1. 储存空间的管理

不同功能的仓库对储存空间的重视程度不同，考虑的重点也不一样。对于商品保管功能为主的仓库，主要考虑保管空间的储位分配，对于侧重流通转运的仓库，则主要考虑保管空间的储位如何能够提高拣货和出货的效率。在储位配置规划时，需先确定储位空间，而储位空间的确定必须综合考虑空间大小、珩柱排列、有效储存高度、通道、搬运机械的回旋半径等基本因素。

2. 商品的管理

处于保管中的商品由于不同的作业需求使其经常以不同的包装形态出现，包装单位不同其设备和存放方式也不一样。此外对商品保管的影响因素还有以下几个。

（1）供应商：商品由谁以什么方式供应，有无行业特点。

（2）商品特性：商品的品种、规格、体积、重量、包装、周转速度、季节分布、理化性能等因素。

（3）商品的进货时间及数量：商品采购时间、进货到达时间、产量、进货量、库存量等。

3. 人员的管理

人员包括保管、搬运、拣货作业人员等。在储存管理中由保管人员负责商品管理及盘点作业；拣货人员负责拣货、补货作业；搬运人员负责入库、出库、翻堆作业。为了既提高作业效率，又达到省力的目的，首先作业流程必须合理，精简高效；其次储位配置及标志必须简单清楚；最后表单简要、统一且清晰。

（三）储位规划

在存储作业中，为有效地对商品进行科学管理，必须根据仓库、存储商品的具体情况，实行仓库分区、商品分类和定位保管。仓库分区就是根据库房、货场条件将仓库分为若干区域；分类就是根据商品的不同属性将存储商品划分为若干大类；定位就是在分区、分类的基础上固定每种商品在仓库中的具体存放位置。

1. 仓库分区

仓库分区是根据仓库建筑形式、面积大小、库房、货场和库内道路的分布情况，并结合考虑商品分类情况和各类商品的储存量，将仓库划分为若干区域，确定每类商品储存的区域。

库区的划分一般在库房、货场的基础上进行，多层库房分区时也可按照楼层划分货区。

2. 储位确定

在进行储区规划时应充分考虑商品的特性、轻重、形状及周转率情况，根据一定的分配原则确定商品在仓库中的具体存放位置。

1）根据商品周转率确定储位

计算商品的周转率，将库存商品周转率进行排序，然后将排序结果分段或分列。将周转率大、出入库频繁的商品储存在接近出入口或专用线的位置，以加快作业速度和缩短搬运距离。周转率小的商品存放在远离出入口处，在同一段或同列内的商品则可以按照定位或分类储存法存放。

2）根据商品相关性确定储位

有些库存的商品具有很强的相关性，相关性大的商品通常被同时采购或同时出仓，对于这类商品应尽可能规划在同一储区或相近储区，以缩短搬运路径和拣货时间。

3）根据商品特性确定储位

为了避免商品在储存过程中相互影响，性质相同或所要求保管条件相近的商品应集中存放，并相应安排在条件适宜的库房或货场。即将同一种货物存在同一保管位置，产品性能类似或互补的商品放在相邻位置。将相容性低，特别是互相影响其质量的商品分开存放。这样既可以提高作业效率，又可以防止商品在保管期间受到损失。

对有些特殊商品，在进行储区规划时还应特别注意以下几点：

① 易燃物品必须存放在具有高度防护作用的独立空间内，且必须安装适当的防火设备。

② 易腐物品需储存在冷冻、冷藏或其他特殊的设备内。

③ 易污损物品需与其他物品隔离。

④ 易窃物品必须隔离封闭管理。

4）根据商品体积、重量特性确定储位

在仓库布局时，必须同时考虑商品体积、形状、重量单位的大小，以确定商品所需堆码的空间。通常，重大的物品保管在地面上或货架的下层位置。为了保证货架的安全性并方便人工搬运，人的腰部以下的高度通常宜储放重物或大型商品。

5）根据商品先进先出的原则确定储位

先进先出即先入库的商品先安排出库，这一原则对于寿命周期短的商品尤其重要，如食品、化学品等。在运用这一原则时，必须注意在产品形式变化少，产品寿命周期长，质量稳定不易变质等情况下，要综合考虑先进先出所引起的管理费用的增加，而对于食品、化学品等易变质的商品，应考虑的原则是"先到期的先出货"。

除上述原则外，为了提高储存空间的利用率，还必须利用合适的积层架、托盘等工具，使商品储放向空间发展。储放时尽量使货物面对通道，以方便作业人员识别标号、名称，提高货物的活性化程度。保管商品的位置必须明确标识，保管场所必须清楚，易于识别、联想和记忆。另外，在规划储位时应注意保留一定的机动储位，以便当商品大量入库时可以调剂储位的使用，避免打乱正常储位安排。

3. 储位编号

在根据一定的规则完成储位规划以后，接下来的任务就是对储位进行编号。储位编号就是对商品存放场所按照位置的排列，采用统一标记编上顺序号码，并作出明显标志。

储位编号的作用：科学合理的储位编号在整个仓储管理中具有重要的作用，在商品保管过程中，根据储位编号可以对库存商品进行科学合理的养护，有利于对商品采取相应的保管措施；在商品收发作业过程中，按照储位编号可以迅速、准确、方便地进行查找，不但提高了作业效率，而且可以减少差错。

储位编号的方法：储位编号应按一定的规则和方法进行。首先确定编号的先后顺序规则，规定好库区、编排方向及顺序排列。其次是采用统一的方法进行编排，要求在编排过程中所用的代号、连接符号必须一致，每种代号的先后顺序必须固定，每一个代号必须代表特定的位置。

（1）区段式编号。把储存区分成几个区段，再对每个区段编号。这种方式以区段为单位，每个号码代表的储区较大，区段式编号适用于单位化商品和大量商品而保管期短的商品。区域大小根据物流量大小而定。图 2-5 为储区的区段式编号。

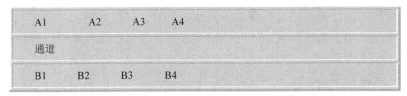

图 2-5 储区的区段式编号

（2）品项群式。把一些相关性强的商品经过集合后，分成几个品项群，再对每个品项群进行编号。这种方式适用于容易按商品群保管和品牌差异大的商品，如服饰群、五金群等。

（3）地址式。利用保管区仓库、区段、排、行、层、格等进行编码。在以货架形式存放的仓库，可采用四组数字来表示商品存在的位置，即"四号定位"方法。

所谓"四号定位"，就是由库房号、货架(垛)号、货架(垛)层号和货位顺序号组成一组数码来表示一个货位，并尽可能与账页编码一致。由标号可以方便地得知某种商品所在的库房、料架以及料架的层数和该层的货位，寻找十分方便。

对于如 1-11-1-3 的编号，可以知道编号的含义是：1 号库房，第 11 个货架，第 1 层中的第 3 格，根据储位编号就可以迅速地确定某种商品具体存放的位置。此外，为了方便管理，储位编号和储位规划可以绘制成平面布置图，这样不但可以全面反映库房和货场的商品储存分布情况，而且可以及时掌握商品储存动态，便于仓库结合实际情况调整安排。

（四）商品储存方法

1. 定位储存

定位储存是指每一项商品都有固定的储位，商品在储存时不可互相窜位，在采用这一储存方法时，必须注意每一项货物的储位容量必须大于其可能的最大在库量。定位储存通常适应以下一些情况：不同物理、化学性质的货物必须控制不同的保管储存条件，或防止不同性质的货物互相影响；重要物品必须重点保管；多品种少批量货物的存储。

采用定位储存方式易于对在库商品进行管理，提高作业效率，减少搬运次数，但需要较多的储存空间。

2. 随机储存

随机储存是根据库存货物及储位使用情况随机安排和使用储位，各种商品的储位是随机产生的。通过模拟实验，随机储存系统比定位储存节约 35% 的移动库存时间及增加 30% 的储存空间。随机储存适用于储存空间有限以及商品品种少而体积较大的情况。

随机储存的优点是由于共同使用储位，提高了储区空间的利用率。

随机储存的缺点如下：

（1）增加货物出入库管理及盘点工作的难度。

（2）周转率高的货物可能被储放在离出入口较远的位置，可能增加出入库搬运的工作量。

（3）有些可能发生物理、化学影响的货物相临存放，可能造成货物的损坏或发生危险。

3．分类储存

分类储存是指所有货物按一定特性加以分类，每一类货物固定其储存位置，同类货物不同品种又按一定的法则来安排储位。分类储存通常按以下几个因素分类：

（1）商品相关性大小。商品相关性是指商品的配套性，或由同一家顾客所订购等。

（2）商品周转率高低。

（3）商品体积、重量。

（4）商品特性。商品特性通常指商品的物理、化学、机械性能。

分类储存主要适用于以下情况：①商品相关性大，进出货比较集中；②货物周转率差别大；③商品体积相差大。

分类储存的优点如下：

（1）便于按周转率高低来安排存取，具有定位储放的各项优点。

（2）分类后各储存区域再根据货物的特性选择储存方式，有助于货物的储存管理。

分类储存的缺点是储位必须按各类货物的最大在库量设计，因此储区空间的平均使用率仍然低于随机存储。

4．分类随机储存

分类随机储存是指每一类商品有固定的存放储区，但各储区内每个储位的指定是随机的。其优点是具有分类储存的部分优点，又可节省储位数量，提高储区利用率。因此，可以兼有定位储存和随机储存的特点。分类随机储存的缺点是货物出入库管理特别是盘点工作较困难。

5．共同储存

共同储存是指在确定知道各货物进出仓库确定时间的前提下，不同货物共用相同的储位，这种储存方式在管理上较复杂，但储存空间及搬运时间却更经济。

（五）储位指派方式

在完成储位确定、储位编号等工作之后，需要考虑用什么方法把商品指派到合适的储位上。指派的方法有人工指派法、计算机辅助指派法和计算机全自动指派法三种。

1．人工指派法

人工指派法是指商品的存放位置由人工进行指定，其优点是计算机等设备投入费用少。缺点是指派效率低、出错率高。

人工指派管理要点如下：

（1）要求仓管人员必须熟记储位指派原则，并能灵活应用。

（2）仓储人员必须按指派单证把商品放在指定储位上，并做好详细记录。

（3）实施动态管理，因补货或拣货作业时，仓储人员必须做好登记消除工作，保证账物相符。

2．计算机辅助指派法

计算机辅助指派法是利用图形监控系统收集储位信息，并显示储位的使用情况，把这作为人工指派储位依据进行储位指派作业。采用此法需要投入计算机、扫描仪等硬件设备及储位管理软件系统支持。

3. 计算机全自动指派法

计算机全自动指派法是利用图形监控储位管理系统和各种现代化信息技术，如条形码自动阅读机、无线电通信设备，网络技术、计算机系统等收集储位有关信息，通过计算机分析后直接完成储位指派工作。

【阅读资料】

7S 管 理

一、溯源由来

5S 起源于日本，是指在生产现场对人员、机器、材料、方法、信息等生产要素进行有效管理，是日本企业独特的管理办法。因为整理(Seiri)、整顿(Seiton)、清扫(Seiso)、清洁(Seiketsu)、素养(Shitsuke)是日语外来词，在罗马文拼写中，第一个字母都为 S，所以日本人将其称为 5S。近年来，随着人们对这一活动认识的不断深入，有人又添加了"安全(Safety)、节约(Save)、学习(Study)"等内容，分别称为 6S、7S、8S。

二、7S 管理的内容

(1) 整理的目的：增加作业面积；保持物流畅通、防止误用等。

(2) 整顿的目的：工作场所整洁明了，一目了然，减少取放物品的时间，提高工作效率，保持井井有条的工作秩序区。

(3) 清扫的目的：使员工保持良好的工作情绪，并保证稳定产品的品质，最终达到企业生产零故障和零损耗。

(4) 清洁的目的：使整理、整顿和清扫工作成为一种惯例和制度，是标准化的基础，也是一个企业形成企业文化的开始。

(5) 素养的目的：通过素养让员工成为一个遵守规章制度，并具有良好工作素养习惯的人。

(6) 安全的目的：保障员工的人身安全，保证生产连续、安全、正常地进行，同时减少安全事故带来的经济损失。

(7) 节约的目的：就是对时间、空间、能源等方面合理利用，以发挥它们的最大效能，从而创造一个高效率的、物尽其用的工作场所。

7S 的适用范围：各企事业和服务行业的办公室、车间、仓库、宿舍和公共场所以及文件、记录、电子文档、网络等的管理。包括生产要素：人、机、料、法、环的管理；公共事务、供水、供电、道路交通管理；社会道德，人员思想意识的管理。

常州大学后勤积极推行 7S 管理模式，使人人有事做，事事有人管，规范生产流程和后场管理，强化员工责任意识，提升现场管理质量，消除不安全因素，节约运行成本，提高生产效率，该校后勤集团总经理助理孙峰如告诉记者，高校学生食堂、宿舍引入 7S 精益管理模式，是一次管理方式的变革，更是一次管理思想的解放，它是在优化整合高校后勤餐饮业、宿管原有资源的基础上，通过规范工作流程和后场管理，降低管理成本，提高管理效能，为高校后勤餐饮食品卫生安全、服务质量提升以及餐饮价格稳定提供强有力的保障。常州大学学生食堂、宿舍管理推行 7S 精益管理所取得的成效，已经开始引领江苏乃至全国高校学生食堂管理方式的一次革命。

在常州大学食堂的后场，每块抹布都有它统一的样式、固定的位置和朝向，上面都缝有每个使用者的名字，杯子、水瓶、刀勺铲叉也无不如此。每个储物柜、储物盒内的物品摆放方式、干净程度，每个冰箱存放物品的数量、时间都有一整套的管理办法。谁负责的工作区域最干净，谁捡的菜最好，谁使用的工具保养得最好，都有专门的要求和打分方式。常州大学后勤集团积极探索和实践学生食堂、宿舍 7S 精益化管理模式，初步实现了从粗放式管理向精益化管理的转变。通过推行 7S 精益化管理，劳动生产率提高了，运行成本降低了，有效地保证了学生伙食和宿舍管理质量的提高和价格的稳定。(资料来源：http://www.chinatpm.com/tpm/5Szx_544_2327.html)

【任务实施】

教师首先介绍背景知识，通过 PPT 和图片对理货、盘点、商品保养、储位进行讲解，让学生有初步认识。然后带领学生到仓库实践，使学生掌握相关知识。

【归纳总结】

通过学习，掌握以下内容：

(1)理货盘点方法。

(2)仓库温湿度调节方法。

(3)储位编码知识。

【实训任务(一)】

在库商品盘点作业

1. 实训目的和要求

通过实际操作使学生了解仓储作业中的盘点作业的工作流程和工作职责，提升对盘点作业的认识。

2. 实训内容、步骤与方法

(1)教师介绍盘点作业相关知识。

(2)学生进行相关操作：学生分组，每组 5 人，3 个盘点人，1 个复核人，1 个查核人，盘点的人的任务是对货品编号、规格、数量以及日期等进行填写，然后交给复核人进行复核，复核人所做的工作与盘点人相同，检查盘点人的工作结果是否正确，查核人需要对前面的工作再检查一遍，如果不正确，则由查核人再盘点一遍，最后确认出一个正确的值，填写到盘点单上盘。最后进行核对，将自己的账单中的数量与盘点数量进行比较，看是否存在误差，若有则分析原因。

(3)教师总结和点评。

(4)学生在以上基础上形成小组实训报告并上交。

3. 考核办法

成绩评定方式：教师通过观察实训过程学生表现以及实训报告完成情况给予评分。

4. 思考与练习

(1)盘点在整个仓储作业中有什么作用？

(2)盘点出现差异的原因有哪些？

【实训任务(二)】

酒类的感官审评

1. 实训目标和要求

学习酒类的感官审评方法与步骤，了解五种香型白酒的感官质量指标及鉴定方法，能区别酱香型、浓香型白酒。了解啤酒、葡萄酒的审评方法。

2. 实践学时、地点、用具、样品

实践学时：6 学时。

地点：营销实验室。

用具、样品：高脚酒杯、漱口杯(自带)。

白酒：酱香型(茅台酒或郎酒，52)、浓香型(五粮液或泸州老窖特曲，52)、清香型(汾酒，52)、米香型(三花酒，52)、啤酒、葡萄酒。

3. 实践教学内容

根据白酒的感官质量指标对五种香型的白酒进行色泽(指颜色和透明度)、香气和滋味的评审，看是否符合产品质量标准要求。

将样酒 100ml 倒入酒杯中，于明亮处观察酒体的色泽(颜色和透明度)，然后闻其香气，再品尝滋味，并将感官鉴定结果进行记录，用温水漱口后再鉴定下一种样酒。

(1)色泽鉴别。白酒的正常色泽应是无色、透明、无悬浮物，这是说明酒质是否纯净的一项重要指标。发酵期较常的白酒往往带有极微的浅黄色，这是允许的，如茅台酒，但一般白酒都要求无色。

(2)香气鉴别。对白酒的香气进行感官鉴别时，最好使用大肚小口的玻璃杯，将白酒注入杯中并稍加摇晃，立即用鼻子在杯口附近仔细嗅闻其香气；或倒几滴白酒(要求干净、无异味)于手掌稍搓几下，再嗅手掌，即可鉴别出酒香的浓淡程度和香型是否正常。

白酒的香气可分为溢香、喷香和留香三种。当鼻腔靠近酒杯，白酒中的芳香物质就溢散于杯口附近，很容易使人闻到其香气，这叫做溢香，也叫做闻香。当酒液进入口腔后，香气即充满口腔，这叫做喷香。留香是指酒虽下咽，口中还余留香气。一般白酒都应有一定的溢香，优质酒和名酒不仅要求有明显的溢香，还要求有较好的喷香和留香。鉴定香气时还要区别其香型是否典型。

(3)滋味鉴别。白酒的滋味要求纯正，无强烈的刺激性，不辛辣刺喉，各味应协调。白酒的滋味与香气有密切关系，香气较好的白酒，其滋味也较好。进行品尝时，饮入口中的白酒应于舌头及喉部细品，以鉴别酒味的醇厚程度和滋味的优劣。优质酒和名酒还要求滋味醇厚、味长、甘洌、回甜，入口有愉快舒适的感觉。

(4)对啤酒进行审评。

(5)葡萄酒进行审评。

4. 实践作业

将上述白酒感官鉴别的结果用文字评述填写在表 2-15 中。

表 2-15 白酒感官鉴别结果

酒样名称	白酒的感官质量指标				鉴定结果(百分记分法)
	色泽	透明度	香气	滋味	
郎酒					
泸特					
汾酒					

5. 思考与练习

(1)引起白酒变色的主要原因是什么？如何补救？

(2)白酒香型是根据什么划分的？其风味特点是什么？

(3)简述白酒的香气和香型。

任务三　出　库　作　业

【任务介绍】

该任务包含的内容有：物品的出库要求、出库方式、出库流程管理。

【任务分析】

对于商品出库，可以根据客户要求检查相关单据，按照设计流程业务处理。

【相关知识】

一、物品出库的依据

出库必须由货主的出库通知或请求驱动，不论在任何情况下，仓库都不得擅自动用、变相动用或者外借货主的库存。

货主的出库通知或出库请求的格式不尽相同，不论采用何种形式，都必须是符合财务制度要求的有法律效力的凭证，要坚决杜绝凭信誉或无正式手续的发货。

二、物品出库的要求

物品出库要求做到"三不，三核，五检查"。"三不"即未接单据不翻账，未经审单不备库，未经复核不出库；"三核"即在发货时，要核实凭证、核对账卡、核对实物；"五检查"即对单据和实物要进行品名检查、规格检查、包装检查、件数检查、重量检查。商品出库要求严格执行各项规章制度，提高服务质量，使用户满意（包括对品种规格要求），积极与货主联系，为用户提货创造各种方便条件，杜绝差错事故。

三、物品出库方式

出库方式是指仓库用什么样的方式将货物交付用户。选用哪种方式出库，要根据具体条件由供需双方事先商定。

（一）送货

仓库根据货主单位的出库通知或出库请求，通过发货作业把应发物品交由运输部门送达收货单位或使用仓库自有车辆把物品运送到收货地点的发货形式，就是通常所称的送货制。

仓库实行送货具有多方面的好处：仓库可预先安排作业，缩短发货时间；收货单位可避免因人力、车辆等不便而发生的取货困难；在运输上，可合理使用运输工具，减少运费。

（二）收货人自提

这种发货形式是由收货人或其代理持取货凭证直接到库取货，仓库凭单发货。仓库发货人与提货人可以在仓库现场划清交接责任，当面交接并办理签收手续。

（三）过户

过户是一种就地划拨的形式，物品实物并未出库，但是所有权已从原货主转移到新货主的账户中。仓库必须根据原货主开出的正式过户凭证，才予办理过户手续。

（四）取样

货主由于商检或样品陈列等需要，到仓库提取货样（通常要开箱拆包、分割抽取样本）。仓库必须根据正式取样凭证发出样品，并进行账务记载。

（五）转仓

转仓是指货主为了业务方便或改变储存条件，将某批库存自甲库转移到乙库。仓库也必须根据货主单位开出的正式转仓单办理转仓手续。

四、出库业务程序

（一）出库前的准备工作

出库前的准备工作可分为两方面：一方面是计划工作，即根据货主提出的出库计划或出库请求，预先做好物品出库的各项安排，包括货位、机械设备、工具和工作人员，提高人、财、物的利用率；另一方面是要做好出库物品的包装和标志标记。发往异地的货物需经过长途运输，包装必须符合运输部门的规定，如捆扎包装、容器包装等，成套机械、器材发往异地，事先必须做好货物的清理、装箱和编号工作。在包装上挂签(贴签)、书写编号和发运标记(去向)，以免错发和混发。

（二）出库程序

出库程序包括核单备货→复核→包装→点交→登账→清理等过程。出库必须遵循"先进先出，推陈储新"的原则，使仓储活动的管理实现良性循环。

不论采用哪一种出库方式，都应按以下程序做好管理工作。

1. 核单备货

如属自提物品，首先要审核提货凭证的合法性和真实性；其次核对品名、型号、规格、单价、数量、收货单位、有效期等。

出库物品应附有质量证明书或副本、磅码单、装箱单等，机电设备、电子产品等物品，其说明书及合格证应随货同付。备料时应本着"先进先出，推陈储新"的原则，易霉易坏的先出库，接近失效期的先出库。

备货过程中，凡计重货物一般以入库验收时标明的重量为准，不再重新计重。需分割或拆捆的应根据情况进行操作。

2. 复核

为了保证出库物品不出差错，备货后应进行复核。出库的复核形式主要有专职复核、交叉复核和环环复核三种。此外，在发货作业的各个环节都贯穿着复核工作。例如，理货员核对单货，守护员(门卫)凭票放行，账务员(保管会计)核对账单(票)等。这些分散的复核形式起到分头把关的作用，都十分有助于提高仓库发货业务的工作质量。

复核的内容包括：品名、型号、规格、数量是否同出库单一致；配套是否齐全；技术证件是否齐全；外观质量和包装是否完好。只有加强出库的复核工作，才能防止错发、漏发和重发等事故的发生。

3. 包装

出库物品的包装必须完整、牢固，标记必须正确清楚，如有破损、潮湿、捆扎松散等不能保障运输中安全的，应加固整理，破包破箱不得出库。各类包装容器上若有水渍、油迹、污损，也均不能出库。

出库物品如需托运，包装必须符合运输部门的要求，选用适宜的包装材料，其重量和尺寸应便于装卸和搬运，以保证货物在途的安全。

包装是仓库生产过程的一个组成部分。包装时，严禁互相影响或性能互相抵触的物品混合包装。包装后，要写明收货单位、到站、发货号、本批总件数、发货单位等。

4. 点交

出库物品经过复核和包装后，需要托运和送货的，应由仓库保管机构移交调运机构，属于用户自提的，则由保管机构按出库凭证向提货人当面交清。

5. 登账

点交后，保管员应在出库单上填写实发数、发货日期等内容并签名。然后将出库单连同有关证件资料及时交货主，以便货主办理货款结算。

6. 现场和档案的清理

经过出库的一系列工作程序之后，实物、账目和库存档案等都发生了变化。应按下列几项工作彻底清理，使保管工作重新趋于账、物、资金相符的状态。

(1) 按出库单核对结存数。

(2) 如果该批货物全部出库，应查实损耗数量，在规定损耗范围内的进行核销，超过损耗范围的查明原因，并进行处理。

(3) 一批货物全部出库后，可根据该批货物入出库的情况、采用的保管方法和损耗数量，总结保管经验。

(4) 清理现场，收集苫垫材料，妥善保管，以待再用。

(5) 代运货物发出后，收货单位提出数量不符时，属于重量短少而包装完好且件数不缺的，应由仓库保管机构负责处理；属于件数短少的，应由运输机构负责处理。若发出的货物品种、规格、型号不符，则由保管机构负责处理。若发出货物损坏，则应根据承运人出具的证明分别由保管及运输机构处理。

在整个出库业务程序过程中，复核和点交是两个最为关键的环节。复核是防止差错的重要和必不可少的措施，而点交则是划清仓库和提货方两者责任的必要手段。

(6) 由于提货单位任务变更或其他原因要求退货时，可经有关方同意办理退货。退回的货物必须符合原发的数量和质量，要严格验收，重新办理入库手续。当然，未移交的货物则不必检验。表 2-16 所示为出库单样式。

表 2-16　出库单

领料单位：　　　　　　　　　　　　　　　　　　　凭证编号：

用途：　　　　　　　　　　年　　月　　日　　　　发料仓库：

材料类别	材料编号	材料名称	规格	计量单位	数量		单价	数量
					应领	实领		
合计								

发料：　　　　　　　领料：　　　　　　领料单位负责人：　　　　　记账：

五、出库中发生问题的处理

出库过程中出现的问题是多方面的，应分别对待处理。

（一）出库凭证（提货单）上的问题

(1) 凡出库凭证超过提货期限，用户前来提货，必须先办理手续，按规定缴足逾期仓储保管费，方可发货，任何非正式凭证都不能作为发货凭证。提货时，用户发现规格开错，保管员不得自行调换规格发货。

（2）凡发现出库凭证有疑点，以及出库凭证发现有假冒、复制、涂改等情况时，应及时与仓库保卫部门以及出具出库单的单位或部门联系，妥善处理。

（3）对于商品进库未验收，或者期货未进库的出库凭证，一般暂缓发货，并通知货主，待货到并验收后再发货，提货期顺延。

（4）如客户因各种原因将出库凭证遗失，客户应及时与仓库发货员和账务人员联系挂失；如果挂失时货已被提走，则保管人员不承担责任，但要协助货主单位找回商品；如果货还没有提走，则经保管人员和账务人员查实后，进行挂失登记，将原凭证作废，缓期发货。

（二）提货数与实存数不符

若出现提货数量与商品实存数不符的情况，一般是实存数小于提货数。造成这种问题的主要原因如下：

（1）商品入库时，由于验收问题，增大了实收商品的签收数量，从而造成账面数大于实存数。

（2）仓库保管人员和发货人员在以前的发货过程中因错发、串发等差错而形成实际商品库存量小于账面数。

（3）货主单位没有及时核减开出的提货数，造成库存账面数大于实际储存数，从而开出的提货单提货数量过大。

（4）仓储过程中造成货物的毁损。

当遇到提货数量大于实际商品库存数量时，无论是何种原因造成的，都需要和仓库主管部门以及货主单位及时取得联系后再作处理。

（三）串发货和错发货

所谓串发货和错发货，主要是指发货人员由于对物品种类规格不很熟悉，或者由于工作中的疏漏把错误规格、数量的物品发出库的情况。

如果物品尚未离库，应立即组织人力重新发货。如果物品已经离开仓库，保管人员应及时向主管部门和货主通报串发和错发货的品名、规格、数量、提货单位等情况，会同货主单位和运输单位共同协商解决。一般在无直接经济损失的情况下由货主单位重新按实际发货数冲单(票)解决。如果形成直接经济损失，则应按赔偿损失单据冲转调整保管账。

（四）包装破漏

包装破漏是指在发货过程中，因物品外包装破损引起的渗漏等问题。这类问题主要是在储存过程中因堆垛挤压，发货装卸操作不慎等情况引起的，发货时都应经过整理或更换包装，方可出库，否则造成的损失应由仓储部门承担。

（五）漏记账和错记账

漏记账是指在出库作业中，由于没有及时核销明细账而造成账面数量大于或少于实存数的现象。错记账是指在商品出库后核销明细账时没有按实际发货出库的商品名称、数量等登记，从而造成账实不相符的情况。

无论漏记账还是错记账，一经发现，除及时向有关部门如实汇报情况外，同时还应根据原出库凭证查明原因调整保管账，使之与实际库存保持一致。如果由于漏记账和错记账给货主单位、运输单位和仓储部门造成损失，则应予赔偿，同时应追究相关人员的责任。

【任务实施】

教师首先介绍背景知识，通过 PPT 和图片对出库工作进行讲解，让学生有初步认识。然后带领学生到企业顶岗实习，使学生掌握相关知识。

【归纳总结】

通过学习，掌握以下内容：

(1)了解出库要求和出库方式。

(2)熟悉仓库流程。

(3)完成出库单据的填制。

【实训任务】

出 库 作 业

1. 实训目的和要求

学生进一步了解出库作业中的拣选作业和复核作业的工作流程，了解仓储作业中出库作业的流程。

2. 实训内容

(1)教师向学生讲授出库相关理论。

(2)将学生分成若干小组，每组 5 人，并分角色为出库业务受理员 1 名、保管员 1 名、复核员 1 名、理货员 1 名、司机 1 名。

(3)学生做好各项准备工作。

(4)正式出库：拣选作业、复核、清点交接及装车、处理异常情况。

(5)教师总结和点评。

(6)学生在以上基础上形成个人实训报告并上交。

3. 考核办法

(1)组长根据表现负责对本组成员进行评分。

(2)教师针对小组综合表现评定小组成绩。

(3)小组成员个人分析报告为个人成绩评定依据。

4. 思考与练习

(1)货物出库应该按照什么样的流程进行？

(2)货物出库可能发生哪些问题？

任务四　库 存 控 制

【任务介绍】

该任务包含的内容有：库存的含义及分类，仓库物资 ABC 分类管理方法，定量订货法及经济订货批量的计算，定期订货法及安全库存的计算。要求学生掌握 ABC 分类管理方法，定量订货、定期订货计算方法。

【任务分析】

对于库存，要分析其产生的原因。对于 ABC 分类管理方法，定量订货、定期订货计算方法，通过例题和练习逐步掌握。

【相关知识】

一、库存概念分类

(一) 库存的含义

库存是指为了使生产正常而不间断地进行或为了及时满足客户的订货需求，必须在各个生产阶段或流通环节之间设置的必要的物品储备。对于生产企业而言，为了保证生产活动的顺利进行，必须在各个生产阶段之间储备一定量的原材料、燃料、备件、工具、在制品、半成品等。对于销售商、物流公司等流通企业和生产企业，为了能及时满足客户的订货需求，就必须经常保持一定数量的商品库存。如果企业的存货不足，就会供货不及时、供应链断裂、丧失交易机会或市场占有率。然而，商品库存需要一定的维持费用，同时会存在由于商品积压和损坏而产生的库存风险。因此，在库存管理中既要保持合理的库存数量，防止缺货，又要避免库存过量，发生不必要的库存费用。

(二) 库存的功能

在现实经济生活中，商品的流通并不是始终处于动态的，作为储存的表现形态的库存是商品流通的暂时停滞。库存在商品流通过程中有其内在的功能。

1. 调节供需矛盾、消除生产与消费之间时间差的功能

不同产品的生产和消费情况是不同的。有些产品的生产时间相对集中，而消费则是常年相对均衡的，如粮食、水果等农产品的生产(收获)有很强的季节性，但其消费在一年之中是均衡的；有些产品的生产是均衡的，但消费是不均衡的，如服装、取暖设备等产品一年四季都在生产，但其消费有明显的季节性。为了维护正常的生产秩序和消费秩序，应尽可能地消除供求之间、生产与消费之间这种时间上的不协调性，库存起到了调节作用，它能够很好地平衡供求关系、生产与消费关系，起到缓冲供需矛盾的作用。

2. 创造商品的"时间效用"功能

时间效用就是同一种商品在不同的时间销售或消费，可以或得不同的经济效果或支出。例如，为了避免商品价格上涨造成损失或为了从商品价格上涨中获利而建立的投机库存，就是利用了库存的这一功能。

3. 降低物流成本的功能

对于生产企业而言，保持合理的原料和产品库存，可以消耗或避免因上游供应商原材料供应不及时而需要进行紧急订货而增加的物流成本，也可以消除或避免下游销售商由于销售波动进行临时订货而增加的物流成本。当然通过库存管理来降低物流成本，必须从整条供应链出发，综合考虑运输成本、缺货损失和库存成本，使物流总成本最低。

(三) 库存分类

按照企业库存管理的不同目的，库存可以分为以下几种类型。

1. 周转库存

周转库存又称为经常库存，是指为了满足日常需求而建立的库存。这种库存是不断变化的，当物品入库时到达最高库存量，随着生产消耗或销售，库存量逐渐减少，直到下一批物品入库前降到最小。周转库存通常有三个来源：购买、生产和运输。这三方面通常都存在规模经济，因而会导致暂不使用或售出的存货的累积。

不同购买数量的价格折扣促使企业一次性大量采购，从而产生了周转库存。企业在购买原材料或物资时，特别是在经济全球化的条件下，购买的数量很大，通常都可以获得折扣。

因此只要因大量购买折扣而获得的货款上的节约大于因此而增加的存货持有成本，在市场需求量有保证的条件下，企业便会增加购买量，这就意味着将存在很长一段时间才能用尽或售出的周转存货。

大规模运输的价格折扣会降低企业的采购运输成本，也会促使企业一次性大量采购，从而产生了周转库存。运输的数量越大，运输公司越能节省理货或相关集货成本，往往给运输大规模数量的货物提供运费方面的价格折扣。因此只要在运费支出方面的节约或运费与货款两项支出方面的节约大于由此而增加的存货持有成本，在市场需求量有保证的条件下，企业也会增加购买量，这也意味着将存在很长一段时间才能用尽或售出的周转存货。

生产方面的规模经济和生产工艺的特性要求生产必须保证一定的批量和连续性，要求企业的原材料或零部件保持一定的存货。

2. 安全库存

安全库存是指为了防止由于不确定因素(如突发性大量订货或供应商延期交货)影响订货需求而准备的缓冲库存。所有的业务都面临着不确定性，这种不确定性来源各异。从需求或消费者一方来说，不确定性涉及消费者购买多少和什么时候购买。处理不确定性的一个习惯做法是预测需求，但从来都不能准确地预测出需求的大小。从供应角度来说，不确定性是获取零售商或厂商的需要，以及完成订单所要的时间。就交付的可靠性角度来说，不确定性可能来源于运输，还有其他原因也能产生不确定性。不确定性带来的结果通常是一样的：企业要备有安全存货来进行缓冲处理。

3. 加工和运输过程库存

加工库存是指处于加工或等待加工状态而暂时储存的商品。大量的库存可能积聚于生产设备上，特别是在装配操作上。对加工库存停置在一个生产设备，等待进入特殊产品流水线的时间长短的评价，应该在时间进度安排技术和实际的生产或装配技术的关系上仔细地进行。有些设备运营需要4～6h的加工库存时间，而另外一些设备可能有10～15天的加工库存时间，这两种设备的库存成本存在相当大的区别。

运输过程的库存是指处于运输状态(在途)而暂时处于储存状态的商品。不同的运输方式速度和费用也不同。如速度最快的空运，其在途时间短，存货相应较少，但运输费用很高，而铁路或水运的运输费用较低，但在途时间较长，因此会产生较高的存货成本。

4. 季节性库存

季节性库存是指为了满足特定季节中出现的特定需求而建立的库存，或指对季节性生产的商品在出产的季节大量收储所建立的库存。

5. 促销库存

促销库存是指为了应付企业促销活动产生的预期销售增加而建立的库存。

6. 时间效用库存

时间效用库存是指为了避免商品价格上涨造成损失，或者为了从商品价格上涨中获利而建立的库存。

7. 沉淀库存或积压库存

沉淀库存或积压库存是指因商品品质变坏或损坏，或者是因没有市场而滞销的商品库存，还包括超额储存的库存。

二、与库存管理有关的费用

（一）订货费

订货费是指为补充库存而需要订购物品时发生的各种费用，包括办理订货手续、物品运输与装卸、验收入库等的费用以及采购人员的差旅费等。

（二）保管费

保管费是物品在仓库内存放期间发生的成本，包括仓库管理费用，存放过程中发生的变质、损坏、丢失、陈旧、报废等的损失费用以及保险金、税金、占用资金的利息支出等。这部分成本随库存储备数量与时间的增加而增加。保管费的计算方法有两种：一种是先核算出单件的保管费用，再按平均储备量计算出总保管费用；另一种是用保管费率与物品单价的乘积代表单位保管费用。保管费用率是年保管费与全年占用资金之比。

（三）购置费

购置费是购置物品时所花费的费用，即购置物品所支出的货款，等于物品的单价与需求量的乘积。物品的购置费用不受批量大小的影响时，在库存管理决策中可以不考虑这项费用。但当采购量影响物品价格时，如供应商对购货量大的物品给予优惠价格时，则必须考虑此项费用。

（四）缺货费

缺货费是指由于不能满足用户需要而产生的费用，包括：①由于赶工处理这些误期任务而追加的生产与采购费用；②由于丧失用户而对企业的销售与信誉所造成的损失；③误期的赔偿费用。显然，缺货费随缺货量的增加而增加。

（五）补货费

补货是当用户买货时，仓库没有现货供应，为不丧失销售机会，仍希望用户在这里订货，进行欠账经营，进货后立刻补货给用户。为了实现补货，往往发生补货费用。例如，为了吸引顾客，需要花费招待费、感情费、回扣费，或是优惠服务和优惠价格等所产生的费用。补货费与补货量、补货次数和补货时间有关。

三、ABC 分类管理

（一）ABC 货物的分类方法

仓库中所保管的货物一般品种繁多，有些货物的价值较高，对于生产经营活动的影响较大，或者对保管的要求较高。而还有一些品种的货物价值较低，保管要求不是很高。如果对每一种货物采用相同的保管方法，可能投入的人力、物力很多，而效果却是事倍功半。所以在库存管理中采用 ABC 管理法，就是要区别对待不同的货物，在管理中做到突出重点，以有效节约人力、物力和财力。

ABC 分类方法是将所有的库存货物根据其在一定时限内的价值重要性和保管的特殊性的不同，按大小顺序排列，根据各个品种的累计金额和累计数量统计，并计算出相对于总金额和总数量的比例，按序在图中标出对应的点，连成曲线图，累计货物种类百分比为 5%～15%，而其价值占总价值的 70%左右的确定为 A 类货物；货物种类累计百分比为 20%～30%，而价值占总价值的 20%～30%的物品为 B 类；其余为 C 类，C 类情况正好与 A 类相反，其累计货物种类百分比为 70%左右，而价值占总价值的 5%～15%。确定完分类后，针对不同的货物采用不同的管理措施。简而言之，ABC 分类管理就是将库存货物根据消耗的品种和金额按一定的标准进行分类，对不同类别的货物采用不同的管理方法。

（二）ABC 分类管理的实施

ABC 分类管理的一般步骤

1. 收集数据

根据分析要求、分析内容收集分析对象的有关数据。例如，要对库存商品占用资金的情况进行分析，可以收集各类库存商品的进库单位、数量、在库平均时间等，以便了解哪几类商品占用的资金较多，以便分类重点管理。

2. 处理数据

将收集的数据资料进行汇总、整理，计算出所需的数据。一般以平均库存乘以单价，求出各类商品的平均资金占用额。

3. 绘制 ABC 分类管理表

ABC 分类管理表由 9 栏构成，如表 2-17 所示。制表步骤如下。

表 2-17　ABC 分类表

①物品名称	②品目数累计	③品目累计百分数/%	④物品单价	⑤平均库存	⑥物品平均资金占用额	⑦平均资金占用额累计	⑧平均资金占用额累计百分数/%	⑨分类结果
①	②	③	④	⑤	⑥=④×⑤	⑦	⑧	⑨
⋮	⋮	⋮	⋮	⋮	⋮	⋮	⋮	⋮

（1）将以上步骤②计算出的平均资金占用额的数据从大到小进行排列。

（2）将平均资金占用额按由高到低的顺序填入表 2-17 的第 6 栏。

（3）以第 6 栏为准，依次在第 1 栏填入相对应的商品名称，在第 4 栏填入商品的单价，在第 5 栏填入平均库存，第 2 栏填入 1、2、3、4、5、…编号，为品目累计数。

（4）计算品目累计百分数，并填入第 3 栏。

（5）计算平均资金占用额累计，填入第 7 栏。

（6）计算平均资金占用额累计百分数，填入第 8 栏。

4. 分类

根据 ABC 分类表中第 3 栏中品目累计百分数(%)和第 8 栏平均资金占用额累计百分数(%)，进行 A、B、C 三类商品的分类。

A 类：品目累计百分数为 5%～15%，平均资金占用额累计百分数为 60%～80%。

B 类：品目累计百分数为 20%～30%，平均资金占用额累计百分数为 20%～30%。

C 类：品目累计百分数为 60%～80%，平均资金占用额累计百分数为 5%～15%。

以上仅为参考比例，实际工作中还应考虑某类商品对生产的重要性等因素，根据需要作具体分析和必要的调整。

5. 绘制 ABC 分类管理图

以品目累计百分数为横坐标，以平均资金占用额累计百分数为纵坐标，按 ABC 分类表第 3 栏和第 8 栏提供的数据在直角坐标系上取对应点，连接各点的曲线即为 ABC 分类曲线。按 ABC 分类表上确定的 A、B、C 三个类别在图上标明。ABC 分类管理图也可用直方图表示。

【例2-2】　某公司仓库的库存商品共有26种商品,现要对库存商品进行ABC分类管理,具体操作如下:

(1) 收集26种库存商品的名称、单价、平均库存量等资料。

(2) 计算26种库存商品的平均资金占用额。

(3) 绘制26种库存商品ABC分类表,如表2-18所示。

表2-18　库存商品ABC分类表

物品名称	品目数累计	品目累计百分数/%	物品单价/(百元/件)	平均库存/件	物品平均资金占用额/百元	平均资金占用额累计	平均资金占用累计额百分数/%	分类结果
①	②	③	④	⑤	⑥=④×⑤	⑦	⑧	⑨
××	1	3.85	48.0	380	18240.0	18240.0	48.02	A
××	2	7.69	25.0	258	6450.0	24690.0	64.99	A
××	3	11.54	5.0	592	2960.0	27650.0	72.79	A
××	4	15.38	4.5	520	2340.0	29990.0	78.95	B
××	5	19.23	3.0	350	1050.0	31040.0	81.71	B
××	6	23.08	4.6	200	920.0	31960.0	84.13	B
××	7	26.92	1.5	580	870.0	32830.0	86.42	B
××	8	30.77	1.4	560	784.0	33614.0	88.49	B
××	9	34.62	1.1	660	726.0	34340.0	90.40	B
××	10	38.46	0.8	840	672.0	35012.0	92.17	B
××	11	42.31	2.1	250	525.0	35537.0	93.55	B
××	12	46.15	2.5	156	390.0	35927.0	94.58	C
××	13	50.00	0.6	552	331.2	36258.2	95.45	C
××	14	53.85	0.3	920	276.0	36534.2	96.17	C
××	15	57.69	0.1	2620	262.0	36796.2	96.86	C
××	16	61.54	0.4	530	212.0	37008.2	97.42	C
××	17	65.38	1.0	200	200.0	37208.2	97.95	C
××	18	69.23	0.3	550	165.0	37373.2	98.38	C
××	19	93.08	0.7	215	150.5	37523.2	98.78	C
××	20	76.92	0.6	180	108.0	37823.7	99.06	C
××	21	80.77	0.8	120	96.0	37727.7	99.32	C
××	22	84.62	0.5	150	75.0	37802.7	99.52	C
××	23	88.46	0.9	80	72.0	37874.7	99.70	C
××	24	92.31	0.3	210	63.0	37937.7	99.87	C
××	25	96.15	0.2	150	30.0	37967.7	99.95	C
××	26	100.00	0.1	200	20.0	37987.7	100.00	C

ABC分类表按库存商品平均资金占用额的大小由高到低依次排列,并列表。然后,在第①栏中填入对应商品名称,在第④栏中填入商品单价,在第⑤栏中填入平均库存量。在第②栏中填入库存商品的编号(品目累计数),在第③栏中填入品目累计百分数(如1÷26≈3.85%),在第⑦栏中填入平均资金占用额累计数。最后,计算并在第⑧栏中填入平均资金占用额累计百分数(如18240÷37987.7=48.02%,24690÷37987.7=64.99%,…)。

(4) 根据库存商品ABC分类表中品目累计百分数和平均资金占用额累计百分数,参考A、B、C类商品的分类原则、比例及商品在生产、销售中的重要性,对26种库存商品进行分类，分类结果如表 2-18 中第 9 栏所示。

（5）绘制 ABC 分类管理图，如图 2-6 所示。

（三）ABC 分类管理措施

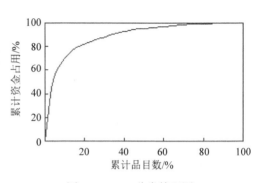

图 2-6　ABC 分类管理图

用上述方法分出 A、B、C 类货物之后，应在仓储管理中相应采用不同的方法进行管理。

1. 对 A 类货物的管理

由于 A 类货物进出仓库比较频繁，供给脱节将对生产经营活动造成重大影响。但是，如果 A 类货物存储过多，仓储费用就会增加很多，因此，对 A 类货物的管理要做到以下几点：

（1）根据历史资料和市场供求的变化规律，认真预测未来货物的需求变化，并依此组织入库货源。

（2）多方了解货物供应市场的变化，尽可能地缩短采购时间。

（3）控制货物的消耗规律，尽量减少出库量的波动，使仓库的安全储备量降低。

（4）合理增加采购次数，降低采购批量。

（5）加强货物安全、完整的管理，保证账实相符。

（6）提高货物的机动性，尽可能地把货物放在易于搬运的地方。

（7）货物包装尽可能标准化，以提高仓库利用率。

2. 对 B、C 类货物的管理

B、C 类货物相对来说进出库不很频繁，因此一般对货物的组织和发送的影响较小。但是，由于这些货物要占用较大的仓库资源，使仓储费用增加，因此在管理上的重点应该是简化管理，可以参考以下原则管理：

（1）将那些很少使用的货物可以规定最少出库的数量，以减少处理次数。

（2）依据具体情况储备必要的数量。

（3）对于数量大价值低的货物可以不作为日常管理的范围，减少这类货物的盘点次数和管理工作。

四、定量订货法

（一）定量订货法的基本原理

定量订货法是指当库存量下降到预定的最低库存量(订货点)时，按规定(一般以经济批量为标准)进行订货补充的一种库存控制方法，如图 2-7 所示。

当库存量下降到订货点 R 时，即按预先确定的订购量 Q 发出订货单，经过交纳周期(订货至到货的间隔时间)LT，库存量继续下降，到达安全库存量 S 时，收到订货 Q，库存水平上升。

该方法主要靠控制订货点 R 和订货批量 Q 两个参数来控制订货，达到既最好地满足库存需求，又能使总费用最低的目的。在需要固定均匀和订货交纳周期不变的条件下，订货点 R 由下式确定：

$$R = LT \times D/365 + S$$

式中，D 是每年的需要量。

订货量的确定依据条件不同，可以有多种方法。

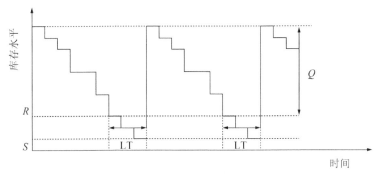

图 2-7　定量订货法的基本原理

（二）确定订货量的方法

1. 基本经济订货批量

基本经济订货批量（EOQ）是简单、理想状态的一种。通常订货点的确定主要取决于需要量和订货交纳周期两个因素。在需要固定均匀、订货交纳周期不变的情况下，不需要设安全库存，这时订货点为

$$R = \text{LT} \times D/365$$

式中，R 是订货点的库存量；LT 是交纳周期，即从发出订单至该批货物入库间隔的时间；D 是该商品的年需求量。

但在实际工作中，常常会遇到各种波动的情况，如需要量发生变化，交纳周期因某种原因而延长等，这时必须设置安全库存 S，这时订货点则应根据下式确定：

$$R = \text{LT} \times D/365 + S$$

式中，S 是安全库存量。

订货批量 Q 依据经济订货批量的方法来确定，即总库存成本最小时的每次订货数量。通常，年总库存成本的计算公式为

年总库存成本＝年购置成本＋年订货成本＋年保管成本＋缺货成本

假设不允许缺货，则

年总库存成本＝年购置成本＋年订货成本＋年保管成本

即

$$\text{TC} = DP + DC/Q + QH/2$$

式中，TC 是年总库存成本；D 是年需求总量；P 是单位商品的购置成本；C 是每次订货成本，元/次；H 是单位商品年保管成本，元/年，且 $H=PF$，F 为年仓储保管费用率；Q 是批量或订货量。

经济订货批量就是使库存总成本达到最低的订货数量，它是通过平衡订货成本和保管成本两方面得到。其计算公式为

$$\text{EOQ} = \sqrt{2CD/H} = \sqrt{2CD/PF}$$

此时的最低年总库存成本为

$$\text{TC} = DP + H(\text{EOQ})$$

年订货次数为

$$N = D/\text{EOQ} = \sqrt{DH/2C}$$

平均订货间隔周期为

$$T = 365/N = 365\text{EOQ}/D$$

【例 2-3】 甲仓库 A 商品年需求量为 30000 个，单位商品的购买价格为 20 元，每次订货成本为 240 元，单位商品的年保管费为 10 元，求：该商品的经济订购批量，最低年总库存成本，每年的订货次数及平均订货间隔周期。

解：

$$经济批量 \; EOQ = \sqrt{2 \times 240 \times 30000 / 10} = 1200 (个)$$

每年总库存成本

$$TC = 30000 \times 20 + 10 \times 1200 = 612000 (元)$$

每年的订货次数

$$N = 30000/1200 = 25 (次)$$

平均订货间隔周期

$$T = 365/25 = 14.6 (天)$$

2. 批量折扣购货的订货批量

供应商为了吸引顾客一次购买更多的商品，往往会采用批量折扣购货的方法，即对于一次购买数量达到或超过某一数量标准时给予价格上的优惠。这个事先规定的数量标准称为折扣点。在批量折扣的条件下，由于折扣之前购买的价格与折扣之后购买的价格不同，所以需要对原经济批量模型作必要的修正。

在多重折扣点的情况下，如表 2-19 所示，先依据确定条件下的经济批量模型，计算最佳订货批量 (Q^*)，而后分析并找出多重折扣点条件下的经济批量。其计算步骤如下。

表 2-19 多重折扣价格表

折扣区间	0	1	…	t	…	n
折扣点	Q_0	Q_1	…	Q_t	…	Q_n
折扣价格	P_0	P_1	…	P_t	…	P_n

(1) 采用确定型经济批量的方法计算出最后折扣区间（第 n 个折扣点）的经济批量 Q^*_n 与第 n 个折扣点的 Q_n 比较，如果 $Q^*_n \geqslant Q_n$，则取最佳订购量 Q^*_n；如果 $Q^*_n < Q_n$，则转步骤(2)。

(2) 计算第 t 个折扣区间的经济批量 Q^*_t。

若 $Q_t \leqslant Q^*_t < Q_t+1$ 时，则计算经济批量 Q^*_t 和折扣点 Q_t+1 对应的总库存成本 TC^*_t 和 TC_t+1，并比较它们的大小，若 $TC^*_t \geqslant TC_t+1$，则令 $Q^*_t = Q_t+1$，否则就令 $Q^*_t = Q_t$。

如果 $Q^*_t < Q_t$，则令 $t = t+1$ 再重复步骤(2)，直到 $t = 0$，其中 $Q_0 = 0$。

【例 2-4】 A 商品供应商为了促销，采取以下折扣策略：一次购买 1000 个以上打 9 折；一次购买 1500 个以上打 8 折。若单位商品的仓储保管成本为单价的一半，那么在这样的批量折扣条件下，甲仓库的最佳经济订货批量应为多少？（根据例 2-2 的资料：$D = 30000$ 个，$P = 20$ 元，$C = 240$ 元，$H = 10$ 元，$F = H/P = 10/20 = 0.5$）

解：根据题意列出多重折扣价格表，见表 2-20。

表 2-20 多重折扣价格表

折扣区间	0	1	2
折扣点/个	0	1000	1500
折扣价格/(元/个)	20	18	16

(1) 折扣区间 2 的经济批量为

$$Q^*_2 = \sqrt{2CD/PF} = \sqrt{2\times240\times30000/(16\times0.5)} = 1342（个）$$

(2) 折扣区间 1 的经济批量为

$$Q^*_1 = \sqrt{2CD/PF} = \sqrt{2\times240\times30000/(18\times0.5)} = 1265（个）$$

由于 $1000 < 1265 < 1500$，所以还需计算 TC^*_1 和 TC_2 对应的年总库存成本，即

$$TC^*_1 = DP + HQ^*_1 = 30000\times18+20\times0.5\times1265 = 551385（元）$$

$$TC_2 = DP_2 + DC/Q_2 + Q_2PF/2$$
$$= 30000\times16+30000\times240/1500+1500\times16\times0.5/2$$
$$= 496800（元）$$

由于 $TC_2 < TC^*_1$，所以在批量折扣的条件下，最佳订购批量 Q^* 为 1500 个。

五、定期订货法

（一）定期订货流程

定期定货是按预先确定的订货时间间隔按期进行订货，以补充库存的一种库存控制方法。其决策思路是：每隔一个固定的时间周期检查库存项目的储备量，根据盘点结果与预定的目标库存水平的差额确定每次订购批量。这种库存控制系统的储备量变化情况如图 2-8 所示。这里假设需求随机变化，因此，每次盘点时的储备量都是不相等的，为达到目标库存水平 Q_0 而需要补充的数量也随之变化。这样，这类系统的决策变量应是检查时间周期 T、目标库存水平 Q_0。

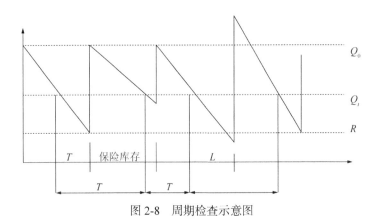

图 2-8　周期检查示意图

（二）定期订货模型

1. 订货周期的确定

订货周期一般根据经验确定，主要考虑制订生产计划的周期时间，常取月或季度作为库存检查周期，也可以借用经济订货批量的计算公式确定使库存成本最有利的订货周期

$$订货周期 = 1/订货次数 = Q/D$$

2. 目标库存水平的确定

目标库存水平是满足订货期加上提前期的时间内的需求量，包括两部分：一部分是订货周期加提前期内的平均需求量，另一部分是根据服务水平保证供货概率的保险储备量。

$$Q_0 = (T+L)r + ZS_2$$

式中，T 为订货周期；L 为订货提前期；r 为平均日需求量；Z 为服务水平保证的供货概率查

正态分布表对应的 t 值；S 是订货期加提前期内的需求变动的标准差。若给出需求的日变动标准差 S_0，则

$$S_2 = S_0 \sqrt{T + L}$$

依据目标库存水平可得到每次检查库存后提出的订购批量为

$$Q = Q_0 - Q_t$$

式中，Q_t 为在第 t 期检查时的实有库存量。

【例 2-5】　某货品的需求率服从正态分布，其日均需求量为 200 件，标准差为 25 件，订购的提前期为 5 天，要求的服务水平为 95%，每次订购成本为 450 元，年保管费率为 20%，货品单价为 1 元，企业全年工作 250 天，本次盘存量为 500 件，经济订货周期为 24 天。计算目标库存水平与本次订购批量。

解：（1）（$T + L$）期内的平均需求量 = (24+5)×200 = 5800（件）

（2）（$T + L$）期内的需求变动标准差 = $25 \times \sqrt{(25 + 4)}$ = 135（件）

（3）目标库存水平为

$$Q_0 = 5800 + 1.96 \times 135 = 6065（件）$$

（4）订购批量为

$$Q = 6065 - 500 = 5565（件）$$

从例 2-5 的计算结果可以看出，在同样的服务水平下，固定订货期限系统的保险储备量和订购批量都要比固定订货量系统的保险储备量和订购批量大得多。这是由于在固定订货期系统中需满足订货周期加提前期内需求量和防止在上述期间发生缺货所需的保险储备量。这就是一些关键物品、价格高的物品不用固定订货期法，而采用固定订货量法的原因。

（三）定量与定期库存控制法的区别

（1）提出订购请求时点的标准不同。定量订购库存控制法提出订购请求的时点标准是，当库存量下降到预定的订货点时，即提出订购请求；而定期订购库存控制法提出订购请求的时点标准则是按预先规定的订货间隔周期，到了该订货的时点即提出订购请求。

（2）请求订购的商品批量不同。定量订购库存控制法每次订购商品的批量相同，都是事先确定的经济批量；而定期订购库存控制法每到规定的请求订购期，订购的商品批量都不相同，可根据库存的实际情况计算后确定。

（3）库存商品管理控制的程度不同。定期订购库存控制法要求仓库作业人员对库存商品进行严格的控制、精心的管理，经常检查、详细记录、认真盘点；而采用定量订购库存控制法时，对库存商品只要求进行一般的管理、简单的记录，不需要经常检查和盘点。

（4）适用的商品范围不同。定量订购库存控制法适用于品种数量少、平均占用资金大的需重点管理的 A 类商品；而定期订购库存控制法适用于品种数量大、平均占用资金少的只需一般管理的 B、C 类商品。

【阅读资料】

仓库管理制度

一、仓库管理人员工作制度规则

（1）各仓管人员应负责整理仓库物品的出货、储存、保管、检验及账务报表的登录等工作。

（2）仓库物资实行先进先出的作业原则，并按此原则分别决定储存方式及位置。

（3）仓库不准代私人保管物品，也不得擅自答应未经领导同意的其他单位和部门的物品存仓。

（4）任何人员除验收时所需外，不准试用试看仓库物资。

（5）除仓管人员和因业务工作需要的有关人员外，任何人未经许可不得进入仓库。严禁库内会客及其他部门职工围聚闲聊。

（6）仓库严禁烟火。配置的消防器材，仓管人员应会使用，并定期接受行政部的安全检查和监督。

（7）仓管人员对物品进出仓，应当即办理手续，不得事后补办；应保证账物相符，经常核对，并随时接受单位主管或财务部稽核人员的抽点。

（8）每月仓库应盘点一次，检查货的实存、货卡结存数、物资明细账余额三者是否一致；每年年终仓储人员应会同财务部、采购部门共同办理总盘存，并填写盘存报告表。

（9）仓库物资如有损失、贬值、报废、盘盈、盘亏等，应及时上报主管，并分析原因，查明责任，按规定办理报批手续。未经批准一律不得擅自处理；仓管员不得采取"盈时多送，亏时克扣"的违约做法。

（10）保管物资未经总经理同意，一律不得擅自借出；总成物资一律不准拆件零发，特殊情况应经总经理批准。

（11）仓管人员下班离开前，应巡视仓库门窗、电源、水源是否关闭，以确保仓库的安全。

（12）实施计算机管理后，物资盘点表由计算机制表，仓管员应不断提高自身业务素质，以提高工作效率。

二、入库管理制度

物品的入库是指根据供货合同的规定，完成物品的接货、验收和办理入库手续等业务活动的全过程。入库必须具有存货单位正式开出的物品入库单，并在与相应的供货合同相一致的条件下方可入库。入库单是仓库据以接收物品的唯一凭证。

物品入库单应包括物品来源、收货单位、物品名称、品种、规格、数量、单价、实收数、收单时间、存货单位签章等内容。

1．接货

接货应做到准备充分、手续清楚、责任分明、单据和凭证齐全。接到到货通知后，应了解货物的类别、特性、数量、件重等具体情况。安排和准备卸货场地及货位，准备卸货、搬运设备及劳动力，并通知检验员做好准备。

2．检验凭证

检验凭证的依据是供货合同。它包括的主要内容有物品规格、型号、数量、供货单位、供货方式、时间、地点、包装标准、责任区分及争议解决方式、双方主管人签章。

3．货物检查和验收

首先对货物进行外观检查，看有无受潮、进水、破损、变形、污染等现象；核对到货品名、规格、型号、标志、数量、发货单位、收货单位等是否正确。如发现有不相符的现象，仓管员有权拒绝办理入库手续，并视其程度报告采购部、财务部及总经理处理。

对货物内在质量的检验，由仓管员填写报检单，通知质管部进行材质检验。

4．入库

货物验收合格后，应立即办理入库手续。入库时应进行以下工作。

1）复核

主要复核内容如下：

（1）货物验收记录、入库单及各项资料凭证是否移交清楚，是否完整。

（2）复核入库货物与上架、上垛货物是否相符，编号是否正确，件数是否准确，计量测试记录与实物批号是否符合。

（3）货物应挂上的货牌是否准确到位，输入计算机的建账数据是否已准确录入，账、牌、物三者是否相符。

2）登账

登录货物保管明细账，无论用计算机或手工生成，都应详细反映仓库货物进、出、结存的准确情况，主要内容有物品编号、入库日期、品名规格、数量、单价、收入、支出等。

登录或消除保管账必须以正式收发凭证为依据。账目不得任意涂改，必要修改时应加盖订正章。

账目应做到：

（1）实记录入、出、结存数，账物相符；

（2）笔笔有结算，日清月结，不做假账；

（3）手续健全，账页清楚，数据准确；

（4）坚持会计记账规则，严格遵守；

（5）出现问题，经处理后，账面要明确反映，并如实说明。

3）建档

应建立库存货物档案，以备处理问题，也便于总结提高仓储管理水平。

（1）将每份入库单所列的到货原始资料和凭证、验收资料及相关问题处理的资料、凭证出入库及存储期相关记录和资料等分别装订成册建立档案，由各库区保管员统一保管。

（2）档案要统一编号，以便查阅。

（3）档案部门保管期为一年，到期交由管理部统一存档。

（4）电子计算机仓储管理系统要设立档案管理子系统，以辅助档案管理工作。

三、出库管理制度

货物出库应遵循"先进先出，推陈储新"的原则。

出库单内容包括收货单位、日期、货物入库时的批号、品名、规格、型号、数量、仓管员签字等。

出库程序及作业方法为：仓库一切货物的对外发放，一律凭有关人员签章的申请单或出货通知单由相关人员办理出库手续。

1）复核

复核的内容有：①对出库单，应核对数量、规格品种与库存是否有出入；②检查包装的完好性，凡包装破损未经修复加固的一律不准出库，无论是否仓库原因导致的破损，均应修复。标志应清楚、完好。

经复核确认无误后，即可允许放行出库。

2）放行

根据货物实发情况，仓管员开具出门证，交提货或发运人员作为出门交门卫放行的依据。门卫必须接到签发的出门证才可放行。

3）登账

登录货物保管明细账，无论用计算机或手工生成，都应详细反映仓库货物进、出、结存的准确情况，主要内容有物品编号、出库日期、品名、规格、数量、收入、支出等。

登录或消除保管账必须以正式收发凭证为依据，账目不得任意涂改。

账目应做到：

（1）实记录入、出、结存数，账物相符；

（2）笔笔有结算，日清月结，不做假账；

（3）手续健全，账页清楚，数据准确；

（4）坚持会计记账规则，严格遵守；

（5）出现问题，经处理后，账面要明确反映，并如实说明。

4）建档

参照入库管理制度的相关条例建档。

【任务实施】

教师首先介绍背景知识，通过 PPT 和图片对库存、ABC 分类管理方法、定量订货法、定期订货法进行讲解，让学生有初步认识。通过布置任务和习题，使学生掌握相关知识。

【归纳总结】

主要内容包括：①库存的含义及分类；②仓库物资 ABC 分类管理方法；③定期订货法及经济订货批量的计算；④定期订货法及安全库存的确定。通过学习，掌握以下内容：定量订货法及经济订货批量的计算、安全库存的计算。

【实训任务（一）】

在库商品 ABC 分类作业

1. 实训目的和要求

通过实际操作使学生了解 ABC 分类的工作方法。

2. 实训内容

（1）教师介绍 ABC 分类作业相关知识。

（2）学生进行相关操作：准备→选定一批仓库物资→计数计价→分为 ABC 三类→编制分类表→制订对应的物资管理方法。

（3）教师总结和点评。

（4）学生在以上基础上形成个人实训报告并上交。

3. 考核办法

教师通过观察实训过程学生表现以及实训报告完成情况给予评分。

4. 思考与练习

（1）库存是怎样产生的？

（2）对库存物资的 ABC 分类管理有什么作用？

【实训任务（二）】

仓库管理软件的使用

1. 实训目的和要求

通过实际操作使学生了解仓库管理软件的使用方法。

2. 实训内容

（1）教师介绍仓库管理系统相关知识。

仓库管理系统（单机版/网络版）是一款十分人性化的管理软件，提供简捷、明晰的仓库管理解决方案，适用于工厂中的材料采购入库，生产发料领料，批发零售公司商品采购入库，出库记账的鞋业、外贸企业、医药、汽配、食品、服装、电子、计算机等行业。可以套打全国各省收费专用票据，也可定制需要的入库单、出库单、发货单、送货单等样式，可以输出常用的明细报表和汇总报表。

软件支持采购入库、生产入库、销售退货、领用还回、借货入库、借出还入等入库方式；支持销售出库、采购退货、领用出库、借货出库、借入还出等出库方式。

软件提供了完备的账务系统，可以随时查询或打印月记账、日记账，多方位为企业经营决策提供服务。

具有丰富、完善的报表处理功能，每种报表提供四种不同的专业打印格式，可满足打印各种报表的需要；并且数据可用 Excel 导出，可与第三方软件进行数据无缝接轨。

软件可以多台计算机联网使用，各计算机可同时操作各项功能，实现数据共享。

登录时，初始密码为 123，输入密码后按 Enter 键即可。

(2)学生进行相关操作：软件安装→数据输入→岗位设置→仓库设置→物品出入库操作→制订报表。

(3)教师总结和点评。

(4)学生在以上基础上形成个人实训报告并上交。

3. 考核办法

教师通过观察操作过程学生表现以及实训报告完成情况给予评分。

4. 思考与练习

(1)库存报表是怎样产生的？

(2)对库存管理软件进行评价。

【项目小结】

仓储作业管理是指以存储、保管活动为中心，从仓库接收商品入库开始，到按需要把商品全部完好地发送出去的全过程。本项目对仓储作业的三个基本作业环节进行了讨论和讲解。

(1) 商品入库作业是仓储作业的第一个作业环节，入库作业直接影响后续作业的效果。进货计划分析是入库作业流程的关键环节，对诸如商品特性、供应商情况调查后能够得到入库商品的准确信息。对入库商品进行编码能够保证仓储作业效率的提高。

(2) 储位管理技术是对仓库进行合理划分，依据周转率原则、商品特性原则等对储位进行划分，提高仓储作业效率。为了对库存商品的数量进行有效控制，并查清商品在库房中的质量状况，必须定期对各储存场所进行盘点作业。

(3) 商品出库作业是仓储作业的最后一个环节，应明确商品出库的依据、要求和方式，掌握商品出库单证流转流程，对出库商品进行发货检查。

最后介绍了与库存管理有关的 ABC 分类管理法的含义与基本思想、定量订货法的基本原理、定期订货法的决策思想。

【关键概念】

(1) 库存：指为了使生产正常而不间断地进行或为了及时满足客户的订货需求，必须在各个生产阶段或流通环节之间设置的必要的物品储备。

(2) 周转库存：又称为经常库存，是指为了满足日常需求而建立的库存。

(3) 安全库存：是指为了防止由于不确定因素(如突发性大量订货或供应商延期交货)影响订货需求而准备的缓冲库存。

(4) 季节性库存：是指为了满足特定季节中出现的特定需求而建立的库存，或指对季节性生产的商品在出产的季节大量收储所建立的库存。

(5) 拣选：按订单或出库单的要求从储存场所选出物品，并放置到指定地点的作业。

(6) 集货：将分散的或小批量的物品集中起来，以便进行运输、配送作业。

(7) 账面盘点法：是将每一种商品分别设立存货账卡，然后将每一种商品的出入库数量及有关信息记录在账面上，逐笔汇总出账面库存结余数，这样随时可以从计算机或账册上查悉商品的出入库信息及库存结余量。

(8) 相关性需求：一般根据某项相关需求计划直接推算该物品的供货数量和时间。

(9) 订货费用：是指为补充库存而需要订购物品时发生的各种费用。

(10) 保管成本：是物品在仓库内存放期间发生的成本。

(11) 购置费用：是购置物品时所花费的费用，即购置物品所支出的货款，等于物品的单价与需求量的乘积。

(12) 缺货费：是指由于不能满足用户需要而产生的费用。

(13) ABC 分类管理：将库存物品按品种和占用资金的多少分为特别重要的库存(A 类)、一般重要的库存(B 类)和不重要的库存(C 类)三个等级，然后针对不同等级分别进行管理与控制。

(14) 定量订货方式：当库存量下降到预定的最低的库存数量(订货点)时，按规定数量(一般以经济订货批量为标准)进行订货补充的一种库存管理方式。

(15) 定期订货方式：按预先确定的订货间隔期间进行订货补充的一种库存管理方式。

(16) 经济订货批量：通过平衡采购进货成本和保管仓储成本核算，以实现总库存成本最低的最佳订货量。

(17) 订货处理周期：从收到订货单到将所订货物发运出去的时间间隔。

(18) 目标库存水平：是满足订货期加上提前期的时间内的需求量。

(19) 库存周期：在一定范围内，库存物品从入库到出库的平均时间。

(20) 前置期(或提前期)：发出订货单到到货时间间隔。

(21) 盘点：在仓储作业过程中，商品处于不断地进库和出库过程中，在作业过程中产生的误差经过一段时间的积累会使库存资料反映的数据与实际数量不相符。有些商品因长期存放品质下降，不能满足用户需要。为了对库存商品的数量进行有效控制，并查清商品在库房中的质量状况，必须定期对各储存场所进行清点作业，这一过程称为盘点作业。

(22) 饱和湿度：是指在一定湿度下单位体积中最大限度能容纳的水蒸气的量单位为 g/m^3。

(23) 相对湿度：是指在一定湿度下，绝对湿度与饱和湿度的百分比。

(24) 商品养护：是指商品在储存过程中所进行的保养和维护。从广义上说，商品从离开生产领域而未进入消费领域之前这段时间的保养与维护工作，都称为商品养护。

(25) 理变化：是指商品仅改变其本身的外部形态(如气体、液体、固体"三态"之间发生的变化)，在变化过程中没有新物质生成，而且可以反复进行变化的现象，例如商品的串味、渗漏、沾污、干裂等。

(26) 化学变化：是指构成商品的物质发生变化后，不仅改变了商品本身的外观形态，也改变了本质，并有新物质生成的现象。常见的有氧化、分解、锈蚀、风化、燃烧、爆炸、老化等。

【思考与练习】

(1) 简述入库作业的基本流程。

(2) 结合货物和仓库的实际特点，请谈一下冷冻品在入库时要遵循哪些原则。

(3) 简述四种商品接运方式的适用条件。

(4) 请列举常用的验收方法有哪些。

(5) 分析建立仓库档案有什么作业。

(6) 请阐述在安排货位时，应遵循哪些原则。

(7) 理货有什么作用？如何进行理货？

(8) 企业每年需要甲种商品 12000kg，该商品的单位价格为 20 元，平均每次订购的费用为 300 元，年保管费率为 25%，求经济订购批量及年总库存成本。

（9）华成超市每年需购买 8000 个厂商品，厂商品的单位价格为 50 元，每次订购商品的费用为 100 元，每个商品的保管成本为 12.5 元。厂商品的供应商为了促销采取以下折扣策略：一次购买 300 个以上打 9 折，一次购买 500 个以上打 8 折。若该商品的仓储保管成本为单价的 1/4。在这样的批量折扣条件下，华成公司的最佳经济订购批量应为多少？

（10）某企业 B 种商品年需求量为 8000kg，一次订购费用为 100 元，B 商品的单位价格为 20 元，年单位商品的保管费率为 0.25，每天进货量为 100kg，每天耗用量为 50kg，要求计算商品分批连续进货条件下的经济批量 Q、每年的库存总成本 TC、每年订货的次数 n 和订货间隔期 T。

（11）某日，仓库的干湿表显示：干球温度为 30℃，湿球温度为 25℃，温差为 5℃，请查找该仓库的露点和相对湿度。

【案例分析】

云南双鹤药业仓储系统的合理化改造

一、云南双鹤药业的总体概况和发展前景

云南双鹤医药有限公司（以下简称云南双鹤）成立以来，效益一直稳居云南同行业前列，其下属有 1 个制药厂，9 个医药经营分公司，30 个医药零售连锁药店。它有着庞大的销售网络，该网络以昆明为中心，辐射整个云南省乃至全国，包括医疗单位网络、商业调拨网络和零售连锁网络。

二、云南双鹤药业企业物流管理中面临的主要问题

（一）装卸搬运费用过高

装卸搬运活动是衔接物流各环节活动正常进行的关键，它渗透到物流各个领域，控制点在于管理好储存物品，减少装卸搬运过程中商品的损耗率、装卸时间等。而云南双鹤恰好忽视了这一点，由于搬运设备的现代化程度较低，只有几个小型货架和手推车，大多数作业仍处于人工作业为主的原始状态，工作效率低，且易损坏物品。另外仓库设计不合理，造成长距离的搬运。并且库内作业流程混乱，形成重复搬运，大约有 70% 的无效搬运，这种过多的搬运次数损坏了商品，也浪费了时间。

（二）储存费用过高

目前，云南双鹤的仓库的平面布置区域安排不合理，只强调充分利用空间，没有考虑前后工序的衔接和商品的存放，混合堆码现象严重，造成出入库的复杂性和长期存放，甚至一些已过效期发生质变和退回的商品没能得到及时处理，占据库存空间，增大了库存成本。

（三）运输费用没有得到有效控制

运输费用占物流费用比例较大，日本通产省六大类货物物流成本的调查结果表明，运输成本占物流总成本的 40% 左右，是影响物流费用的重要因素。云南双鹤拥有庞大的运输队伍，但由于物流管理缺乏力度，没有独立的运输成本核算方法，该企业只单纯地追求及时送货，因此不能做到批量配送，形成不必要的迂回，造成人力、物力上不必要的浪费。而且由于部分员工的工作作风败坏，乘送货之机办自己的私事，影响了工作效率，也增加了运输费用。

（四）物流管理系统不完备

在企业中物流信息的传递依然采用"批条式"或"跑腿式"的方式进行，计算机、网络等先进设备与软件基本上处于初级应用或根本不用，使得各环节间严重脱离甚至停滞，造成

不必要的损失。

（五）人力资源及时间浪费大

由于公司人员管理松散和用人制度不合理，一部分员工长期处于空闲状态，拿着工资却不工作。有时为消磨时间，往往是几个员工聚在一起花一个人的时间做一个人的工作，工作中娱乐成了很自然的事情，每人注意在每一个环节中所用的时间，诸如寻找、拿取、装卡、拆卸、摆放、运输等，这些环节中都延缓了工作时间，降低了工作效率，造成无法计量的成本损耗。

三、云南双鹤仓储系统的合理化改造

（一）企业现有仓储系统的现状和产生的原因

(1)仓库的现代化程度低，设备陈旧落后，不少仍处于人工作业为主的原始状态，人抬肩扛，工作效率低。货物进不来出不去，在库滞留时间过长或保管不善而破损、霉变，使损失严重，加大了物流成本，这与企业的经济实力及远景规划有关。企业建立仓库仅把它作为存放货物的地方，因此对设备现代化的要求很低，而且廉价的劳动力使得企业放弃改造设备的打算，简单的手工作业使得人员不至于闲置，"不怕慢，只怕站"的思想在人们的心中根深蒂固，降低了工作效率。

（2）仓库的布局不合理。企业业务的不确定性导致不同品种的零散物品占据很大的仓库面积，大大降低了仓库的利用率；而且堆码、分区都很混乱，给出入库、盘点等带来诸多不便，往往是提货员拿着一张提货单在仓库里来回寻找，影响了工作效率，也影响了配送，降低了服务质量。

（3）库存成本过大。企业目前没有一套库存控制策略，包括经济订货批量、订货间隔期、订货点、安全或保险库存等。当某些物品的供大于求时就造成积压，浪费人力、物力和财力；当供小于求，发生缺货时，妨碍了企业的正常生产和销售，不仅带来经济损失，也使企业失去信誉。另一方面是破损、变质及退回商品没能及时处理所形成的库存，企业的仓储部与质检科联系不紧密，信息传递缓慢，对破损、变质等商品的单据处理及层层上报批复的过程复杂，甚至是责任不明确形成的互相推卸，这一切造成了库存的增大和库存成本的提高。

（4）仓库管理信息系统不完善，其信息化和网络化的程度低。这受企业的经济实力、人员素质及现代化意识等因素的影响。现在，企业的储运部只有一台计算机，接收订单、入账、退货单处理、报损、退厂、查询等工作都只能由它完成，工作量大而繁，易出错，同时也影响了整个管理链条中的信息传递和库存管理控制。

（5）员工素质低下。

（二）企业仓储系统合理化改造的建议和方法

1．重视对原有仓库的技术改造，加快实现仓储的现代化

目前医药行业的仓库类型主要分为生产物流中的制药原料及成品库和销售物流中的战略仓库，大多数企业比较倾向于采用高位货架结合窄通道高位驾驶三向堆垛叉车的立体仓库模式，如西安杨森、通化东宝、奇化顿制药、中美史克等。在此基础上，根据实际需要尽可能引进国外先进的仓储管理经验和现代化物流技术，有效的提高仓库的储存、配送效率和服务质量。

2．完善仓库功能，逐步实现仓库的社会化

加快实现仓库功能多元化是市场经济发展的客观要求，也是仓库增加服务功能，提高服务水平，增强竞争力，实现仓库社会化的重要途径。在市场经济条件下，仓库不应该只是存

储商品的场所，更要承担商品分类、挑选、整理、加工、包装、代理销售等职能，还应成为集商流、物流、信息流于一身的商品配送中心、流通中心。基于云南双鹤目前的规模及企业实力，企业应实现现有仓库向共同配送的库存型配送中心转化，商品进入配送中心后，先是分类储存，再根据用户的订货要求进行分拣、验货，最后配送到各连锁店和医疗单位。这种配送中心作业简单，只需将进货商品解捆后，每个库区都以托盘为单位进行存放即可。

3. 建立完备的仓库管理系统

云南双鹤物流管理的建设必须解决存货管理的低效率现状，降低库存成本和存货滞销风险，解决它在整个管理链条中信息传递问题。

成功的经验表明，仓库管理系统（WMS）是低风险、高回报的选择，其投资回收期通常不超过一年半，有的甚至在一年以内。也正因此，WMS 受到世人的青睐，大量应用于财富 500强企业中，其应用行业的范围也十分广泛，包括制药业、食品工业、印刷厂、时装服饰业、出版业、电信业和硬件制造等。云南双鹤可以根据自己的经济实力和发展需求有选择性地借鉴这些软件。

4. 减少作业环节

每一个作业环节都需要一定的活劳动和物化劳动消耗，采用现代技术手段和实行科学管理的方法，尽可能地减少一些作业环节，既有利于加速作业的进度，又利于降低成本。

1）采用"二就直拨"的方法

（1）就厂直拨。企业可以根据订单要求直接到制药厂提货，验收后不经过仓库就将商品直接调运到各店铺或销售单位。

（2）就车直拨。对外地运来的商品，企业可事先安排好短途运输工具，在原车边即行分拨，装上其他车辆，转运收货单位，省去入库后再外运的手续。以上这两种方法既减少了入库中的一切作业环节，又降低了储存成本。

2）减少装卸搬运环节

改善装卸作业，即要设法提高装卸作业的机械化程度，还必须尽可能地实现作业的连续化，从而提高装卸效率，缩短装卸时间，降低物流成本，其合理化措施有以下几项：

（1）防止和消除无效作业。尽量减少装卸次数，努力提高被装卸物品的纯度，选择最短的作业路线等都可以防止和消除无效作业。

（2）提高物品的装卸搬运活性指数。企业在堆码物品时应事先考虑装卸搬运作业的方便性，把分好类的物品集中放在托盘上，以托盘为单元进行存放，既方便装卸搬运，又能妥善保管好物品。

（3）积极而慎重地利用重力原则，实现装卸作业的省力化。装卸搬运使物品发生垂直和水平位移，必须通过做功才能完成。由于我国目前装卸机械化水平还不高，许多尚需人工作业，劳动强度大，所以必须在有条件的情况下利用重力进行装卸，将设有动力的小型运输带（板）斜放在货车、卡车上进行装卸，使物品在倾斜的输送带（板）上移动，这样就能减小劳动强度和能量的消耗。

（4）进行正确的设施布置。采用 L 形和 U 形布局，以保证物品单一的流向，既避免了物品的迂回和倒流，又减少了搬运环节。

5. 减少退货成本

控制退货成本首先要分析退货的原因，一般来讲，只要掌握本企业商品在店铺的销售状况及客户的订货情况，作出短期的销售预测，调整企业的商品数量和种类就能从根本上解决由用户引起的退货现象。另外,应从本企业的角度找出退货原因,企业往往为了追求最大的销售目标,一味将商品推销给最终用户,而不管商品实际的销售状况和销售中可能出现的问题,结果造成流通在库增加、销售不振、退货成本高昂,因此应改变企业片面追求销售额的战略目标,在追踪最终需求动向和流通在库的同时,为实现最终需求增加而实施销售促进策略。

与上述问题相关联,要从根本上防止退货成本增加,企业还必须改变员工绩效评价制度,即不是以员工每月的销售额作为奖惩的依据,而是在考察用户在库状况的同时,以员工年度月平均销售额作为激励的标准,这样才能在防止退货出现的情况下,提高经营效率。当然,在制度上还必须明确划分产生退货的责任,端正员工的工作态度,按用户要求准确无误地发货。

6. 其他具体操作要求

(1) 经过严格质检入库的商品应根据药品与非药品、处方药与非处方药、内服与外用药品、危险品等分区域储存。冷藏药品按要求温度存放,阴凉库低于 20℃,常温库温度控制在 0～30℃,适宜湿度范围为 60%～75%,温度范围为 2～10℃,上下午定时检查并及时调整。

(2) 堆码整齐,五距合理(底、墙、顶、柱、间),无倒置。

(3) 不同批号不混垛。不可避免时,混垛时限不得超过 1 个月。

(4) 特殊管理药品专库/专柜,双人双锁,专账记录,账物相符。

(5) 定期清扫库房卫生,保持库容整洁有序。劳动工具及包装物品按指定位置摆放。

(6) 对在库商品实行定时的养护检查,做好养护记录,对于有质量问题的商品应尽快通知质量管理科处理。

(7) 严把出库质量关,记好复核记录台账。

(8) 退货商品应由专人管理并存放于退货区,必须进行重新质量验收程序,记好记录台账。属合格品方可入合格品库,有质量问题的入不合格品库。

(9) 不合格品存放于不合格品库区,进行控制性管理,按程序上报,查明原因及时处理。

7. 培养仓储技术人才,加强物流管理

要转化就要从引进高素质人才和培训企业员工着手,在广泛吸纳社会上有用人才的同时,更要加速提高现有人员的业务技术和道德素质,建立一支高素质和高科技含量的职工队伍。

8. 加快建立现代企业制度和推行 ISO9000 族标准管理模式

实现现代物流功能的集成化,服务的系统化和作业的规范化都离不开制度的约束,所以说尽快建立现代企业制度是至关重要的。目前云南双鹤的仓储形成了拖、推、懒、散现象,责、权、利不分,要想打破旧的观念,就要输入强烈的市场经济观念,思想上要树立和强化改革开放意识,作风上要树立雷厉风行意识,精神上要树立艰苦创业意识等,用现代企业管理制度代替旧的管理模式,规范每一个作业环节、程序和责任人。(本案例采集于中国物流网,作者:罗慧琼)

【思考题】

(1) 双鹤药业储存费用过高的原因是什么?

(2) 双鹤药业是如何实现作业环节的?

项目三　仓储经营管理

【教学目标】

1. 知识目标

(1) 了解仓储商务管理的特征，了解仓储经营的方法。

(2) 了解仓储合同的格式和主要条款、仓储合同纠纷的处理方式。

(3) 具备仓储安全常识。

2. 能力目标

(1) 能够根据客户需要草拟仓储合同，能够审核仓储合同条款。

(2) 能够正确操作仓库安全器材。

【项目概述】

本项目介绍企业经营组织目标及结构形式、常见的仓储经营方法，仓储合同的法律特征、主要条款以及纠纷预防。要求学生熟悉常见的仓储经营方法，了解仓储合同的基本知识，了解仓储企业经济核算指标，了解仓储安全管理的重要性；掌握库场治安保卫、防火、防水及安全生产的管理和方法，具备危险品安全管理的技能。

【引导案例】

长宁县一酒厂仓库突发险情

2010 年 8 月 17 日上午，宜宾至珙县公路边的某酒厂仓库突然发生火灾。接到报警后，当地有关领导迅速率领公安、消防、民警等赶赴现场，全力开展灭火施救工作。到下午 3 点半左右，火势得到控制，没有造成人员伤亡。

发生大火的地方位于宜宾至珙县公路的长宁县铜鼓乡地界。上午 10 点左右，华西都市报记者赶赴起火现场看到，着火的酒厂仓库位于公路边 80m 左右，仓库内大火仍在熊熊燃烧。不时有火苗从仓库房屋的窗户内蹿出来，仓库中不时传出噼里啪啦的爆炸声。来到离最近的火点 10m 左右，能感受到扑面而来的一阵阵高温。

当地居民李先生说，着火仓库是当地某酒厂的，里面存放有 200 余吨原度白酒。上午 8 点 50 分左右，有人发现该仓库内突然起火后，急忙打了报警电话。

接到报警后，宜宾市副市长、市公安局局长王剑明、长宁县县长曾健等有关领导迅速率公安、消防、医护民警等赶赴现场，成立现场指挥部，全力开展灭火抢险救援工作。据现场参加灭火的宜宾市消防支队人员介绍，除他们出动消防车外，当地的芙蓉集团消防队、五粮液消集团防队等也赶到现场，全力开展灭火救援。

为防止仓库内的大火燃烧后影响到酒厂的其他房屋，救援人员开来大型推土机，从该厂外面铲来大量泥土，修筑挡土墙。

与此同时，由长宁县武装部组织的数十名民兵和当地许多居民，也冒着七八十摄氏度的高温，从酒厂院坝外运来沙袋，堆放于仓库两个出口，防止大火蔓延。当地交警部门也紧急派人组织公路上的车辆行人远离起火现场，安全有序通行。

在消防人员的全力扑救下，当日下午 3 点半左右大火得到有效控制。

华西都市报记者现场看到，除仓库内的大量原度白酒损失严重外，仓库墙体也受到不同程度的损坏，有多处出现裂缝。仓库外墙的一些瓷砖在高温的炙烤下也纷纷脱落。（华西都市报 2010 年 8 月 18 日）

思考题：

(1)易燃易爆商品和危险品有什么保管要求？

(2)怎样保护仓库安全？

任务一　仓储经营组织

【任务介绍】

该任务包含的内容有：仓储经营组织的含义、目标，仓库经营方法(如保管仓储、混藏仓储、消费仓储、仓库租赁经营、商品交易、流通加工等)。要求学生掌握仓库的相关概念，熟悉多种经营方法，了解仓储商务活动的内容。

【任务分析】

要熟悉仓库经营活动，可以通过参观各种仓库进行了解，学习仓库经营的单据填写、规章制度和活动流程。

【相关知识】

一、仓储经营组织

(一) 仓储经营的概念及意义

仓储经营是指以营利为目的，利用现有仓储能力为他人储存和保管仓储物及提供相关增值服务的筹划与管理活动。对仓储经营主题而言，仓储经营的过程是树立现代仓储经营观念，开发全新的仓储经营方式的过程，同时也是进行技术、组织、制度等各方面创新的过程。因此，开展仓储经营具有重要的意义。

(1) 开展仓储经营可以保证社会再生产的顺利进行。作为社会再生产过程中的基本环节，生产和消费在时间、品种、数量等方面存在着诸多矛盾。通过开展仓储经营，充分发挥仓储经营连接生产与消费的纽带和桥梁作用，可以克服生产者与生产者之间、生产者与消费者之间在地理上的分离，衔接商品生产与消费在时间上的不一致，以及调节商品生产与消费在方式上的差异，从而保证社会再生产的顺利进行。

(2) 开展仓储经营可以保持物资原有使用价值及其合理地分配与使用。任何一种物资，从生产环节至消费环节，由于受到自然、社会、经济、技术、环境等多种因素的影响，都可能使其在数量或质量上发生变化，如果不采取必要的保护措施，就不可避免地会对物资造成损害。因此，必须开展仓储经营活动，运用科学的管理手段加强对物资的养护，以保护好处于暂时停滞状态的物资的原有使用价值。同时，在仓储经营过程中，应努力做到流向合理，加快物资流转速度，注意物资的合理分配，不断提高工作效率，以满足市场需求。

(3) 开展仓储经营可以加强企业基础工作，提高经营水平。一方面仓储经营需要良好的生产、财务、人事等基础的支持；另一方面有效的仓储经营又能促进仓储企业整体经营水平的提高。仓储经营的基础工作是仓储经营能否取得成效的基石，因此必须加强各项仓储基础工作，如标准化工作、计量工作和经济核算等，要以提高仓储经济效益为目标，健全仓储管理体系，为提高仓储经营水平创造良好条件。

(4) 开展仓储经营可以加快资金周转，节约流通费用，降低物流成本，提高经济效益。开展仓储经营活动能够减少物资在仓储过程中的物质损耗和劳动消耗，加速物资和资金的周转，从而节省费用，降低物流成本，最终达到提高社会效益、企业经济效益的目的。

（二）仓储经营的目的

仓储经营的目的是指按照仓储活动的各项要求合理地组织仓储经营有直接关系的部门、环节及相关人员，使其工作协调、有效地进行，同时加速商品在仓库中的周转，合理使用人力、物力，借以取得最大的经济效益。具体来说，仓储经营的目的是要实现仓储经营活动的"入库快速化，出库快速化，储存高效化，经营多样化，保管科学化，费用节约化"。

1. 入库快速化

入库快速化是指物资运抵港口、车站或仓库专用线时，要以最快的速度完成物资的接运、验收和入库作业活动。

2. 出库快速化

出库快速化是指物资出库时，要及时、迅速和高效地完成备料、复核、出库和交货清理作业活动。

3. 储存高效化

储存高效化是在库容合理规划的基础上，最大限度地有效利用现有的储存面积和空间，提高单位面积的储存量与面积利用率。

4. 经营多样化

经营多样化指仓储采用多种经营方式提高企业的收益，如仓储增值服务、运输中介、配送与配载等。

5. 保管科学化

保管科学化是指按照物资性质要求和储存条件合理地安排储存场所，采取科学的保管方法，使其在保管期内质量完好，数量准确。

6. 费用节约化

费用节约化是指物资输入和输出以及保管的整个过程中都要努力节省人力、物力和财力消耗，以最低的仓储成本取得最大的经济效益。

（三）仓储经营组织的特性

仓储经营组织是指按照既定的仓储经营目标，有效结合仓储作业人员与仓储作业手段，履行仓储作业各环节的职责，为商品流通提供良好的仓储服务，进而实现仓储经营的高效益。在仓储经营组织过程中，应综合考虑各方面的因素，并注意以下问题：保证仓储作业过程的衔接性和合理性；实现仓储经营的多样化；充分调动仓储人员的积极性；建立有利于人才培养的机制与有效的风险防范机制。

1. 仓储经营组织的要求

1）仓储经营的连续性

连续性是指储存货物在仓储作业过程的流动，在时间上是紧密衔接的、连续的。在组织仓储经营过程时，要求储存货物在各个环节或工序间的流动在时间上尽可能衔接起来，不发生或少发生各种不必要的停顿或等待。保持作业过程的连续性，可以缩短货物在各个环节的停留时间，加快货物周转和提高劳动生产率。组织仓储经营时，考虑到相互联系的各个环节的作业要求，应该从整个作业过程出发来评价和选择作业方案，进行作业安排。

2）仓储经营的节奏性

节奏性是指仓储作业过程的各个阶段、各个工序之间在人力及物力的配备和时间的安排上必须保持适当的运作节奏关系。保持作业过程的节奏性，可以充分利用人力和设备，避免和减少货物在各个作业阶段和工序的停滞和等待，从而保证作业过程的连续性。

2. 仓储经营计划的依据

1）仓储经营计划的概念

作为仓储经营的重要环节，仓储经营计划是指根据市场需求和企业的仓储能力确定经营目标，预先拟定组织、指挥、调节、控制企业各部门、各环节的工作内容和步骤，以达到完成仓储经营任务，实现提高仓储作业的经济效益的最终目的。

2）制订仓储经营计划的依据

仓储经营计划是仓储企业经营活动的统筹规划和总体安排，因此要在国家实行的调控政策、市场调查、预测的基础上，结合企业的实际情况，如仓储结构、品种数量、仓储能力、组织结构等综合平衡来制订仓储经营计划。

二、仓储经营方法

随着各企业购、销、存等经营活动连续不断地进行，商品的仓储数量和仓储结构也在不断变化，为了保证商品的仓储趋向合理化，必须采用一些科学的方法，对商品的仓储及仓储经营进行有效的动态控制。因此，如何确定科学的、先进的、有效的仓储经营方法是仓储企业搞好经营管理的关键。仓储经营方法根据仓储目的的不同可分为保管仓储经营、混藏仓储经营、消费仓储经营、仓库租赁经营、流通加工式经营等。

（一）保管仓储经营

1. 保管仓储经营的概念

保管仓储是指仓储经营者根据与存货人的合同约定，提供储存保管其仓储物的服务并收取仓储保管费的一种仓储经营方式。

2. 保管仓储的特点

（1）保管仓储的目的在于保持仓储物原状。存货人交付仓储物于仓储保管人（仓储经营者），其主要目的在于保管。也就是说，存货人将自己的货物存入仓库，仓储保管人必须采取必要的措施对货物进行有效保管而最终达到维持仓储物原状的目的。仓储经营者与存货人之间是一种提供劳务的关系。所以在仓储过程中，仓储物的所有权不转移到仓储过程中，仓储企业就没有处理仓储物的权力。

（2）保管仓储的仓储对象是动产。一般情况下，存货人交付仓储经营者保管的都是数量大、体积大、质量高的大宗货物，如食品、工业制品、水产品等，因此仓储物只能是动产，不动产不可能成为仓储物。

（3）保管仓储是有偿服务。仓储经营者为存货人提供仓储服务，存货人必须支付仓储费。仓储费是仓储经营者提供仓储服务的价值表现形式，也是仓储企业赢利的主要途径。

（4）仓储经营者在保管仓储中投入较多。由于保管仓储经营的整个过程均由仓储保管人进行操作，需要动用大量的人力、物力和财力，所以仓储经营者的投入较多。

3. 保管仓储的经营

在保管仓储中，仓储经营者应以追求最高仓储保管费收入为经营目标，尽可能多地吸引客户，争取仓储委托，并采取合理的价格策略，在仓储保管中不断降低仓储成本和支出。

（二）混藏仓储经营

1. 混藏仓储经营的概念

混藏仓储是指多数存货人将相同种类、品质、一定数量的可替代仓储物交付仓储经营者混合储藏并支付仓储费用。而仓储期届满时，仓储经营者只需返还同种、同质、同量的替代物的一种仓储经营方式。

2. 混藏仓储的特点

(1) 混藏仓储的对象是种类物。混藏仓储的目的并不完全在于原物的储存保管，有时存货人只需实现物品的价值的储存保管即可，待仓储期届满时，仓储保管人完全可用相同种类、品质、数量的替代物返还，并不需要返还原物。因此，当存货人基于物品之价值而免去仓储保管人对原物的返还义务时，仓储保管人减轻了义务负担，也扩大了仓储物的范围，种类物成为仓储合同中的标的物。

(2) 混藏储存的仓储物并不随交付而转移所有权。仓储保管人只需为存货人提供仓储服务，而仓储物的转移只是物的占有转移，与所有权的转移毫无关系。

(3) 混藏仓储适用范围有限。混藏仓储在物流活动中发挥着重要的作用，通过混藏的方式可以减少仓储设备投入，提高仓储空间利用率，从而降低仓储成本。但这种仓储方式有一定的适用范围，它主要适用于农村、建筑施工、粮食加工等行业，针对品质无差别、可以准确计量的物品。

(4) 混藏仓储经营的策略。混藏仓储经营者的收入依然来自仓储保管费，存量越多，存期越长，收益越大。尽管混藏仓储是成本较低的仓储方式，然而一旦仓储物品种增加，就会导致仓储成本增加。因此在混藏仓储经营中应尽可能开展少品种、大批量的混藏经营。

(三) 消费仓储经营

1. 消费仓储经营的概念

消费仓储是指存货人将种类物交付仓储经营者储存保管，仓储期间，仓储经营者享有该种类物的所有权。仓储期届满时，仓储经营者只需向存货人返还相同种类、品质及数量的替代物的一种仓储经营方式。

2. 消费仓储的特点

(1) 消费仓储的仓储对象是种类物，仓储期间其所有权将转移于仓储保管人。在消费仓储中，存货人将仓储物存放于仓储保管人处，仓储保管人可以所有者的身份自由处置仓储物。仓储保管人在接收仓储物时便取得了仓储物的所有权，这是消费仓储最为显著的特征。

(2) 消费仓储以物的价值储存保管为目的，仓储保管人仅以种类、品质、数量相同的物进行返还。在消费仓储中不仅转移仓储物的所有权，而且必须允许仓储保管人拥有使用、处置仓储物的权利。即将仓储物的所有权转移于仓储保管人，仓储保管人无须返还原物，而仅以同种类、品质、数量的物品返还，以保存仓储物的价值即可。

3. 消费仓储的经营

消费仓储经营者的收益主要来自对仓储物消费的收入，当该消费的收入大于取得返还仓储物的成本时，仓储经营者便获得了经营利润。反之，当消费收益小于取得返还仓储物的成本时，仓储经营者就不会对仓储物进行消费，而将返还原物。在消费仓储中，仓储费收入是次要收入，有时甚至采取无收费仓储的方式。由此可见，消费仓储是仓储经营者利用仓储物停滞在仓库期间的价值进行经营，追求利用仓储物经营的收益。消费仓储的开展使得仓储物的价值得以充分利用，提高了社会资源的利用率。消费仓储的仓储对象范围较广，但对仓储经营者的经营水平要求很高。

（四）仓库租赁经营

1. 仓库租赁经营的概念

仓库租赁经营是指仓储经营者将仓库或仓库设备租给存货人使用，由存货人自行储存保管货物的一种仓储经营方式。

2. 仓库的租赁经营

仓库租赁经营的关键是签订一份仓库租赁合同，在法律条款的约束下进行租赁经营，并取得租赁收入。仓库租赁经营既可以是整体性的出租，也可以采用部分出租、货位出租等分散方式进行。在分散出租的情况下，仓库所有者需要承担更多的仓库管理工作，如环境管理、保安管理等。

（五）流通加工式经营

1. 流通加工的概念

流通加工是物流服务业与现代化生产发展相结合的产物，它弥补了企业大批量生产加工不能同时满足不同消费者需要的不足。所谓流通加工是指在某些产成品从生产领域向消费领域流动的过程中，为了更有效地利用资源，方便用户，提高物流效率和促进销售，在流通领域对产品进行的简单再加工，如包装、分割、计量、分拣、刷标志、贴标签、组装等。

2. 流通加工的经营

流通加工是一项具有广阔前景的物流活动。流通加工的重要性不仅在于为物流合理化提供了条件，更重要的是为提高社会经济效益开辟了一条新途径，流通加工在我国的仓储中显得越来越重要。但仓储企业流通加工业务的开展或多或少都要有一定的资源投入，需要一定的成本投入，因而需要选择仓储企业具有能力开展的流通加工业务、具有成本优势的业务，才能使流通加工经营获得成功。

【任务实施】

教师首先介绍背景知识，通过 PPT 和图片对仓储经营的概念、分类进行讲解，让学生有初步认识。通过案例分析和讨论使学生掌握相关知识，并布置课后任务和习题。

【归纳总结】

通过学习，掌握以下内容：

（1）熟记仓库经营的概念。

（2）认识保管仓储经营、混藏仓储经营、消费仓储经营、仓库租赁经营、流通加工式经营等的特点。

（3）列举不同物资所适合的经营方式。

【实训任务】

粮食仓库参观实践

1. 实训目的和要求

参观国家粮食储备仓库，了解仓库结构，了解仓库经营方式。

2. 实训内容

分小组到企业仓库参观实习，发现其中的问题（或发掘其优点），针对存在的问题提出改进建议。

每个小组写一份实训报告，要求有以下内容：仓库简要介绍，实习过程的记录，仓库的优势、不足之处以及改善意见。

3．考核办法

教师通过观察实训过程学生表现以及实训报告完成情况给予评分。

4．思考与练习

(1)粮食储备仓库的经营目标是什么?

(2)粮食储备仓库怎样开展经营活动?

任务二　仓储合同管理

【任务介绍】

该任务包含的内容有:认识合同基本条款,明确仓储合同当事人,了解仓储合同的签订、失效、变更、解除。了解仓单的作用。

【任务分析】

仓储合同是物流企业经营的法律依据,学生要熟悉仓储合同的基本条款,通过学习范文,课堂讨论学习仓库经营合同的订立过程及合同变更、解除依据。了解合同纠纷的处理方式。

【相关知识】

一、仓储合同概述

(一) 仓储合同定义及种类

仓储合同也称为仓储保管合同。《中华人民共和国合同法》第381条规定:仓储合同是保管人储存存货人交付的仓储物,存货人支付仓储费的合同。第395条规定:仓储合同分则未规定的事项,适用保管合同分则的有关规定。仓储合同是我国合同法分则的有名合同,它是指仓储保管人接收存货人交付的仓储物,并进行妥善保管,在仓储期间满将仓储物完好地交还存货人,保管人收取保管费的协议。在仓储合同关系中,委托保管的人称为存货人,实施保管的人称为保管人,交付保管的标的物称为仓储物。

按照仓储经营方式的不同,仓储合同可分为保管式仓储合同、混藏式仓储合同、消费式仓储合同、仓库租赁合同等。

1．一般保管仓储合同

一般保管仓储合同是指仓储服务提供者提供完善的仓储条件,接受存货人的仓储物进行保管,在保管期满将原先收保的仓储物原样交还存货人而订立的仓储保管合同。这类仓储保管合同的仓储物是明确的、确定的,保管人必须原样返还。这类合同非常重视仓储物的特定化,保管人严格承担归还原物的责任。

2．混藏式仓储合同

混藏式仓储合同是指存货人将一定品质、一定数量、一定种类的仓储物交付保管人,保管人将不同存货人的同样仓储物混合保管,存期满,保管人只需将相同种类、品质、数量的商品返还存货人,并不需要原物归还的仓储方式。这种方式常见于食品、油料、矿石或保鲜期较短的商品的储藏。这类合同的标的物为确定种类的物品,对仓储物的种类、品质、数量等基本属性需要有非常明确的认定,并在合同中完整地描述。

3．消费式仓储合同

消费式仓储合同与前两类仓储合同的不同之处在于,消费式仓储合同涉及仓储物所有权的转移,保管人的收益由约定的仓储费收益和消费仓储物与到期购回仓储物所带来的差价收益两者共同组成。在这类合同的执行过程中，存货人将仓储物的所有权也转移给了保管人，保管人可以对仓储物行使所有权(进行消费使用)，保管期满，保管人只需将相同种类、品质、数量的替代物(可通过市场购买等方式获得)归还给存货人。加油站的油料仓储、面粉厂的小麦仓储常采用这种合同形式。

4．仓库租赁合同

仓储经营中还有这样一种方式，即仓库所有者将仓库出租给存货人，存货人自行保管仓储物。这种经营方式所订立的租赁合同就是仓库租赁合同。严格来说，这类合同并不属于仓储合同，而是财产租赁合同。但是由于仓库出租方具有部分仓储保管的责任，所以这里也可以把它作为仓储合同的一种特殊方式来看待。

(二) 仓储合同当事人

存货人：是指将仓储物交付仓储的一方，是有仓储物处分权的人。

仓储物所有人：货主。

准所有人(拟似所有人)：法院、行政机关，如没收的货物、无主货物。

保管人：保管人是对仓储物进行仓储保管的一方。保管人必须具有仓储设备和专门从事仓储保管业务的资格。

(三) 仓储合同的标的和标的物

标的是指仓储保管行为，包括仓储空间、仓储时间和保管要求，存货人要为此支付仓储费。仓储合同实质上是一种行为合同，是一种当事人双方都需要行为的双务合同。存货人按时交付货物，支付仓储费，保管人给予养护、保管期满后完整归还。

标的物即仓储物(是标的载体和表现)，货物质量、数量完好说明保管人保管行为良好。

二、仓储合同的订立

(一) 订立仓储合同的原则

(1) 平等的原则。地位平等，杜绝行政手段命令、以强凌弱、以大欺小；机会均等，杜绝歧视方式选择订立对象。

(2) 等价有偿的原则。

(3) 自愿与协商一致的原则。

(4) 合法和不损害社会公共利益的原则。存储武器弹药、野生动物、毒品；占有农田水利设施和灌溉水源等属于不合法行为。

(二) 仓储保管合同的形式

根据《中华人民共和国合同法》的有关规定，合同可以采用书面形式、口头形式或其他形式。电报、传真、电子数据、电子邮件也可以视为书面形式。由于仓储行为往往周期长、数量大、环节多，有时还会涉及第三方，所以仓储合同使用完整的书面合同形式最为合适。书面方式有利于合同的保管、履行，也有利于发生争议时进行处理。

(三) 仓储合同的基本条款

仓储保管合同并没有严格的条款规定，由双方当事人根据需要商定相关事项。但为保证双方利益，建议包括以下主要内容：①存货人、保管人的名称、地址等基本信息；②仓储物的品种、数量、质量、包装、件数和标志；③交接时间、地点及验收方式；④仓储物的损耗标准和损耗处理；⑤储存场所；⑥储存时间；⑦仓储费用和结算方式；⑧保险约定；⑨违约责任；⑩合同变更和解除的条件及处理方法；⑪争议的解决方式；⑫合同签字盖章。

（四）仓储合同的生效和无效

因为是诺成性合同，仓储合同在合同成立时生效。

诺成性合同：是指当事人表示一致即可成立的合同，也称为不要物合同。买卖合同、运输合同是诺成性合同。

例如，双方于3月2日签订仓储合同，约定3月15日存货人交付仓储物，3月10日保管人反悔无效。合同是否违法，由人民法院或仲裁机构、工商行政机关认定。

实践性合同：是指除当事人意思表示一致外，还必须交付标的物方能成立的合同。例如，赠予合同是实践性合同，当赠予人交物品于受赠人后，合同方能成立；保管合同是实践性合同（思考：如男女谈恋爱后男方赠予女方一条铂金项链，分手后可否要回）。

（五）仓储合同的格式

仓储合同格式如下。

存货方：　　　　　　　　　　合同编号：

签订地点：

保管方：　　　　　　　　　　签订时间：　　年　月　日

根据《中华人民共和国合同法》的有关规定，存货方和保管方根据委托储存计划和仓储容量，经双方协商一致，签订本合同。

第一条　储存货物的品名、品种、规格、数量、质量、包装。

1. 货物品名：

2. 品种规格：

3. 数量：

4. 质量：

5. 货物包装：

第二条　货物验收的内容、标准、方法、时间、资料。

第三条　货物保管条件和保管要求。

第四条　货物入库、出库手续、时间、地点、运输方式。

第五条　货物的损耗标准和损耗处理。

第六条　计费项目、标准和结算方式。

第七条　违约责任。

1. 保管方的责任

（1）在货物保管期间，未按合同规定的储存条件和保管要求保管货物，造成货物灭失、短少、变质、污染、损坏的，应承担赔偿责任。

（2）对于危险物品和易腐物品等未按国家和合同规定的要求操作、储存，造成毁损的，应承担赔偿责任。

（3）由于保管方的责任造成退仓不能入库时，应按合同规定赔偿存货方运费和支付违约金＿＿＿元。

（4）由保管方负责发运的货物不能按期发货，应赔偿存货方逾期交货的损失；错发到货地点的，除按合同规定无偿运到规定到货地点外，还应赔偿存货方因此而造成的实际损失。

（5）其他约定责任。

2. 存货方的责任

（1）由于存货方的责任造成退仓不能入库时，存货方应偿付相当于相应保管费＿＿＿%（或＿＿＿%）的违约金。超议定储存量储存的，存货方除交纳保管费外，还应向保管方偿付违约金＿＿＿元，或按双方协议办理。

（2）易燃、易爆、易渗漏、有毒等危险货物以及易腐、超限等特殊货物必须在合同中注明，并向保管方提供必要的保管运输技术资料，否则造成的货物毁损、仓库毁损或人身伤亡，由存货方承担赔偿责任直至刑事责任。

（3）货物临近失效期或有异状的，在保管方通知后不及时处理，造成的损失由存货方承担。

（4）未按国家或合同规定的标准和要求对储存货物进行必要的包装，造成货物损毁、变质的，由存货方负责。

（5）存货方已通知出库或合同期已到，由于存货方（含用户）的原因致使货物不能如期出库，存货方除按合同规定交付保管费外，还应偿付违约金_____元。由于出库凭证或调拨凭证上的差错所造成的损失由存货方负责。

（6）按合同规定由保管方代运的货物，存货方未按合同规定及时提供包装材料或未按规定期限变更货物的运输方式、到站、接货人的，应承担延期的责任和增加的有关费用。

（7）其他约定责任。

第八条　保管期限。

从____年____月____日至____年____月____日止。

第九条　变更和解除合同的期限。

由于不可抗力事故致使直接影响合同的履行或者不能按约定的条件履行时，遇有不可抗力事故的一方应立即将事故情况电报通知对方，并应在____天内提供事故详情及合同不能履行，或者部分不能履行、或者需要延期履行的理由的有效证明文件，此项证明文件应由事故发生地区的____机构出具。按照事故对履行合同影响的程度，由双方协商解决是否解除合同，或者部分免除履行合同的责任，或者延期履行合同。

第十条　解决合同纠纷的方式。

执行本合同发生争议，由当事人双方协商解决。协商不成，双方同意由_____仲裁委员会仲裁（当事人双方不在本合同中约定仲裁机构，事后又没有达成书面仲裁协议的，可向_____人民法院起诉）。

第十一条　货物商检、验收、包装、保险、运输等其他约定事项。

第十二条　本合同未尽事宜一律按《中华人民共和国合同法》执行。

存货方（章）：　保管方（章）：

地址：　　　　　　　　　　地址：

法定代表人：　　　　　　　法定代表人：

委托代理人：　　　　　　　委托代理人：

电话：　　　　　　　　　　电话：

电挂：　　　　　　　　　　电挂：

开户银行：　　　　　　　　开户银行：

账号：　　　　　　　　　　账号：

邮政编码：　　　　　　　　邮政编码：

有效期限：　　年　月　日至　　年　月　日

（六）仓储合同的变更、解除

在合同生效后，当事人应按照约定全面履行自己的义务，任何一方不得擅自变更、解除和终止合同，这是《合同法》所确定的合同履行原则。仓库经营具有极大的变动性和复杂性，会随着主客观情况的变化而变化，为了避免当事人双方的利益受到更大的损害，变更、解除或终止已生效的合同会是更有利的选择。

1. 仓储合同的变更

仓储合同的变更是指已经合法成立的仓储合同内容，在原来合同的基础上进行修改或者补充，如对仓储物数量的增加或减少；对履行期限的推迟或提前；对其他权利、义务条款的修改、补充、限制等。仓储合同的变更一般不涉及已经履行的部分，其效力仅及于未履行的部分。因此，仓储合同的变更并不改变原合同关系，而是在原合同关系的基础上对有关内容的修订，其目的在于便于合同的履行，从而更好地满足合同当事人对经济利益的要求。仓储合同当事人一方因为利益需要，向另一方提出变更合同的需求，并要求另一方在限期内答复，另一方在期限内答复同意变更，或者在期限内未作答复，则合同发生变更，双方按照变更后的条件履行合同。如果另一方在期限内明确拒绝变更，则合同不能变更。仓储合同变更后，被变更的内容即失去效力，存货人与仓储保管人应按变更后的合同来履行义务，变更对于已按原合同所做的履行部分无追索力，效力仅及于未履行的部分。所以任何一方当事人不得因仓储合同的变更而要求另一方返还在此之前所做的履行。仓储合同变更后，因变更而给对方造成损失的，责任方应当承担损害赔偿责任。

2. 仓储合同的解除

仓储合同的解除是指仓储合同订立后，在合同未履行或尚未全部履行时，一方当事人提前终止合同，从而使原合同设定的双方当事人的权利和义务归于消灭，是仓储合同终止的一种情形。仓储合同的解除主要有两种方式：①存货人与仓储保管人协议解除合同，存货人与仓储保管人协议解除合同是指双方当事人通过协商或者通过行使约定的解除权而导致仓储合同解除，解除合同协议可以在合同生效后、履行完毕之前双方协商达成解除合同的协议，也可以再订立合同确定解除合同的条款，当约定的解除合同的条件出现时，一方通知另一方解除合同；②法定解除，仓储合同的法定解除是指仓储合同有效成立后，在尚未履行或尚未完全履行之前，当事人一方行使法律规定的解除权而使合同效力归于消灭。仓储合同一方当事人所享有的这种解除权是由法律明确规定的，只要法律规定的解除条件成立，依法享有解除权的一方就可以行使解除权。仓储合同解除后，尚未履行的部分终止履行；已经履行的部分根据履行情况和合同性质，当事人可以要求采取补救措施，例如，仓储保管人可要求存货人偿付额外支出的仓储费、保管费、运杂费等；而存货人则可要求仓储保管人恢复货物原状，返还原物。此外，仓储合同解除后，存货人或仓储保管人应当承担由于合同解除而给对方造成的损失。

三、仓储合同当事人的权利和义务

（一）存货人的权利与义务

（1）告知义务。

免责告知：有关商品描述、作业保管要求。

瑕疵告知：仓储物及其包装的不良状态、潜在缺陷、不稳定状态等，已存在的缺陷或将会发生损害的缺陷。

（2）妥善处理和交存货物。

（3）支付仓储费和偿付必要费用。

（4）查验、抽样（保管期间）。

（5）及时提货。

（二）保管人的权利和义务

（1）提供合适的仓储条件的义务。

(2) 验收货物的权利和义务。

(3) 签发仓单的义务。

(4) 合理化仓储的权利和义务。

(5) 返还仓储物的义务。

(6) 危险通知的义务。

（三）违约责任和免责

1. 违约责任

违约责任往往以弥补对方损失为原则,违约方需对对方的损失(包括直接造成的损失和合理预见的利益损失)给予弥补。违约责任的承担方式有支付违约金、赔偿损失、恢复原状、继续履行合同、采取补救措施、定金惩罚等形式。

2. 免责

对于下列几种情况,违约方可不承担民事责任:不可抗力、仓储物的自然特性、存货人的过失或合同约定的免责。但是造成对方人身伤害的、因故意或重大过失造成对方财产损失的不能免责。

四、企业仓储合同案例

保税仓储货物储存保管合同

货主单位(甲方)：SAMSUNG HEAVY INDUSTRIES CO.，LTD　　出仓编号：MX0C003

签订地点：宁波梅山保税港区

仓储单位(乙方)：宁波佳洋物流有限公司

经甲乙双方友好协商,就甲方委托乙方货物仓储事宜达成如下协议:

一、甲方对存放在乙方仓库内的以下货物的所有权和应承担的一切经济、法律责任不因签订本协议而转移至乙方;甲方保证下述申报货物与实际货物相符,是真实的、合法的,如发现真实情况与向海关和国检申报内容不符的,由甲方单位承担一切责任,与乙方无关。

因(或如)甲方非宁波保税物流园区企业,需以乙方作为名义上的区内经营单位和收货单位向宁波保税区海关办理各类手续,甲方及其指定代理人对货物享有的权利和所承担的法律责任不变。

二、进仓存放的进境备案保税仓储货物概况如下(或另见随附清单)。

船名航次：　　　　　　　　　　　　　提运单号码：

货名及规格型号：钢装备

HS编码：7308900000

通关第一计量单位及数量：16407.00kg

货物总价及币制：USD25757.35

毛重和(或)体积：16827.00kg

净重：16407.00kg

集装箱规格：20英尺×40英尺

出仓单号码：

三、乙方在作业过程中应文明装卸,仔细清点数量,目测外包装质量,如发现数量短缺、外包装破损或湿损,应立即通知甲方,并根据甲方指示进行下一步业务操作,并进行记录。货物全部进仓后,须将经海关签章并记录了实际验收情况的进仓单凭证联交甲方(或甲方指定代表)作为存货依据。

四、甲方要求开具出仓单,必须向乙方交验原进仓单凭证联,并发出指令。乙方仅可按其指令开单,对开单所产生的法律后果，除乙方造成的差错责任外，均由甲方或其指定代理人承担。

五、发货时，乙方需核验经海关签章的出仓单，并严格按单发货。

六、因受委托方失职造成仓储货物在库内超标准损毁、灭失或者发货差错，乙方应及时通知甲方并向海关提出报告。乙方承担直接损失的赔偿责任，赔付额由乙方保险公司以实际损失额为基础计算每次最高赔偿金额人民币 2 万元。如有超出部分，则由甲方或货主自行负责。但以下三种情形造成的损失，乙方无须承担赔偿责任：

(1) 海关和检验检疫部门依法查验、取样造成的破损；

(2) 普通大宗货物在合理范围内的仓库装卸破损（允许标准为 0.3%）；

(3) 仓储货物在库内储存期间，因其本身的自然特性等所产生的质量变异或损坏。

七、货物的合同存放期限最长为 3 个月。如合同存放期限届满后，甲方既不将货物提运出库，又不与乙方续签仓储合同，则视同甲方自动将该批货物的货权无偿转让给乙方，且之前以该批货物为标的物的经济纠纷与乙方无关。处理该批货物所需费用超出货物本身价值的，乙方有权向甲方追偿货物处理的费用。货物在储存期间发生货权转移的，甲方应书面通知乙方并结清所有款项。需继续仓储的，应订立新的仓储合同。

八、该批普通货物仓储费用为＿＿＿＿（共＿＿＿＿项），有长期协议的按长期协议，无长期协议的参照以下费率标准：

进/出仓费：　；拆/装箱费：　；上/下车费：　；输单费：

停车费：　辆·天；运输费：　；仓储费：　；其他约定：

仓储费用必须在货物全部出库前结清，否则乙方可以对上述仓储货物采取留置等措施（有长期协议的参照长期协议）。

九、本合同履行中发生争议的，双方应尽可能协商解决；协商不成的，应向乙方所在地法院起诉。

十、本合同未尽事宜，按《中华人民共和国合同法》、《中华人民共和国海关对保税物流园区的管理办法》等有关规定执行，必要时双方可以签订补充合同，补充合同与本合同等效。

十一、本合同自双方代表签字盖章后生效（传真件有效），货物出库并结清费用后自动失效。

十二、本合同一式二份，甲、乙双方各执一份。

甲方代表(签章)：　　　　　　　　　乙方代表(签章)：宁波佳洋物流有限公司

日期：2013 年 1 月 24 日　　　　　　日期：2013 年 1 月 24 日（资料来源于百度文库）

五、仓单

(一) 仓单的概念

《中华人民共和国合同法》第 385 条规定：存货人交付仓储物的，保管人应当给付仓单。所谓仓单，是指由保管人在收到仓储物时向存货人签发的表示已经收到一定数量的仓储物的法律文书。

仓单即存货人已经交付仓储物的凭证，又是存货人或者持单人提取仓储物的凭证，因此，仓单实际上是仓储物所有权的一种凭证。同时，仓单在经过存货人的背书和保管人的签署后可以转让，任何持仓单的人都拥有向保管人请求给付仓储物的权利，因此，仓单实际上又是一种以给付一定物品为标的的有价证券。

由于仓单上所记载的权利和义务与仓单密不可分，所以仓单有如下效力：

(1) 受领仓储物的效力。保管人一经签发仓单，不管仓单是否由存货人持有，持单人均可凭仓单受领仓储物，保管人不得对此提出异议。

（2）转移仓储物所有权的效力。仓单上所记载的仓储物，只要存货人在仓单上背书并经保管人签字或者盖章，提取仓储物的权利即可发生转移。

（二）仓单的制作

仓单作为收取仓储物的凭证和提取仓储物的凭证，依据法律规定还具有转让或出质的记名物权证券的流动属性，它应当具备一定形式，其记载事项必须符合《合同法》及物权凭证的要求，使仓单关系人明确自己的权利并适当行使自己的权利。根据《合同法》第386条的规定：保管人应当在仓单上签字或者盖章，仓单包括下列事项：

（1）仓单上必须有保管人的签字或者盖章，否则不产生仓单法律效力。

（2）仓单是记名证券，应当明确记载存货人的名称及住所。

（3）仓单应明确详细地记载仓储物的品种、数量、质量、包装、件数和标记等物品状况，以便作为物权凭证，代物流通。

（4）仓单上应记载仓储物的损耗标准。损耗标准的确定对提取仓储物和转让仓储物中当事人的物质利益至关重要，也是处理和避免仓储物数量、质量争议的必要环节。

（5）仓单上应明确记载储存场所和储存期间，以便仓单持有人及时提取仓储物，明确仓单利益的具体状况。

（6）仓单上应记载仓储费及仓储费的支付与结算事项，以使仓单持有人明确仓储费用的支付义务的归属及数额。

（7）仓储物已经办理保险的，仓单中应写明保险金额、保险期间及保险公司的名称，以便明确仓单持有人的保险情况。

（8）仓单应符合物权凭证的基本要求，记载仓单的填发人、填发地和填发时间。

（三）仓单的格式

仓单格式见表3-1和表3-2。

表 3-1　仓单式样（正面）

公司名称：						
公司地址：						
电话：			传真：			
账号：			批号：			
储货人：			发单日期：			
银主名称：			起租日期：			
兹收到下列货物依本公司条款（见后页）储仓						
唛头及号码	数量	所报货物	每件收费	每月仓租	进仓费	出仓费
总件数：				经手人：		
总件数（大写）：						
备注：						
核对人：						

表 3-2 仓单式样（反面）

存货记录					
日 期	提单号码	提货单位	数 量	结 余	备 注

储货条款

一、本仓库所载之货物种类、唛头、箱号等，均系按照储货人所称填理，本公司对货物内容、规格等概不负责。

二、货物在入仓交接过程中，若发现与储货方填列内容不符，我公司有权拒收。

三、本仓库不储存危险物品，客户保证入库物品绝非危险品，如果因储货人的货物品质危及我公司其他货物造成损失时，储货方必须承担因此而产生的一切经济赔偿责任。

四、本仓单有效期一年，过期自动失效。已提货之分仓单和提单档案保留期也为一年。期满尚未提清者，储货人须到本公司换领新仓单。本仓单需经我公司加印硬印方为有效。

五、客户（储货人）凭背书之仓单或提货单出货。本公司收回仓单和分提单，证明本公司已将该项货物交付无误，本公司不再承担责任。

（四）仓单的转让

仓单最重要的特征是作为物权凭证的有价证券，具有流通性。《合同法》第 387 条规定："仓单是提取仓储物的凭证。存货人或者仓单持有人在仓单上背书并经保管人签字或者盖章的，可以转让提取仓储物的权利。"这一规定表明了仓单的可转让性及其法律要求。

（1）仓单作为有价证券，可以流通，流通的方式可以是转让仓单仓储物的所有权，即转让仓单；还可以是按照《担保法》的规定，以仓单出质，即以仓单设定权利质押，使质权人在一定条件下享有提取仓单存下仓储物的权利。

（2）仓单转让或者仓单出质均须符合法律规定的形式，才能产生相应的法律效力。存货人转让仓单必须在仓单上背书并经保管人签字或者盖章，若只在仓单上背书但没有保管人签字或者盖章，即使闪付了仓单，转让行为也不能生效。因而，背书与保管人签章是仓单转让的必要的形式条件，缺一不可。背书是指存货人在仓单的背面或者贴单上记载被背书人（受让人）的名称或姓名、住所等有关事项的行为。保管人的签字或盖章则是确保仓单及仓单利益，明确转让仓单过程中法律责任的手段。

存货人以仓单出质，应当与质权人签订质押合同，在仓单上背书并经保管人签字或者盖章，将仓单交付质权人，质押合同生效。当债务人不履行被担保债务时，质权人就享有提取仓储物的权利。

【阅读资料】

《中华人民共和国合同法》关于仓储保管合同的相关规定

第二十章　仓储合同

第三百八十一条　仓储合同是保管人储存存货人交付的仓储物，存货人支付仓储费的合同。

第三百八十二条　仓储合同自成立时生效。

第三百八十三条　储存易燃、易爆、有毒、有腐蚀性、有放射性等危险物品或者易变质物品，存货人应当说明该物品的性质，提供有关资料。

存货人违反前款规定的，保管人可以拒收仓储物，也可以采取相应措施以避免损失的发生，因此产生的费用由存货人承担。

保管人储存易燃、易爆、有毒、有腐蚀性等危险物品的，应当具备相应的保管条件。

第三百八十四条　保管人应当按照约定对入库仓储物进行验收。保管人验收时发现入库仓储物与约定不符合的，应当及时通知存货人。保管人验收后，发生仓储物的品种、数量、质量不符合约定的，保管人应当承担损害赔偿责任。

第三百八十五条　存货人交付仓储物的，保管人应当给付仓单。

第三百八十六条　保管人应当在仓单上签字或者盖章，仓单包括下列事项：

（一）存货人的名称或者姓名和住所；

（二）仓储物的品种、数量、质量、包装、件数和标记；

（三）仓储物的损耗标准；

（四）储存场所；

（五）储存期间；

（六）仓储费；

（七）仓储物已经办理保险的，其保险金额、期间以及保险人的名称；

（八）填发人、填发地和填发日期。

第三百八十七条　仓单是提取仓储物的凭证。存货人或者仓单持有人在仓单上背书并经保管人签字或者盖章的，可以转让提取仓储物的权利。

第三百八十八条　保管人根据存货人或者仓单持有人的要求，应当同意其检查仓储物或者提取样品。

第三百八十九条　保管人对入库仓储物发现有变质或者其他损坏的，应当及时通知存货人或者仓单持有人。

第三百九十条　保管人对入库仓储物发现有变质或者其他损坏，危及其他仓储物安全和正常保管的，应当催告存货人或者仓单持有人作出必要的处置。情况紧急的，保管人可作出必要的处置，但事后应当将该情况及时通知存货人或者仓单持有人。

第三百九十一条　当事人对储存期间没有约定或者约定不明确的，存货人或者仓单持有人可以随时提取仓储物，保管人也可以随时要求存货人或者仓单持有人提取仓储物，但应当给予必要的准备时间。

第三百九十二条　储存期间届满，存货人或者仓单持有人应当凭仓单提取仓储物。存货人或者仓单持有人逾期提取的，应当加收仓储费；提前提取的，不减收仓储费。

第三百九十三条　储存期间届满，存货人或者仓单持有人不提取仓储物的，保管人可以催告其在合理期限内提取，逾期不提取的，保管人可以提存仓储物。

第三百九十四条　储存期间，因保管人保管不善造成仓储物毁损、灭失的，保管人应当承担损害赔偿责任。因仓储物的性质、包装不符合约定或者超过有效储存期造成仓储物变质、损坏的，保管人不承担损害赔偿责任。

第三百九十五条　本章没有规定的，适用保管合同的有关规定。

【任务实施】

教师首先介绍背景知识，让学生有初步认识。学生通过上网查询、讨论、参考范文等编制仓储合同，在课堂上进行解说，并展示PPT和相关成果。

【归纳总结】

通过学习，掌握以下内容：

（1）仓储合同的格式和基本条款。

（2）仓储合同的订立、变更、解除等内容。

（3）合同纠纷的处理方式。

【实训任务】

合同编写及合同纠纷处理

2004 年 6 月 3 日，某市盛达粮油进出口有限责任公司（下称盛达公司）与该市东方储运公司签订了一份仓储保管合同。合同主要约定：由东方储运公司为盛达公司储存保管小麦 60万 kg，保管期限为 2004 年 7 月 10 日～11 月 10 日，储存费用为 50000 元，任何一方违约，均按储存费用的 20% 支付违约金。合同签订后，东方储运公司即开始清理其仓库，并拒绝其他有关部门在这三个仓库存货的要求。同年 7 月 8 日，盛达公司书面通知东方储运公司：因收购的小麦尚不足 10 万 kg，故不需存放贵公司仓库，双方于 6 月 3 日所签订的仓储合同终止履行，请谅解。东方储运公司接到盛达公司书面通知后，遂电告盛达公司：同意仓储合同终止履行，但贵公司应当按合同约定支付违约金 10000 元。盛达公司拒绝支付违约金，双方因此而产生纠纷，东方储运公司于 2004 年 11 月 21 日向人民法院提起诉讼，请求判令盛达公司支付违约金 10000 元。

思考与练习：

(1) 根据资料，编写一份粮油公司与储运公司之间的仓储合同。

(2) 法院应如何判决？请说明理由。

任务三 仓库安全管理

【任务介绍】

该任务包含的内容有：认识安全作业的重要性，检查仓库安全隐患，了解治安保卫制度，学习仓库消防知识。

【任务分析】

仓库安全包括人员安全、设备设施安全及物资安全。通常库场应成立治安保卫部门，从事安全管理工作，工作内容包括防范盗抢、破坏等恶意行为；预防火灾和自然灾害发生。

【相关知识】

仓库安全管理首先要从仓库的布局出发，设计标准是：消防设施规范，安全管理制度明确，通道按标准实施，摄像监控好。危险品、化学物质、易燃易爆物质的合理科学规范，标志明确，室内温度保证，应急措施得当，电器布局完善。最后是管理人员的素质问题，仓库内严禁火种。

一、库场治安保卫管理

（一）库场治安保卫管理的内容

防范、制止恶性侵权行为、意外事故对仓库及仓储财产的侵害和破坏，维护仓储环境的稳定，保证仓储生产经营的顺利开展所进行的管理工作，执行国家的治安保卫管理法规和政策，降低和防止经营风险。

（二）库场治安保卫管理的原则

坚持预防为主，确保重点，严格管理，保障安全，谁主管谁负责。

（三）治安保卫管理组织

规模大的仓库建立保卫科，规模小的仓库建立治安保卫小组。

（四）治安保卫管理制度

防火、防盗、防破坏、防抢、防骗、员工人身安全保护、保密等工作。主要工作包括：①守卫大门和要害部位；②巡逻检查；③防盗设施、设备使用；④治安检查；⑤治安应急；⑥治安教育。

二、仓库安全作业

（一）仓库操作与安全管理的特点

仓库操作与安全管理的特点包括：①作业对象多样性；②作业场地多变性；③机械作业与人力作业并重；④突发性和不均衡；⑤任务紧迫性；⑥不规范的货物。

（二）安全作业管理

1. 建立安全操作管理制度

制订科学合理的各种作业安全制度、操作规程和安全责任制度，并通过严格的监督，确保管理制度得以有效和充分地执行。

2. 加强劳动安全保护

遵守《劳动法》的规定，提供合适和足够的劳动防护用品，并督促使用。采用高安全系数的设备、机械、工具，作业场地必须具有合适的作业条件。不冒险作业，不在安全环境中作业，在大风、雨雪时暂缓作业。避免人员带伤病作业。

3. 重视作业人员资质管理和业务培训

对新员工和转岗员工进行仓库岗前培训，特种作业必须经过专门培训并取得特种作业资格。

4. 严格人力操作和机械操作的安全规范

（1）按以人为本、安全第一、规范操作的要求来规范人力操作。

人力作业仅限于轻负荷，人工作业只能在安全环境进行。作业前员工要清楚作业要求，了解作业环境，按要求穿戴相应的安全保护用具，使用合适的作业工具，采用安全的作业方法，机械移动时作业人员须避开。合理安排仓库工作人员的工间休息，专人进行现场指挥，严格按照安全规范进行作业指挥。人员避开不安全位置作业，在作业设备调位时暂停作业；发现安全隐患及时停止作业，消除隐患后方可恢复作业。

（2）树立设备良好、专人操作、规范作业的机械作业意识。采用合适的机械、设备。采取必要的保护性措施。设备要有良好的工况。不超负荷运作，危险品作业减低25%的负荷。专人操作专人指挥。采用规定的指挥信号，按作业规范进行作业指挥。

三、库场消防

（一）燃烧知识

1. 燃烧的含义

凡有热和光一起放出的氧化反应都称为燃烧。燃烧是空气中的氧和可燃物质的一种强烈的化学反应，也就是可燃物的激烈氧化。在这种化学反应中，通常要发出光和火焰，并放出大量的热。

2. 燃烧三要素

燃烧三要素是指具有可燃物质、助燃物质、着火源。

可燃物是指在常温条件下能燃烧的物质，包括一般植物性物料、油脂、煤炭、蜡、硫黄、大多数的有机合成物等。

助燃物指本身不能燃烧，而在其他物质燃烧时能提供燃烧所需的氧的物质，包括空气中的氧气、释放氧离子的氧化剂。

着火源是指能引起可燃物燃烧的热能源，包括机械火源、热火源、电火源、化学火源四类。

（二）仓库火灾的基本知识

1. 仓库火灾的成因

火源管理不善；易燃、易爆炸性物资由于保管方法不当，搬运装卸中的事故而引起火灾；仓库建筑及平面布局不合理；防火制度、措施不健全、相关人员思想麻痹大意。

2. 仓库火灾的种类

普通火、油类火、电气火、爆炸性火灾。

3. 防火与灭火

（1）仓库防火方法：控制可燃物、隔绝助燃物、消除着火源。

（2）用于仓库库场消防安全的设备主要有消防水系统、消防设备和器材。

（3）消防安全管理措施：①火源管理措施包括严格把关、严禁将火种带入仓库，严格管理库区明火；②货物储存管理措施包括安全选择货位，保留足够的安全间距；③装卸搬运管理措施包括入库作业防火和作业机械防火；④电器管理措施包括防止因线路故障引起火灾，防止常用电器设备火灾；⑤建立健全防火组织和消防制度措施。

（4）仓库灭火：①灭火方法有隔离法、窒息法、冷却法；②常用的灭火剂有水、泡沫、不燃气体和干粉等。

（5）火灾分为 A、B、C、D 四类。

A 类指可燃固体物质火灾；B 类指液体火灾和熔化的固体物质火灾；C 类指可燃气体火灾；D 类指可燃金属火灾，如钾、钠、镁、钛、锂、铝合金等物质的火灾。

应根据不同类型火灾选择灭火剂：

① 扑救 A 类火灾选用水、泡沫、磷酸铵盐、干粉灭火剂；

② 扑救 B 类火灾应选用干粉、泡沫灭火剂。

扑救极性溶剂 B 类火灾不得选用化学泡沫灭火剂，而应选用抗溶性泡沫灭火剂。

③ 扑救 C 类火灾应选用干粉、二氧化碳灭火剂。

④ 扑救 D 类火灾选用 7150 灭火剂以及砂、土等。

四、仓库的其他安全管理

（一）防台风

对于台风，应做好以下几方面的预防措施：

（1）积极防范。台风并不是年年都在一个地区登陆，防台工作是一项防患未然、有备无患的工作。企业要对员工，特别是领导干部进行防台宣传和教育，促使其保持警惕、不能麻痹。

（2）全员参与。台风造成仓库的损害不仅是仓储物质，还包括仓库建筑、设备、设施、场地、树木以及物料备料、办公设施等一切财产和生命安全，还会造成环境污染危害。所以防台抗台工作是所有员工的工作，需要全员参与。

（3）不断改善仓库条件。为了使防台抗台取得胜利，需要有较好的硬件设施和条件，提高仓库设施设备的抗风、防雨、排水、防水浸的能力；减少使用简易建筑，及时拆除危房危建和及时维修加固老旧建筑、围墙；提高仓库、货场的排水能力，注意协调仓库外围，避免对排水的阻碍；购置和妥善维修水泵等排水设备，备置堵水物料；牢固设置仓库、场地的绑扎固定绳桩。

（二）防汛

洪水和雨水虽然是一种自然现象，但时常会对货物的安全仓储带来不利影响，所以应认真做好仓库防汛工作。

（1）建立组织。汛期到来之前，要成立临时性的短期工作机构，在仓库领导者的领导下，具体组织防汛工作。

（2）积极防范。平时要加强宣传教育，提高职工对自然灾害的认识；在汛期职工轮流守库，职能机构定员驻库值班，领导现场坐镇，以便在必要时统一指挥，积极组织抢救。

（3）加强联系。仓库防汛组织要主动争取上级主管部门的领导，并与气象电台联系了解汛情动态，预见汛情发展，克服盲目性，增强主动性。

除此之外，还要注意对陈旧仓库的改造排水设施，提高货位，新建仓库应考虑历年汛情的影响，使库场设施能抵御雨汛的影响。

（三）防雷

仓储企业应在每年雷雨季节来临之前，对防雷措施进行全面检查，主要应检查的方面如下：

（1）建筑物维修或改造后是否改变了防雷装置的保护情况。

（2）有无因挖土方、铺设管线或种植树木而挖断接地装置。

（3）各处明装导体有无开焊、锈蚀后截面过小而导致损坏折断等情况。

（4）接闪器有无因接受雷击而熔化或折断。

（5）避雷器磁套有无裂缝、碰伤、污染、烧伤等。

（6）引下线距地 2m 一段的绝缘保护处理有无破坏。

（7）支持物是否牢固，有无歪斜、松动。

（8）引下线与支持物的固定是否可靠。

（9）断接卡子有无接触不良。

（10）木结构接闪器支柱或支架有无腐蚀。

（11）接地装置周围土壤有无塌陷。

（12）测量全部接地装置的流散电流。

（四）防震

为搞好仓库防震工作，首先在仓库建筑上，要以储存物资的价值大小为依据，审视其建筑物的结构、质量状况，从保存物资的实际需要出发，合理使用物力、财力，进行相应的加固。新建的仓库，特别是多层建筑、现代化立体仓库，更要结合当地地质结构类型预见地震的可能性，在投资上予以考虑，做到有所准备。其次，在情报信息上，要密切注视毗邻地区及地震部门预测和预报资料。再次，在组织抢救上，要做好充分的准备。当接到有关部门地震预报时，要建立必要的值班制度和相应的组织机构，当进入临震时，仓库领导要通盘考虑，全面安排，合理分工，各负其责，做好宣传教育工作，动员职工全力以赴，做好防震工作。

（五）防静电

爆炸物和油品应采取防静电措施。静电的安全应设懂有关技术的专人管理，并配备必要的检测仪器，发现问题及时采取措施。

所有防静电设施都应保持干净，防止化学腐蚀、油垢沾污和机械碰撞损坏。每年应对防静电设施进行 1～2 次全面检查，测试应当在干燥的气候条件下进行。

【阅读资料】

仓库安全管理制度

根据国家《安全生产法》及《消防法》的相关规定，依据"安全第一，预防为主"、"预防为主，防消结合"的工作方针，为确保仓库的绝对安全，结合本仓库实际情况特制订本制度。

人员出入管理规定如下：

(1) 本仓库属于重点防火单位，仓库所有场地严禁吸烟，禁止携带火种入内。

(2) 其他人员必须服从管理人员管理，闲人免入。

物资加工存放管理规定如下：

(1) 本仓库物资系易燃物，必须专库专用，严禁存放其他任何物品。

(2) 存放物资的库房必须干燥，通风状况良好。

(3) 物资入库后必须及时进行分类加工，按规定打包成形，堆码。

(4) 物资放于地面上时应垫有枕木(大概高 20cm)并保留空间，距离墙壁 40cm 左右。

电源设备管理规定如下：

(1) 严禁在仓库使用其他任何用电设备。

(2) 对供电设备必须严格按照规程进行操作，严禁违规操作。

车辆出入管理规定如下：

(1) 车辆入库必须安装防火筒，停车后立即熄火，不得在仓库内检查、排除车辆故障。

(2) 机动车辆必须在规定位置停放，非本单位的机动车辆一律不得入内。

消防安全管理规定如下：

(1) 消防水池必须确保水源充足，并备有消防水桶；灭火器必须按时按规定进行药物的更换，确保器材的有效使用。

(2) 仓库前坪不得随意停放车辆或堆放其他物资；库房内部必须按规定留有消防安全通道并保持畅通。

监控系统管理规定如下：

(1) 监控系统 24h 运行，每隔 5min 自动存档画面一次。

(2) 专职人员负责记录，如画面出现可疑人员，应马上记录时间及其相貌特征并上报。

安全管理人员职责如下：

(1) 安全管理人员必须认真严格按照仓库安全管理制度和工作要求履行工作职责，确保仓库安全。

(2) 安全管理人员必须随时进行安全巡查，对各个部位进行细心的检查，特别是夜间的巡查。

(3) 安全管理人员对出入仓库的车辆必须做好进出时间的登记，对进入库房内的车辆要在车辆排气管的尾部挂置防火筒(原则上不允许车辆进入库房)；对出入仓库的外来人员要进行登记，且不得带任何火种入内。

(4) 仓库安全管理人员必须维护好所有消防器材和设施，确保其可靠有效，并掌握其使用方法及安放位置；对各类电源的控制要心中有数。

(5) 当班安全管理人员必须坚守工作岗位，不得擅自离开，发现情况要及时处置并报告；做好当班工作记录及交接班记录。

奖罚规定如下：

(1) 对严格遵守管理制度，并做出良好成绩的给予精神和物质的奖励。

(2) 对违反管理制度并造成不良后果的给予严格的处罚(行政处罚经济处罚或并处解除劳动关系)；对玩忽职守，造成事故，产生严重后果的交由司法机关处置。

【任务实施】

教师首先介绍背景知识，让学生有初步认识。学生通过上网查询、分组讨论、实训和演练，强化所学知识。

【归纳总结】

保证人员、物资、场地设备安全，是安全生产的基础，要防范自然与人为的安全隐患。通过学习，掌握以下内容：

(1)治安保卫组织。

(2)火灾知识。

(3)安全生产知识。

【实训任务】

消 防 演 练

1. 实训目的和要求

通过消防演练了解消防水管、灭火器的使用方法，了解火灾逃生知识。

2. 实训内容

(1)准备消防器材，分小组训练消防水管接头、牵引、喷水等知识内容，以及灭火器的开关、喷洒方法。

(2)模拟火灾发生现场，进行逃生演习，了解防烟尘、防烧伤等知识。

每个小组写一份实训报告，要求内容包含消防器材简要介绍，消防水管、灭火器的使用方法，如何在火场逃生。

3. 考核办法

教师通过观察实训过程学生表现以及实训报告完成情况给予评分。

4. 思考与练习

(1)如何预防仓库发生火灾？

(2)从火场逃离要注意什么？

【项目小结】

仓储经营是指以营利为目的，利用现有仓储能力为他人储存和保管仓储物及提供相关增值服务的筹划与管理活动。对仓储经营主题而言，开展仓储经营具有重要意义。仓储经营方法根据仓储目的的不同可分为保管仓储经营、混藏仓储经营、消费仓储经营、仓库租赁经营、流通加工式经营等。

【关键概念】

(1) 保管仓储：是指保管人储存存货人交付的仓储物，存货人支付仓储费的一种仓储经营方法。

(2) 混藏仓储：指存货人将一定品质、数量的种类物交付保管人储藏，而在储存保管期限届满时，保管人只需以相同种类、相同品质、相同数量的替代物返还的一种仓储经营方法。

(3) 消费仓储：指存货人不仅将一定数量品质的种类物交付仓储管理人储存保管，而且与保管人相互约定，将储存物的所有权也转移到保管人处，在合同期届满时，保管人以相同种类、相同品质、相同数量的替代品返还的一种仓储方法。

(4) 仓储租赁经营：是通过出租仓库、场地，出租仓库设备，由存货人自行保管货物的仓库经营方式。

(5) 运输中介：即运输服务中间商，他们通常不拥有运输设备，但向其他厂商提供间接运输服务。

（6）仓储商务：仓储经营人利用其仓储保管能力向社会提供仓储保管产品并获取经济收益的商业行为。

（7）仓储合同：也称为仓储保管合同，是指由保管人储存存货人交付的仓储物，由存货人支付仓储费的合同。在仓储合同关系中，委托保管的人称为存货人，实施保管的人称为保管人，交付保管的标的物称为仓储物。

（8）仓单：就是指仓储保管人在收到仓储物时向存货人签发的表示已经收到一定数量的仓储物，并以此来代表相应的财产所有权利的法律文书。

（9）可燃物：是指在常温条件下能燃烧的物质，包括一般植物性物料、油脂、煤炭、蜡、硫黄、大多数有机合成物等。

（10）助燃物：指支持燃烧的物质，包括空气中的氧气、释放氧离子的氧化剂。

（11）着火源：是指能引起可燃物燃烧的热能源，包括机械火源、热火源、电火源、化学火源四类。

【思考与练习】

（1）什么是仓储经营？

（2）仓储经营有哪几种方式？

（3）简述仓储收入和仓储费用的主要构成要素。

（4）仓储企业经济核算有何意义？核算的主要内容是什么？

（5）仓储合同的主要条款是什么？

（6）搞好仓库消防应做好哪些工作？

（7）仓库事故的分类有哪些？

（8）联系实际谈谈如何进行仓库安全管理。

【案例分析】

中储无锡：老仓库新生

通过更深更广地切入区域货物流转的循环线，中储无锡公司的老仓库正在变成一个新钱柜。在中国物资储运总公司里，无锡公司俨然成了最耀眼的一颗物流新星。2002年，无锡中储物流有限公司把自己初步营造成了中储苏南金属材料区域物流中心，同时被无锡市政府纳入无锡生产资料区域物流基地，成为中储系统声名远播的品牌企业。无锡公司经理曹雪江是中储系统最优秀的经理人之一，中储总公司对他的评价是"一个超前、精明、稳健、公平的人"。这家始建于1958年的公司，前身是以生产资料储存和运输为主业的国有仓库，占地面积17.4m²，库房面积3.7m²，拥有2条铁路专用线，20台龙门吊，还有货场、水码头、部分公路运输车辆和各种起重设备，地理位置紧挨312国道。江苏的企业分布状况以中小工业企业为主。从1992年开始，无锡公司据此满足区域需求，发展现代物流。根据中储总公司的统计数据，到2002年，进行业务改制后的无锡公司依托拥有铁路专用线的先天优势，到货量逐月增加，仅金属材料一项就从月均500车厢增加到1000多车厢。

1. 回归主业

1992年对物资行业的许多企业来说都是异常沉重的一年。此前，在主管部门"小管理，大经营"的指导思想下，企业发展多个经销部门，三五人一组，各个出击，在业务操作上异常灵活。但好景不长，到1992年这种经销模式让不少企业背上了沉重的包袱。中储无锡公司当时管理着十多个经销部门，各部门的经销工作既难做大规模，又增加了管理难度。1993年，一些小的经销公司开始陆续出现赊销问题，货到付款的承诺成了一纸空文，无锡公司不得不马上开始整顿业务，最终决定回归储运主业重新发展。这一年，无锡公司关闭了所有的经销部门，将以前转去搞经销的储运业务骨干都召回来，集中成立一个贸易公司，清理了债权债务。储运部门人员达 80 余人，成了一个实力雄厚的大部门，储运业务功能开始完善起来。中储集团原有的仓库等国有资产，此时成为无锡公司开展业务的主要支撑。试水市场的无锡公司不求快但求稳，没有形成一笔应收款，这一步使无锡公司避免了在经销黑洞中越陷越深。曹雪江和他的经营团队更希望走一条有区域特色的物流之路，并借此向供应链方向延伸。

2002 年，无锡公司开始考虑介入日渐成熟的金属材料市场，借此再次做大经销业务。在中储各地分公司中，无锡公司是第一家从事货运代理业务的，这个转折与韩国浦项集团拓展中国业务密切相关。浦项集团相关人员曾到无锡公司打听，能不能为他们的产品提供运输，当时还没有物流这个概念。无锡公司马上意识到发展机会来了，于是派人去张家港与浦项集团接触，这是当时第一家找浦项集团洽谈承担运输业务的公司。以当时无锡公司一己之力，拿下这个大单还有些费力，但有了中储的支承，局面就大不一样了。后来一些地方运输企业反映过来，开始和浦项接触争取这个单子。浦项对中储储运功能大、网点多的特点显然印象深刻，而对地方保护则颇多戒心，使无锡公司最终胜出。与浦项的合作，不仅使无锡公司拿到了这张储运业务大单，也使"物流"和"外包"等时新理念开始进入无锡公司。根据外资客户的需求，无锡公司成立了货代公司，把自身的集装箱、公路运输、铁路运输、加工、配送等功能配进货代公司，使货代公司能以总承包的方式与客户谈判，提高了成功率，货代业务从此发展壮大。

2000 年在一次行业交流会上，无锡公司的高级经理与同行分享的心得是：没有条件地办市场，有条件地做货代。无锡公司的客户如今已有 30 多家，多是外资或合资企业，包括韩国浦项（卷板）、柯达胶卷（感光材料）、欧芬汇川（纸品）、陶氏（化工）等。在为这些知名企业提供全程物流服务的过程中，无锡公司的知名度也水涨船高。

2. 现货市场

在向货代转型的同时，无锡公司又发现了另一个商机——现货市场。20 世纪 90 年代初，广东的地瓷砖通过铁路运输线销售到无锡。由于铁路车站装卸质量不好，瓷砖损失惨重，再加上铁路部门的服务态度也不好，厂家都希望能找到一家专业的物流服务商来解决这些问题。无锡公司迅速把这部分客户定位为自己的目标客户，他们利用铁路专用线将广东的瓷砖运进了无锡的仓库。为了解决客户对销售场地的担心，无锡公司甚至承诺给客户提供交易场所，仓库把紧挨马路的一块货场改造成 108 间交易间。尽管当时只是简陋的交易间，却解了这些客户的后顾之忧，运输和交易相结合的方式，使无锡公司得以把这些目标客户牢牢抓在手中。无锡公司后来拆除简易房，建成环境更优良的中储装饰材料城，成为无锡市的建筑材料一条街。此举不仅为无锡公司创造了不少利润，也为后来开办钢材市场积累了经验。无锡公司的钢材现货市场是从 1998 年开始的，当时无锡市物资局早已开办了一个国家级的钢材市场，无锡公司在一系列的考察走访后发现，以已有的市场定位为信息中心，设在市中心，仓储运输等配套功能先天不足。而在这个当时很火爆的市场里，一部分客户还有现货交易的需求。无锡公司立刻决定开办钢材现货交易市场，他们把原有的设施稍作改造，建了两个交易厅，迅速开业。这个市场定位为钢材现货交易，再加入运输储存加工等配套功能，市场发展和收益都好得超乎想象。不到一年时间，市场就开始扩大规模，如今已发展到 8 个交易厅，416 个交易房间，360 个客户，成为华东地区最大的交易市场之一，每年钢材成交额达 70 多亿元（不包括有色金属）。现在，凡是与钢材市场相关的需求反映给无锡仓库，仓库通常会在一周左右结束市场调查，作出决定马上动工。钢材市场的滚动发展，带动了无锡公司物流业务的全面开展，成了无锡公司向现代物流转变的基因和动力。

2000年，有色金属材料的到线量不断加大的现象又引起了无锡公司的关注。以前华东的有色金属交易地主要在上海，无锡厂家到上海拿货，增加了不少物流成本。西部大开发以来，无锡把自己确定为电力设备主要加工城市，整个地区对有色金属的用量增加迅速，而无锡正好处于加工密集地区，有色金属的物流服务市场空间开始显现。无锡公司马上走访了中铝集团，以无锡市场对铝的庞大需求为由，建议铝厂把铝直接放在无锡销售，既节约成本又方便了客户，获得了铝厂的认可。他们还与驻金属材料现货市场的有色客户取得了一致意见，在无锡开办有色金属材料现货市场。仅两年时间，货物到线量直线上升，2002年底仅金属材料月到线量就冲到了1000车以上。1996~2002年开办的这三个现货市场形成了无锡公司发展现代物流的功能中心，三个市场中驻有陶瓷、钢材、有色金属等500多家客户。这些现货市场在未来极有可能成为依靠互联网进行金属材料交易的电子商务基地，目前，无锡公司的现货市场已经基本可以解决电子商务中商流、信息流、资金流和物流的问题。

3. 增值服务

钢材现货交易市场中，客户的冷板、不锈板、镀锌板等进场以后需要剪切。在无锡公司推出此项服务之前，客户要把货物拉到库外加工后发运，既不方便又增加了成本。无锡公司开始在库房里为客户提供钢材加工服务，加工货源充足，业务量大大超出预期。后来又引进一条板材剪切线，几乎每年增加一套剪切设备，现在已经有三台剪切设备在工作，2002年收入增加了100万元。无锡公司还成立了无锡市现代物流有限公司，主营公路运输，主要满足有色金属材料等大客户的需求。现有16台车，2002年总收入达400万元，利润达100万元。由于运输和配送业务不断增加，公司规模还在继续扩大。现在，无锡市80%的有色金属材料都通过无锡公司集散配送，有30多个生产厂的货物发到无锡公司专用线。厂家发传真确定配送要求，由无锡公司自己的公路运输公司负责进行配送。运输车辆通过手机与公司联络，正在考虑安装GPS。公路运输公司由职工参股70%，公司参股30%。客户可委托无锡公司代收配送货款，货物由无锡公司负责配送到加工企业后，由配送员把货款收回来。对一些给付货款不痛快的企业，无锡公司的配送员均坚持拿到货款才卸车。无锡公司主动要求作为中储信息系统的试运行单位，他们租用无锡本地的宽带，向现货市场的客户提供廉价、快速的局域网和上网服务。

无锡公司关注客户进出货物的曲线变化，一旦发现异动，马上进行处理。公司还开通了网上客户远程查询功能，客户可通过上网查询对单。现在，只有无锡公司和天津新港拥有铁路集装箱运输功能。无锡公司有集装箱堆场，集装箱业务开展了很多年，与中集的合作也较顺畅。但这项业务较其他物流业务发展的速度稍微缓慢了一些。无锡公司的钢材现货市场还可开展金属材料质押业务。目前外地银行、无锡银行对无锡公司每年的贷款额超过5亿元。仓库在这项业务中负责提供保管工作，以及客户资信和业务经营情况，没有风险，没有责任。这项业务的开展也增加了仓库的融资功能，一旦公司向更高目标发展，在融资和客户资源上都已有所储备。

4. 市场化生存

到2002年，无锡公司已经完成了运输、信息、仓储三大物流平台的建设工作，初步形成一个物流、信息流、资金流、商流四流合一的物流生态小环境，营造出了一个区域物流中心的雏形。这种物流服务的系统整合，使无锡公司能够经受同行的低价竞争的冲击。面对恶意降价，无锡公司采取迂回的策略，把自己的价格也降到对方的水平线上，待客户稳定以后再调回来，先降再调策略避免了硬碰硬过招，保证了自己毫发不伤，无锡公司不允许跑掉一个关键客户。由于专用线到货量增加迅速，无锡公司的场地、库房和设备显得不够用，于是到外面租用别人的场地，花钱把集装箱运过去存放，自己负担运费、储存费。对场内客户，利用 ABC 分类法进行管理，对关键客户从服务人员配备、服务标准、收费价格和后勤都给予充分的关照。关键客户一般生产经营规模都较大，产品技术含量高，企业利润空间大，为无锡公司向专业物流发展提供了条件。目前无锡公司的主要竞争对手是新兴的民营物流企业，它们机制活、转轨快、实施力强，没有决策等待过程，所以发展起来很快。无锡新近发展起来的不锈钢市场也包括加工功能，已经被列入无锡市 51 个物流项目之中。无锡公司每年都有业务储备，第二年要突破什么都有打算和安排，这使无锡公司七年来的发展一直在稳步上升。无锡交通局开办了一个货物运输中心，货物信息在大厅里发布，有许多电子显示牌，显示需要运输的货物信息，针对此采取会员制，收取一定的手续费，仅停车费每天收入 12000 元，外地车辆都要来看一下，手里有 5000～6000 台车，运营一年下来没有跑掉的货物，预计在全国成立四个网点，形成全国公路配送网络。无锡公司马上把储运的网络优势、资源优势介绍给交通局，交通局相信中储有条件，首先要去西安考察。利用交通部门公路运输优势与其合作，对完善中储的公路运输带来便利。有色市场价格波动的不稳定性，有的时候做现货合算，有的时候做期货合适，需要做个蓄水池。2003 年上半年，无锡公司成为上海期货交易所在无锡唯一的期货交割库，期货物流的收益比较大，有色比黑色效益好，无锡公司又趟出了一条效益增值的路。

5. 花树之影

让曹雪江和他的团队头痛的事情也并非没有，目前无锡公司还没有网上订单处理功能，去年他们就想到了，网上订购可以打破现货交易规则，无锡公司想联合几个市场一起搞。中储系统内有很多现货市场，搞一个信息网络系统是很有意义的事情。无锡公司专用线到货量逐年逐月逐日上升，有爆线和爆仓的危险，如果货流再加大，仓储和装卸能力跟不上，无锡公司将疲于应付。2002 年下半年，这个问题已经引起了无锡公司领导层的重视和思考，无锡公司想通过兼并和收购解决问题。现在，无锡公司已经看好了一家现成的公司，原来是县物资局的仓库，基础条件不错，有仓库、货场、水码头、铁路专用线。这个公司成立 8 年，由于体制问题要卖掉，假如无锡公司能够成功收购这家公司，那么下一步的目标就会很有希望实现。管理层次太多，本来简单的管理格局，对无锡公司已变得越来越复杂。过去从总公司到无锡公司层级很明快，现在从总公司到中储发展股份公司和有限董事会再到无锡，仅 2003 年底无锡公司就要分别参加不同管理层次的会议四次，1 月份只能开会了。为了减轻无锡公司管理环节太多的压力，总公司不妨考虑今后对无锡公司管到经理、利润、总收入即可。

【思考题】

中储无锡公司在转变成一个新钱柜的过程中，体现了哪些所学知识？

项目四　配送中心布局与选址

【教学目标】

1. 知识目标

(1)理解配送的含义及特点。

(2)了解配送的基本流程和实际流程。

(3)了解进货、订单、拣货、补货、配货、送货等各物流配送作业环节。

(4)掌握物流配送作业的各种方式和方法。

2. 能力目标

(1)具备分析配送合理性的能力。

(2)能够正确操作各项配送作业设备。

【项目概述】

本项目介绍配送的概念分类及特点，配送中心的概念及分类，同时阐述配送中心的布局要求、配送中心的选址方法，着重介绍重心法。

【引导案例】

梅林正广和的配送系统

2000年2月22日下午，上海新闸路1124弄的一户人家拨通85818电话，报出自己在正广和购物网络的用户编号，要求订购两桶纯净水、一袋免淘米，并说明第二天上午家里留人，支付支票。几秒钟之内，这份订单被接线小姐输入正广和的计算机系统，系统根据用户编号从数据库中调出用户住址，再根据地址和送货时间自动把这份订单配置到第二配送站次日上午的送货单。当天晚上21时，位于上海繁荣地带静安区康定东路16号的正广和销售网络第二配送站里，经理罗方敏准时打开计算机，接收从总部传过来的送货单。这份送货单的用户遍布第二配送站辖区静安东区之内，送货时间是23日上午，用户地址、电话、编号、所需货物、数量、应收款等已经被清楚地列出来。

几乎与此同时，一份相同的送货单也传到公司配送中心和运输中心。第二天一大早，运输中心派出车辆，到配送中心仓库提出已配好的货物，发往第二配送站。

第二配送站墙上贴着一张静安东区详细到门牌号的地图，签收完货物后，罗经理根据这张地图和自己的经验排好送货路线，把上午的单子分配给7个送货工人。整个上午，这些揣着送货单的工人蹬着有"梅林正广和"和85818字样的三轮车在静安东区的弄堂里出出进进，完成送货到家的"最后一公里"。

中午12时30分，所有小工送货和收款的情况被汇总成表，由第二配送站的计算机传送至总部。个别没有送到的，汇总表中的"原因"一栏会注明01、02、03，分别代表"地址错误"、"家中无人"等。

各配送站每天上午10时30分、下午14时30分、晚上21时30分共三次接收总部的送货指令，分别安排当天下午、晚上和次日上午的送货计划，然后在每天的下午18时30分、次日上午8时30分、下午14时30分把每天下午、晚上和次日上午的送货完成情况传回总部。每天收回的水票和现金也交至总部结算。根据这些信息，总部再决定是否有必要给配送站及时补货。

有4名职能管理人员、7名送货工人、1辆货车和7辆黄鱼车、房屋月租金7000元的第二配送站，每天大概要送出大桶纯净水 300 多桶、袋装米 30 多包，还有饮料、鲜花、罐头等其他几十种物品。在正广和遍布上海的大约 100 个配送站里，第二配送站规模算是中等。据说，每个配送站的年利润都在 15 万～20 万元。

3 个配送中心、100 个配送站、200 辆小货车、1000 辆黄鱼车、1000 名配送人员，构成了正广和在上海的整个配送网络。这个号称上海市区无盲点的网络组织严密而有序，截止到 1999 年年底，上海市已经有 60 万户市民依靠这个配送网完成日常饮水和其他日用消费品的采购。

思考题：

(1) 根据案例，画出梅林正广和的配送系统配送流程图，并指明每个环节的负责部门及其主要职责。

(2) 分析梅林正广和配送体系的最大特点及其优势。

(3) 分析这样的配送体系是否具有普遍意义及其原因。

任务一　配送基础认知

【任务介绍】

该任务包含的内容有：配送的概念分类及特点，配送中心概念、分类及作业流程。

【任务分析】

该部分内容是介绍配送和配送中心的基础知识，通过学习，要求学生对配送中心有初步认识。

【相关知识】

一、配送的概念

什么叫配送？

《物流术语》中对配送的定义是：在经济合理区域范围内，根据用户要求对物品进行拣选、加工、包装、分割、组配等作业，并按时送达指定地点的物流活动。

日本工业标准：将货物从物流节点送交收货人。

日本《物流手册》：生产厂到配送中心之间的物品空间移动叫做运输，从配送中心到顾客之间的物品空间移动叫做配送。

对配送的理解：配送的产生和发展既是社会化分工进一步细化的结果，又是社会化大生产发展的要求。配送是最终的资源配置，属于经济体制的一种形式，最接近顾客，配送的主要经济活动是现代送货，与传统意义上的简单送货不同。

配送的实质是从物流终点至用户的一种特殊送货形式，它区别于一般送货，是一种"中转"形式，以用户要求为出发点配送是从用户利益出发、按用户要求进行的一种活动。

二、配送的特点

(1) 配送是面向终端用户的服务：一般是指从最后一个物流节点到用户之间的交付服务。

(2) 配送是支线、末端运输：相对于干线运输而言。

(3) 配送强调时效性：不是简单的"配货+送货"。

(4) 配送强调满足用户需求：配送承运人不处于主导地位，必须从用户的利益出发。

(5) 配送强调合理化：过分强调"按用户要求"是不妥的，需要平衡时间、速度、服务水平、成本、数量。

(6) 配送使企业实现零库存成为可能：由配送企业进行集中库存，取代原来分散的企业库存(表 4-1)。

讨论：配送与运输有哪些区别？

表 4-1　配送与运输

内容	配送	运输
运输性质	支线运输、区域内运输末端运输	干线运输
货物性质	多品种、小批量	少品种、多批量
运输工具	小型货车	大型货车或铁路运输、水路运输
管理重点	服务优先	效率优先
附属功能	装卸、保管、包装、分拣、流通加工、订单处理等	装卸、捆包

三、配送的功能

(1) 备货。备货是配送的准备工作或基础工作，备货工作包括筹集货源、订货或购货、集货、进货及有关质量检查、结算、交接等。配送的优势之一就是可以集中用户的需求，进行一定规模的备货。备货是决定配送成败的初期工作，如果备货成本太高，则会大大降低配送的效益。

(2) 储存。配送中的储存有储备和暂存两种形态。配送储备是按一定时期的配送经营要求，形成的对配送的资源保证。这种类型的储备数量较大，储备结构也较完善，视货源及到货情况，可以有计划地确定周转储备和保险储备结构及数量。配送的储备保证有时在配送中心附近单独设库解决。另一种储存形态是暂存，是具体执行日配送时，按分拣配货要求在理货场地所做的少量储存准备。由于总体储存效益取决于储存总量，所以这部分暂存数量只会对工作方便与否造成影响，而不会影响储存的总效益，因而在数量上控制并不严格。还有另外一种形式的暂存，即分拣、配货之后形成的发送货载的暂存，这个暂存主要是调节配货与送货的节奏，暂存时间不长。

(3) 分拣及配货。本环节是配送不同于其他物流形式的有特点的功能要素，也是配送成败的一项重要支持性工作。分拣及配货是完善送货、支持送货准备性工作，是不同配送企业在送货时进行竞争和提高自身经济效益的必然延伸，所以也可以说是送货向高级形式发展的必然要求。有了分拣及配货环节就会大大提高送货服务水平，所以分拣及配货是决定整个配送系统水平的关键要素。

(4) 配装。在单个用户配送数量不能到达车辆的有效载运负荷时，就存在如何集中不同用户的配送货物进行搭配装载，以充分利用运能、运力的问题，这就需要配装。和一般送货的不同之处在于，通过配装送货可以大大提高送货水平及降低送货成本，所以配装也是配送系统中有现代特点的功能要素，也是现代配送不同于以往送货的重要区别之处。

(5) 配送运输。配送运输属于运输中的末端运输、支线运输，和一般运输形态的主要区别在于：配送运输是较短距离、较小规模、额度较高的运输形式，一般使用汽车作为运输工具。与干线运输的另一个区别是，配送运输的路线选择问题是一般干线运输所没有的，干线运输的干线是唯一的运输线，而配送运输由于配送用户多，一般城市交通路线又较复杂。因此如何组合成最佳路线，如何使配装和路线有效搭配等，是配送运输的特点，也是难度较大的工作。

(6) 送达服务。配好的货运输到用户还不算配送工作的完结，这是因为送达货和用户接货往往还会出现不协调，使配送前功尽弃。因此，要圆满地实现运到之货的移交，并有效地、方便地处理相关手续并完成结算，还应讲究卸货地点、卸货方式等。送达服务也是配送独具的特殊性。

(7) 配送加工。在配送中，配送加工这一功能要素不具有普遍性，但是往往是有重要作用的功能要素。其主要原因是通过配送加工，可以大大提高用户的满意程度。配送加工是流通加工的一种，但配送加工有它不同于一般流通加工的特点，即配送加工一般只取决于用户要求，其加工的目的较为单一。

四、配送业务的组织

配送流程见图 4-1。

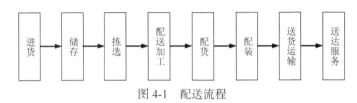

图 4-1　配送流程

五、配送的分类

(一) 按配送组织者不同分类

1. 配送中心配送

优点：①规模比较大，专业性比较强，与用户之间存在固定的配送关系；②配送能力强，配送距离较远，覆盖面较广，配送的品种多，配送的数量大，可以承担工业生产用主要物资的配送以及向配送商店实行补充性配送等。

缺点：投资较高，灵活性与机动性较差。由于拥有与大规模实施配套的设施，其投资大，并且一旦建成便很难改变，灵活机动性较差。

2. 仓库配送

优点：投资小、上马快，是开展中等规模的配送可以选择的形式。

缺点：配送的规模较小，专业化水平低。

3. 商店配送

优点：灵活机动，适用于小批量、零星商品的配送。

缺点：一般无法承担大批量商品的配送。

4. 生产企业配送

优点：具有直接、避免中转的特点，所以在节省成本方面具有一定的优势。

缺点：这种配送方式多适用于大批量、单一产品的配送，不适用于多种产品"划零为整"的配送方式，所以具有一定的局限性。

(二) 按配送时间及数量分类

1. 定时配送

优点：时间固定，易于安排工作计划，易于计划使用设备，也有利于安排接运人员和接运作业。

缺点：临时性较强，配货、配装工作紧张，难度较大，配送数量变化较大时也会出现配送运力的困难。

2. 定量配送

优点：备货工作相对简单，时间规定不严格，为将不同用户所需的物品拼凑整车运输、充分提高运力利用率提供了机会，并对配送路线进行合理优化，达到了节约运力、降低成本的目的。

3. 定时、定量配送

特点：兼有以上两种方式的特点，对配送企业的要求比较严格，管理和作业难度较大。需要配送企业有较强的计划性和准确度。

适用场合：生产和销售稳定，产品批量较大的生产制造企业和大型连锁商场部分商品的配送及配送中心采用。

4. 定时、定量、定点配送

特点：这种配送形式一般事先由配送中心与用户签订配送协议，双方严格按协议执行。

适用场合：重点企业和重点项目的需要，配送中心一般与用户有长期稳定的业务往来，这对于保证物资供应，降低企业库存非常有利。

5. 定时、定路线配送

特点：对于配送中心来说，易于安排车辆和驾驶人员及接运货工作。对于用户来讲，可以就一定路线和时间进行选择，又可以有计划地安排接货力量。

适用场合：消费者比较集中的地区。

6. 即时配送

特点：可以灵活高效地满足用户的临时需求，但是对配送中心的要求比较高，特别对配送速度和配送时间要求比较严格。

适用场合：通常只有配送设施完备，具有较高的管理和服务水平、较高的组织和应变能力的专业化的配送中心才能大规模地开展即时配送业务。

7. 快递配送

特点：与即时配送相比更为灵活机动。其服务对象为广大的企业和用户，覆盖范围比较广，服务时间随地域的变化而变化。

适用场合：配送的物品主要是小件物品。

（三）按配送商品种类及数量不同分类

(1) 单(少)品种大批量配送。

(2) 多品种少批量配送。

(3) 配套成套配送。

（四）按供应主体分类

(1) 供应商直接配送。

(2) 企业自营配送。

(3) 社会化配送。

(4) 共同配送。

（五）共同配送

1. 概念

共同配送实质上就是在同一个地区，许多企业在物流运动中互相配合、联合运作，共同进行理货、送货等活动的一种组织形式。

2. 实际操作的具体做法

(1) 共同投资建立共同配送中心。

(2) 共同(或联合)配送运输、共同发送。

3. 共同配送的特征

技术设备先进，配送规模较大，资金流动充足，多网络的有机结合，长距离高密度的聚集与发散，工作人员较少且素质较高。

4. 共同配送的类别

共同配送包括以货主为主体的共同配送和以物流业者为主体的共同配送。

5. 实施共同配送应注意的问题

(1) 参与共同配送的双方应签订较为正式的合同或协议。

(2) 承担配送的货主或物流主体应具备较为完善的信息系统作为技术支持。

(3) 在客户分布、商品特性、操作方式及经营系统方面应具备相似性和趋同性，便于组织管理和相互协调。

(4) 货主或物流主体在物流配送方面应为共同的利益相互合作，相互配合。

(5) 对于配送收益的分配在合同或协议内应有明确的规定。

六、配送中心的概念

(一) 什么是配送中心

配送中心是专业从事货物配送活动的物流场所和经济组织，是集加工、理货、送货等多种职能于一体的多功能、集约化的物流据点。其实质是集货中心、分货中心和流通加工中心为一体的现代化的物流基地。《现代物流手册》对配送中心的定义是：从事配送业务的物流场所或组织。配送中心应基本符合下列要求：①主要为特定的客户服务；②配送功能健全；③信息网络完善；④辐射范围小；⑤多品种、小批量；⑥以配送为主，储存为辅(表4-2)。

保管型仓库与配送中心的区别见表4-2。

表4-2　保管型仓库与配送中心的区别

比较方面	保管型仓库	配送中心
功能	以物资保管为主要功能	入库、验收、保管、备货、分拣、流通加工、检验、出库等均为配送中心的功能
空间	保管空间	保管空间占一半空间，其他功能占一半空间
设计	以保管为主体，平面摆放，通路少，未进行严格的场所管理	按配送中心功能的流转顺序设计，利用货架实行立体存放，有严格的场所管理
信息特征	货物的状况和信息不一致	货物的状况和信息一致
事务处理、信息传送的系统化	基本上使用人工完成事务处理和信息的传送	利用信息系统工具和物流信息系统完成事务处理和信息传递
作业的自动化和省力化	基本上是人工作业	在信息系统的支持下实现作业的自动化和省力化
对多样化物流需求的适应力	基本上不能适应	可以适应

（二）配送中心的作用

（1）从供应商和厂商的角度分析：①使物流成本得到控制；②实现库存集约化；③通过提高顾客服务水平，促进产品销售；④有利于把握销售信息；⑤有利于实现商物分离。

（2）从需求方的角度分析：①降低进货成本；②改善店铺的库存水平；③减少采购、验收、入库等费用；④减少交易费用，降低物流整体成本；⑤促进信息沟通。

七、配送中心的功能

（一）储存功能

配送中心必须按照用户的要求，在规定的时间和地点把商品送到客户手中，以满足生产和消费的需要。因此，必须储存一定数量的商品，以保证配送服务所需要的货源。无论何种类型的配送中心，储存功能都是重要的功能之一。

（二）集散功能

集散功能是配送中心的一项基本功能，通过集散商品来调节生产与消费，实现资源的合理配置，并由此降低物流成本。

（三）衔接功能

配送中心是重要的流通节点，衔接着生产和消费环节，通过配送服务把各种商品运送到用户手中。同时，通过集货和储存商品，配送中心又有平衡供求的作用。

（四）分拣功能

配送中心必须通过分拣作业完成商品的配货工作，为配送运输做好准备，以满足用户的不同需要。分拣功能是配送中心与普通仓库的主要区别。

（五）加工功能

配送中心为扩大经营范围和提高配送服务水平，按用户的要求根据合理配送的原则对商品进行分装、组装、贴标签等初加工活动，使配送中心拥有一定的加工能力。

（六）信息功能

配送中心不仅实现物的流通，而且通过信息处理来协调各个环节的作业，协调生产与消费。信息化、网络化、自动化是配送中心的发展趋势，信息系统越来越成为配送中心的重要组成部分，见图4-2。

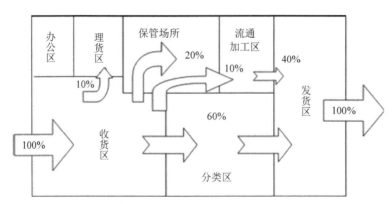

图4-2 配送中心的内部结构布局

八、配送中心的类型

（一）按配送中心的经济功能分类

1. 供应型配送中心

特点：供应型配送中心担负着向多家用户供应商品的功能，起着供应商的作用，因此，这类配送中心占地面积比较大，一般建有大型的现代化仓库并储存一定数量的商品。

2. 销售型配送中心

特点：销售型配送中心是以销售商品为目的，借助配送这一服务手段来开展经营活动的配送中心。这类配送中心主要有两种类型。

（1）生产企业将本身产品直接销售给用户的配送中心。在国内外，这种类型的配送中心很多。

（2）流通企业建立的配送中心。作为本身经营的一种方式，流通企业建立配送中心以扩大销售。国内已建或拟建的生产资料配送中心多属于这种类型。

3. 储存型配送中心

特点：储存型配送中心是以储存功能为主，在充分发挥储存作用的基础上开展配送活动。

4. 加工型配送中心

特点：加工型配送中心的主要功能是对商品进行流通加工，在配送中心对商品进行清洗、组装、分解、集装等加工活动。例如，在我国一些城市已广泛开展的配煤配送、水泥配送等都属于加工型配送中心的服务。

（二）按配送中心归属分类

1. 自有型配送中心

特点：自有型配送中心隶属于某一个企业或企业集团，通常只为本企业提供配送服务。

2. 公共型配送中心

特点：共用型配送中心是以营利为目的，面向社会开展后勤服务的配送组织，其特点是服务范围不限于某一个企业。

（三）按配送中心辐射服务范围分类

（1）城市配送中心。

概念：城市配送中心是以城市为范围，为其范围内的用户提供配送服务的物流组织。

特点：多品种、小批量，配送距离短，要求反应能力强，提供门到门的配送服务，根据城市道路的特点，其运载工具常为小型汽车。

配送对象：多为连锁零售企业的门店和最终消费者，如我国很多城市的食品配送中心、菜篮子配送中心等都属于城市配送中心。

（2）区域配送中心。

【任务实施】

教师首先介绍背景知识，通过 PPT 和图片、视频对配送的概念、功能、分类进行讲解，让学生有初步认识。然后带领学生到配送中心场地进行参观，使学生了解配送中心内部结构和工作过程。

【归纳总结】

通过学习，掌握以下内容：

(1)认识配送的不同方式。

(2)掌握配送中心的类型。

【实训任务】

配送中心参观实践

1. 实训目的和要求

参观企业配送中心,了解配送中心建筑结构,了解业务流程和步骤。

2. 实训内容

5人一组,分小组到企业配送中心参观实习,参观各个配送作业的具体操作过程。

每个小组写一份实训报告,要求有以下内容:配送中心简要介绍,实习过程的记录,配送中心的经营内容。

3. 考核办法

教师通过观察实训过程学生表现以及实训报告完成情况给予评分。

4. 思考与练习

(1)介绍配送中心的建筑结构和特点。

(2)配送中心有哪些主要设备?

任务二　配送中心布局与选址

【任务介绍】

该任务包含的内容有:配送中心布局和选址。选址方法包括加权因素分析法和用于单一物流配送中心选址的迭代重心法。

【任务分析】

了解配送中心布局的概念,学习加权因素分析法和迭代重心法的计算方法步骤。

【相关知识】

一、配送中心布局的概念

所谓配送中心布局就是企业物流网点的设置。

物流网点是指物流过程中所经过的中转站点。在物流系统中,可以将物流活动分为节点活动与线路活动,物流网点就是进行节点活动的位置和场所,同时物流网点也是线路活动的起点和终点。从理论上讲,物流网点和商流网点不一样,但在我国现有的体制下,很多情况是物资的供应机构本身就设有仓库,所以有时对物流网点和商流网点并不加以区分,统称为网点或供应网点。为了使问题简化,便于分析,将网点按中转物品的种类多少粗略地分为单品种网点和多品种网点两大类型。严格来讲,物流网点都应是多品种网点,因为同类物资一般都有不同的品种规格,质量的好坏和性能上的差异也总是存在的,用途和使用方向也有所不同。

二、配送中心合理布局的目的

配送中心是连接生产和消费的流通部门,利用时间及场所创造效益的机构,因而对于不同的货物和不同的流通方式,网点设置的目的也是多样的。

(1) 从配送中心本身的宏观经济运营业务来讲,其目的有:调整大量生产和大量消费的时间差而进行的保管;调整生产和消费波动而进行的保管。

（2）从配送中心内部物品调配业务来讲，其目的有：降低运输成本，组织批量运输或者设置货物集结点向终端用户配送，以经济地批量发货和进货；把分散保管的库存物品汇集在一起，并提高包括保管、装卸在内的效率；从各个方面把多种供应商品集中，或者为向消费者计划运输而将商品集中起来。

（3）从提高配送质量角度来讲，其目的有：提高对客户的配送服务水平，在靠近消费地保管；为了维持对客户的服务水平，平时保持合理的库存。

（4）从方便流通加工的角度来讲，其目的有：提高运输效率，在消费地点进行装配和加工等。另外，还有的是为了使商流和物流活动分开，以提高效率。

三、配送中心布局应考虑的主要问题

概括地讲，配送中心合理布局是以物流系统和社会效益为目标，用系统学的理论和系统工程的方法，综合考虑物资的供需状况、运输条件、自然环境等因素，对配送中心的位置、规模、供货范围等进行研究和设计。应设置配送中心的数目；配送中心的地理位置，即选址；配送中心的规模大小；配送中心的进货渠道和服务的用户；计划区域内中转供货与直达供货的比例；规划中要考虑的费用问题包括建设费、运营费用，一般分为固定性费用和可变费用。

四、配送中心选址方法

配送中心选址是在一个具有若干供应点及若干需求点的经济区域内选一个地址设置配送中心的规划过程。

（一）选址应考虑的主要因素

1. 客户的分布

这是首先要考虑的，为了提高服务水平和降低配送成本，配送中心多建在城市边缘接近客户分布的地区。考虑货流量的大小，选择物流量较大的区域。

2. 供应商的分布

物流越是接近供应商，则其商品的安全库存可以控制在较低的水平。但目前国内一般进货的输送成本都是由供应商负担，因此有时不太重视此因素。

3. 交通条件

这是影响配送成本和配送效率的重要因素之一。地址选择要紧邻重要运输通路和枢纽，要综合考虑交通条件的几种状态：高速公路、国道、省道、铁路运输线路、港口、交通限制等。为了交通便利，一定要选择有两种以上运输方式的交汇地。

4. 土地条件

（1）土地使用限制，如规划限制、环保条件。

（2）可利用的土地面积。

（3）土地利用成本。

（4）城市的扩张与发展。考虑城市扩张的速度和方向，考虑未来发展的规划要求。

5. 自然条件

（1）地理因素。选择地面较坚硬、空气较干燥的地方。临近沿海地区，必须注意当地水位，不得有地下水上溢。要远离闹市或居民区，应处于有产生腐蚀性气体、粉尘和辐射热的工厂的上风向。

（2）气候因素。考虑盐分、湿度、降雨量、风向、瞬时风力、地震、山洪、泥石流等。

6. 人力资源条件

物流作业在目前情况下仍属于劳动密集型的作业形态，要充分考虑人力资源的可得性、技术水平、工作习惯、人力成本等因素。

7. 政策条件

企业优惠措施(如土地提供、税费减免等)、城市发展规划、地区产业政策(地区规划中有无关于物流园区的宏观规划、有无产业宏观规划)等。考虑公共设施状况：水电热供应，污水、垃圾处理能力。

(二) 加权因素分析法选址

加权因素分析法是常用的选址方法中使用最为广泛的一种，它以简单易懂的模式将各种不同因素综合。加权因素分析法的具体步骤如下：

(1) 对每一因素赋予一个权重以反映这个因素在所有权重中的重要性。每一因素的分值根据权重来确定，权重则要根据成本的标准差来确定，是一种满足数理统计上比例的科学分配方法，而不是根据成本值来确定。

(2) 对所有因素的打分设定一个共同的取值范围，一般是 1～10 或 1～100。

(3) 对每一个备选地址，根据所有因素按设定范围打分。

(4) 用各个因素的得分与相应的权重相乘，并把所有因素的加权值相加，得到每一个备选地址的最终得分值。

(5) 选择具有最高总得分值的地址作为最佳选址。

【例 4-1】 某厂有四个候选地址(A、B、C、D)，影响因素有 10 个，其重要度如表 4-3 所示，求最优方案。

解：在表 4-3 中方案 C 得分最高，选为最优方案。

表 4-3 加权因素评价表

影响因素	权重	候选方案 A		候选方案 B		候选方案 C		候选方案 D	
		评分	得分	评分	得分	评分	得分	评分	得分
劳动条件	7	2	14	3	21	4	28	1	7
地理条件	5	4	20	2	10	2	10	1	5
气候条件	6	3	18	4	24	3	18	2	12
资源供应	4	4	16	4	16	2	8	4	16
基础设施	3	1	3	1	3	3	9	4	12
产品销售	2	4	2	4	3		6	4	8
生活条件	6	1	6	1	6	2	12	4	24
环境保护	5	2	10	3	15	4	20	1	5
政治文化	3	3	9	3	9	3	9	1	3
扩展条件	1	4	4	4	4	2	2	1	1
总计		108		112		122		99	

(三) 单一物流配送中心选址—— 迭代重心法

单一仓库或者配送中心的选址模型可以用迭代重心法，该方法又称为静态连续选址模型方法。迭代重心法的原理是一种选择中心位置从而使成本降低的方法。把成本看成运输距离与运输数量的线性函数。总运输成本最小的地点作为仓库或配送中心的建设场地。

1. 公式

1) 初始选址坐标的计算

在坐标平面内设待定仓库或者配送中心坐标为(X_0, Y_0)，设(X_i, Y_i)为现有运输目的地的坐标位置，Q_i为运输量，R_i为运输费率，F为总运费，(X, Y)为新配送中心（仓库）的位置坐标，D_i为现有运输目的地到新配送中心（仓库）的距离。则初始选址坐标计算公式为

$$X_0 = (\sum Q_i R_i X_i) / (\sum Q_i R_i) \tag{4-1}$$
$$Y_0 = (\sum Q_i R_i Y_i) / (\sum Q_i R_i) \tag{4-2}$$

2) 迭代公式

$$X = (\sum Q_i R_i X_i / D_i) / (\sum Q_i R_i / D_i) \tag{4-3}$$
$$Y = (\sum Q_i R_i Y_i / D_i) / (\sum Q_i R_i / D_i) \tag{4-4}$$

3) 现有运输目的地到新配送中心（仓库）的距离

$$D_i = \sqrt{(X_0 - X_i)^2 + (Y_0 - Y_i)^2} \tag{4-5}$$

4) 总运输成本

$$F = \sum (Q_i \times R_i \times D_i)$$

式中，Q_i为i点的运输量；R_i为到i点的运输费率；D_i为从位置待定的仓库到i点的距离。

最小运输成本为

$$\text{Min} F = \sum Q_i R_i D_i \tag{4-6}$$

2. 求解过程

(1) 确定各目的地点的坐标，同时确定各点货物运输量和直线距离运费。

(2) 先不考虑距离因素，用重心公式估算初始选址点：

$$X_0 = (\sum Q_i R_i X_i)/(\sum Q_i R_i)$$
$$Y_0 = (\sum Q_i R_i Y_i)/(\sum Q_i R_i)$$

(3) 根据式(4-5)，用步骤(2)得到的(X_0, Y_0)计算D_i。

(4) 将D_i代入式(4-3)和式(4-4)，得到修正的(X_0, Y_0)坐标。

(5) 根据修正的(X_0, Y_0)坐标再重新计算D_i。

(6) 重复步骤(4)和步骤(5)，直至(X_0, Y_0)坐标在连续迭代过程中都不再变化或变化在误差范围内。

(7) 如果需要，可利用式(4-6)计算每次选址的总成本F并进行比较。

【例 4-2】 某企业的两个工厂P_1、P_2分别生产A、B两种产品，供应三个市场M_1、M_2、M_3。已知条件如表 4-4 所示。现需设置一个中转仓库，A、B两种产品通过该仓库间接向三个市场供货。请使用迭代重心法求出仓库的最优选址。资料见表 4-4。

表 4-4 工厂数据

节点	运输总量	运输费率	坐标 X_i	坐标 Y_i
P_1	2000	0.05	30	80
P_2	3000	0.05	80	20
M_1	2500	0.075	20	50
M_2	1000	0.075	60	40
M_3	1500	0.075	80	80

解：（1）求出新仓库的初始坐标，见表 4-5。

表 4-5　坐标计算

节点	X_i	Y_i	Q_i	R_i	Q_iR_i	$Q_iR_iX_i$	$Q_iR_iY_i$
P_1	30	80	2000	0.05	100	3000	8000
P_2	80	20	3000	0.05	150	12000	3000
M_1	20	50	2500	0.075	187.5	3750	9370
M_2	60	40	1000	0.075	75	4500	3000
M_3	80	80	1500	0.075	112.5	9000	9000
合计					625	32250	32375

初始坐标：$X=32250/625=51.6$，$Y=32375/625=51.8$。

（2）计算各节点与初始坐标的距离 D_i 和初始运输总成本，见表 4-6。

表 4-6　成本计算

节点	X_i	Y_i	Q_i	R_i	D_i	$Q_iR_iD_i$
P_1	30	80	2000	0.05	35.52	3552
P_2	80	20	3000	0.05	42.63	6394.5
M_1	20	50	2500	0.075	31.65	5934.375
M_2	60	40	1000	0.075	14.48	1086
M_3	80	80	1500	0.075	40.02	4502.25
合计						21469.125

（3）进行一次迭代修正，见表 4-7。

表 4-7　一次迭代修正

节点	X_i	Y_i	Q_i	R_i	D_i	Q_iR_i/D_i	$Q_iR_iX_i/D_i$	$Q_iR_iY_i/D_i$
P_1	30	80	20	3000	0.05	42.63	3.519	281.492
M_1	20	50	2500	0.075	31.65	5.924	118.483	296.209
M_2	60	40	1000	0.075	14.48	5.180	310.773	207.182
M_3	80	80	1500	0.075	40.02	2.811	224.888	224.888
合计						20.249	1020.095	1023.877

一次迭代后的新坐标：$X'=1020.095/20.249=50.38$，$Y'=1023.877/20.249=50.56$。

（4）计算一次迭代后，各节点与新坐标的距离和新的总运输成本见表 4-8。

表 4-8　新的总运输成本

节点	X_i	Y_i	Q_i	R_i	D_i	$Q_iR_iD_i$
P_1	30	80	2000	0.05	35.81	3581
P_2	80	20	3000	0.05	42.56	6384
M_1	20	50	2500	0.075	30.39	5698.125
M_2	60	40	1000	0.075	14.28	1071
M_3	80	80	1500	0.075	41.76	4698
合计						21432.125

一次迭代后，新仓库的最优选址坐标为(50.38，50.56)，见表4-9。

表4-9　迭代结果

迭代次数	X	Y	总成本
0	51.6	51.8	21469.125
1	50.38	50.56	21432.125

3. 迭代重心法的优缺点

优点：计算简单，数据容易收集，易于理解。由于通常不需要对物流系统进行整体评估，所以在单一设施定位时应用解析方法简便易行。

缺点：该方法假设运费随距离呈线性变化，而实际生活中运费常常是随距离增大而递减。另外，它没有考虑现实的地理条件，例如，选出的最佳配送中心地点可能正好坐落在一个湖的中央。所以解析方法更多的不是用于确定最佳位置，而是用于剔除一些不合适的备选方案。

【例4-3】　现有四个零售点，要为其设置一个配送中心，求最佳的选址位置，相关数据如表4-10所示。

表4-10　配送中心相心相关数据表

零售点	物资需求量	运输费率	(X_j,Y_j)
2	2	5	(2, 2)
1	3	5	(11, 3)
3	2.5	5	(10, 8)
4	1	5	(4, 9)

解：求得重心初值为

$$X = (2×2+3×11+2.5×10+1×4)/(2+3+2.5+1) = 7.8$$
$$Y = (2×2+3×3+2.5×8+1×9)/(2+3+2.5+1) = 4.9$$

故四个零售点的重心坐标是(7.8，4.9)。后面可以根据该坐标进行迭代运算。

（四）仓库选址时的注意事项

大中城市的仓库应采用集中与分散相结合的方式选址；在中小城镇中，因仓库的数目有限且不宜过于分散，故宜选择独立地段；在河道(江)较多的城镇，商品集散大多利用水运，仓库可选择沿河(江)地段。应当引起注意的是，城镇要防止将那些占地面积较大的综合性仓库放在城镇中心地带，导致带来交通不便等诸多影响。

下面分别简要分析各类仓库在选址时的注意事项。

1. 不同类型仓库选址时的注意事项

根据一般分类方法，仓库可分为转运型、储备型、综合型三种。不同类型的仓库选址时应注意以下事项：

（1）转运型仓库。转运型仓库大多经营倒装、转载或短期储存的周转类商品，大都使用多式联运方式，因此一般应设置在城市边缘地区交通便利的地段，以方便转运和减少短途运输。

（2）储备型仓库。储备型仓库主要经营国家或所在地区的中、长期储备物品，一般应设置在城镇边缘或城市郊区的独立地段，且具备直接而方便的水陆运输条件。

（3）综合型仓库。这类仓库经营的商品种类繁多，根据商品类别和物流量选择在不同的地段，例如，与居民生活关系密切的生活型仓库，若物流量不大又没有环境污染问题，可选择接近服务对象的地段，但应具备方便的交通运输条件。

2. 经营不同商品的仓库选址时的注意事项

经营不同商品的仓库对选址的要求不同，应分别加以注意，下面典型分析蔬菜、冷藏品、建筑材料、危险品等仓库的选址特殊要求。

（1）果蔬食品仓库。果蔬食品仓库应选择入城干道处，以免运输距离拉得过长，商品损耗过大。

（2）冷藏品仓库。冷藏品仓库往往选择在屠宰场、加工厂、毛皮处理厂等附近。有些冷藏品仓库会产生特殊气味、污水、污物，而且设备及运输噪声较大，可能对所在地环境造成一定影响，故多选择城郊。

（3）建筑材料仓库。通常，建筑材料仓库的物流量大、占地多，可能产生某些环境污染问题，有严格的防火等安全要求，应选择城市边缘、对外交通运输干线附近。

（4）燃料及易燃材料仓库。石油、煤炭及其他易燃物品仓库应满足防火要求，应选择城郊的独立地段。在气候干燥、风速较大的城镇，还必须选择大风季节的下风位或侧风位，特别是油品仓库选址应远离居住区和其他重要设施，最好选在城镇外围的地形低洼处。

【任务实施】

教师首先介绍背景知识，通过PPT和图片对配送中心布局进行讲解，对选址方法，包括加权因素分析法和迭代重心法通过例题详讲，让学生通过练习巩固知识点。

【归纳总结】

该任务的主要内容是配送中心布局和选址。选址方法包括加权因素分析法和用于单一物流配送中心选址的迭代重心法。要注重学习计算公式和计算步骤。

【实训任务】

参观配送中心，进行选址分析。

1. 实训目的和要求

了解企业配送中心选址的原因。

2. 实训内容

分小组到参观企业配送中心，了解配送中心基本流程、步骤。了解配送中心的地理位置及周边环境。

每个小组写一份实训报告，要求有以下内容：配送中心简要介绍，实习过程的记录，配送中心的位置优势，不足之处以及改善意见。

3. 考核办法

成绩评定方式：教师通过观察实训过程学生表现以及实训报告完成情况给予评分。

4. 思考与练习

不同特点的配送中心选址各有什么不同？

【项目小结】

配送是在经济合理区域范围内，根据用户要求对物品进行拣选、加工、包装、分割、组配等作业，并按时送达指定地点的物流活动。本项目着重介绍配送和配送中心的概念分类。仓库选址是指在一个具有若干供应点及若干需求点的经济区域内，选择一个地址设置仓库的规划过程。仓库的选址过程应同时遵守适应性原则、协调性原则、经济性原则和战略性原则。仓库选址时除考虑自然环境、经营环境、基础设施状况等方面的因素外，利用数学方法对仓库位置进行量化分析也是仓库选址的重要方法之一。配送中心选址方法可以采用加权因素分析法和迭代重心法。

【关键概念】

（1）配送：在经济合理区域范围内，根据用户要求对物品进行拣选、加工、包装、分割、组配等作业，并按时送达指定地点的物流活动。

（2）共同配送：实质上就是在同一个地区，许多企业在物流运动中互相配合、联合运作，共同进行理货、送货等活动的一种组织形式。

（3）配送中心：是专业从事货物配送活动的物流场所和经济组织，是集加工、理货、送货等多种职能于一体的多功能、集约化的物流据点。

（4）配货：是指将拣取分类好的货品进行出货检查，装入妥当的容器，并做好标记，根据车辆调度安排的趟次等，将物品搬运到出货待运区。

（5）送货作业：是利用配送车辆把客户订购的物品从制造厂、生产基地、批发商、经销商或配送中心送到客户手中的过程。

（6）补货作业：将货品从保管区移到拣货区的作业过程。

【思考与练习】

（1）如何理解配送的概念？配送有哪些特点？

（2）按照配送时间及数量的不同，可以把配送分成哪几种？每一种各有何优缺点？分别适合什么情况？

（3）什么是共同配送？共同配送的特点是什么？实施共同配送的要点有哪些？

（4）说明配送中心选址原则。

（5）介绍配送中心选址技术方法。

（6）某物流公司拟建一配送中心负责向四个工厂进行物料供应配送，各工厂的具体位置与年物料配送量见表 4-11，设物流公司拟建的配送中心对各工厂的单位运输成本相等。

要求如下：

① 请利用迭代重心法确定物流公司拟建的配送中心位置。

② 由于考虑其他因素的影响，利用迭代重心法求出配送中心位置坐标有时在现实工作中难以实现，试述影响配送中心选址的主要因素。

表 4-11　各工厂的地理位置坐标与年物料配送量

工厂及其地理位置坐标	P_1		P_2		P_3		P_4	
	X_1	Y_1	X_2	Y_2	X_3	Y_3	X_4	Y_4
	20	70	60	60	20	20	50	20
年运输量/t	2000		1200		1000		2500	

【案例分析】

案例 1　7-11 便利店的配送系统

每一个成功的零售企业背后都有一个完善的配送系统支撑。7-11 名字的来源是这家便利店在建立初期的营业时间是从早上 7 时到晚上 11 时，后来这家便利店改成了一星期七天全天候营业，但原来的店名却沿用下来。

这家 70 多年前发源于美国的商店是全球最大的便利连锁店，在全球 20 多个国家拥有 2.1

家左右的连锁店。到 2001 年 1 月底，光在中国台湾地区就有 2690 家 7-11 店，美国有 5756 家，泰国有 1521 家，日本是最多的，有 8478 家。

一家成功的便利店背后一定有一个高效的物流配送系统，7-11 从一开始采用的就是在特定区域高密度集中开店的策略，在物流管理上也采用集中的物流配送方案，这一方案每年大概能为 7-11 节约相当于商品原价 10%的费用。

1. 配送系统的演进

一间普通的 7-11 连锁店一般只有 100～200m²，却要提供 2～3000 种食品，不同的食品可能来自不同的供应商，运送和保存的要求也各有不同，每一种食品又不能短缺或过剩，而且要根据顾客的不同需要随时调整货物的品种，种种要求给连锁店的物流配送提出了很高的要求。一家便利店的成功，很大程度上取决于配送系统的成功。

7-11 的物流管理模式先后经历了三个阶段三种方式的变革。起初，7-11 并没有自己的配送中心，它的货物配送依靠的是批发商。以日本的 7-11 为例，早期日本 7-11 的供应商都有自己特定的批发商，而且每个批发商一般都只代理一家生产商，这个批发商就是联系 7-11 和其供应商间的纽带，也是 7-11 和供应商间传递货物、信息和资金的通道。供应商把自己的产品交给批发商以后，对产品的销售就不再过问，所有的配送和销售都会由批发商来完成。对于 7-11 而言，批发商就相当于自己的配送中心，它所要做的就是把供应商生产的产品迅速有效地运送到 7-11 手中。为了自身的发展，批发商需要最大限度地扩大自己的经营范围，尽力向更多的便利店送货，并且要对整个配送和订货系统进行规划，以满足 7-11 的需要。

渐渐地，这种分散化的由各个批发商分别送货的方式无法再满足规模日渐扩大的 7-11 便利店的需要，7-11 开始和批发商及合作生产商构建统一的集约化的配送和进货系统。在这种系统之下，7-11 改变了以往由多家批发商分别向各个便利点送货的方式，改由一家在一定区域内的特定批发商统一管理该区域内的同类供应商，然后向 7-11 统一配货，这种方式称为集约化配送。集约化配送有效地降低了批发商的数量，减少了配送环节，为 7-11 节省了物流费用。

2. 配送中心的好处

特定批发商（又称为窗口批发商）提醒了 7-11，何不自己建一个配送中心？与其让别人掌控自己的命脉，不如自己把自己的脉。7-11 的物流共同配送系统就这样浮出水面，共同配送中心代替了特定批发商，分别在不同的区域统一集货、统一配送。配送中心有一个计算机网络配送系统，分别与供应商及 7-11 店铺相连。为了保证不断货，配送中心一般会根据以往的经验保留 4 天左右的库存，同时，中心的计算机系统每天都会定期收到各个店铺发来的库存报告和要货报告，配送中心把这些报告集中分析，最后形成一张张向不同供应商发出的订单，由计算机网络传给供应商，而供应商则会在预定时间之内向中心派送货物。7-11 配送中心在收到所有货物后，对各个店铺所需要的货物分别打包，等待发送。第二天一早，派送车就会从配送中心鱼贯而出，择路向自己区域的店铺送货。整个配送过程就这样每天循环往复，为 7-11 连锁店的顺利运行修石铺路。

配送中心的优点还在于 7-11 从批发商手上夺回了配送的主动权，7-11 能随时掌握在途商品、库存货物等数据，对财务信息和供应商的其他信息也能握于股掌之中，对于一个零售企业来说，这些数据都是至关重要的。

有了自己的配送中心，7-11 就能和供应商谈价格了。7-11 和供应商之间定期会有一次定价谈判，以确定未来一定时间内大部分商品的价格，其中包括供应商的运费和其他费用。一旦价格确定，7-11 就省下每次和供应商讨价还价这一环节，少了口舌之争，多了平稳运营，这样 7-11 就为自己节省了时间，也节省了费用。

3. 配送的细化

随着店铺的扩大和商品的增多，7-11 的物流配送越来越复杂，配送时间和配送种类的细分势在必行。以台湾地区的 7-11 为例，全省的物流配送就细分为出版物、常温食品、低温食品和鲜食食品四个类别的配送，各区域的配送中心需要根据不同商品的特征和需求量每天进行不同频率的配送，以确保食品的新鲜度，以此来吸引更多的顾客。新鲜、即时、便利和不缺货是 7-11 的配送管理的最大特点，也是各家 7-11 店铺的最大卖点。

和台湾地区的配送方式一样，日本 7-11 也是根据食品的保存温度来建立配送体系的。日本 7-11 对食品的分类是：冷冻型（-20℃），如冰激凌等；微冷型（5℃），如牛奶、生菜等；恒温型，如罐头、饮料等；暖温型（20℃），如面包、饭食等。不同类型的食品会用不同的方法和设备配送，如各种保温车和冷藏车。由于冷藏车在上下货时经常开关门，容易引起车厢温度的变化和冷藏食品的变质，7-11 还专门用一种两仓式货运车来解决这个问题，一个仓中温度的变化不会影响到另一个仓，这样，需冷藏的食品就始终能在需要的低温下配送了。（来源：百度文库）

【思考题】

(1) 讨论 7-11 的物流管理模式的变革。

(2) 7-11 配送中心是怎样运转的？

(3) 总结 7-11 便利店的成功经验，这些经验对我们有什么启示？

案例 2　雅芳的换肤行动

2000～2003 年来，雅芳在中国的销售额以每年 30% 的强劲势头迅猛攀升，基于中国市场的突出表现，雅芳公司董事长兼首席执行官钟彬娴不久前专程造访中国。她在北京表示，雅芳未来两年在华的专卖店将以每年新增 500 家店的速度上升，而中国市场的持续高速发展是雅芳选择在华大举发力的根本原因。雅芳估计中国的护肤品和化妆品市场空间高达 30 亿美元，是其最大的十个市场之一，钟彬娴还预计中国市场将在未来几年超越日本，成为雅芳在亚洲最大的市场。

1. "最后一公里"怪圈

很多人仍然记得雅芳在中国经历过的那次重创。1998 年，这家全球知名的化妆品制造商在中国遭遇"传销之祸"。当时，为了加大打击金字塔式销售(Pyramid Schemes)的力度，中国政府下令禁止一切直销模式，而这正是雅芳从 1993 年进入中国一直采用的销售模式。为此，雅芳在中国不得不放弃其在全球一贯执行的直销策略，开始寻找一种适合中国的销售模式。

能想到的就是开设独立的店面，并在百货公司内开设销售专柜，同时建立其他零售网点。计划开设雅芳专卖店的个人只需向雅芳缴纳略高于 6000 美元的创办费，即可获得雅芳的标志、产品展示材料、一台计算机、相关的培训以及全套雅芳产品。雅芳向专卖店店主独家提供其广州工厂生产的雅芳产品，由他们转售。这些店主也可以聘请促销人员在本地区提供销售及送货服务。

总之，雅芳在中国市场已经不再拥有自己的销售人员，原来独具特色的门到门服务也不复存在。2001 年初，雅芳决心要重构它在中国的供应链体系。雅芳中国区顾客服务部高级总监张恒法作为参与者和策划者，当时心里还一直战战兢兢。但今天再说起旧事，他已经豪气足："谁先解决'最后一公里'的难题，谁就必将胜出！"

此时的雅芳已经在全国各大中城市拥有 2000 个专柜、5000 多个专卖店，2002 年实现销售收入 12 亿元。

张恒法所说的"最后一公里"，指的是雅芳产品从各地分公司到专卖店、专柜的整个过程，这在后来成为雅芳制造的一个"著名"概念。

当时，张恒法等雅芳高层管理人员发现，这"最后一公里"直接影响公司的销售目标实现，但是掌握企业命脉的"最后一公里"却往往成为事故的多发区，有 20%的店面和专柜在这"最后一公里"内流失。

究其原因，雅芳发现是经销商的满意度发生了偏移，而这种偏移主要是物流不畅导致的。雅芳规定经销商到各地分公司取货，但由于经销商分布很广，取货时，有的经销商常常要坐一整天车才能到达分公司仓库，有些没车的经销商拿到货物后还要租车运回、自行装卸，这给他们造成了很大困难。

不仅经销商感到吃力，雅芳自己也感到运作成本太高。雅芳通过长途陆运或空运将货物从广州工厂运到各地分公司的仓库，然后通知经销商到各分公司提取货物，要配合这种物流模式，雅芳在中国的 75 家分公司就要建 75 个大大小小的仓库，分散的库存导致信息的不畅通，雅芳销售额流失巨大。加上多个环节操作使得雅芳不得不投入大量的人力成本，这种消耗大、速度慢、管理难的物流模式越来越羁绊了雅芳的发展。

2. 直达配送借力 3PL

经过将近一年的考察、研究，雅芳最终拿出了一套叫做"直达配送"的物流解决方案。雅芳在北京、上海、广州、重庆、沈阳、郑州、西安、武汉等城市设立了 8 个物流中心，取消了原来在各分公司设立的几十个大大小小的仓库。雅芳生产的货物直接运输到 8 个物流中心，各地经销商专卖店通过上网直接向雅芳总部订购货物，然后由总部将这些订货信息发到所分管的物流中心，物流中心据此将经销商所订货物分拣出来整理好，在规定的时间内送到经销商手中。

这其中涉及的运输、仓库管理、配送服务，雅芳全部交给专业的第三方物流 (3PL) 企业打理。

张恒法说："这对于雅芳来说是冒了极大的险，相当于将先前在中国的供应链打碎后又新建了一个供应链体系。"好在这个模式的推广得到了 5000 多家专卖店的赞同。

"直达配送"项目敲定后，雅芳公开向社会进行招标，最终中邮物流和大通国际运输夺得订单，为其提供 3PL 服务。

2002 年 3 月 1 日，雅芳首先与大通国际运输在广州试点，随后又逐步覆盖广东其他城市，再到福建、广西、海南。2002 年 5 月，中国邮政物流开始为雅芳提供以北京为中心的华北地区的直达配送业务，并逐步渗透到东北、西南等地。到目前为止，共速达与心盟物流也都分别成为雅芳的 3PL 提供商。

大通国际运输和中邮物流已为雅芳公司提供包括干线运输、仓储、配送、退货处理、信息服务、代收货款等多项服务，雅芳的供应链开始变得紧凑起来。最明显的几个变化是：过去 70 多家分公司仓库减少为 8 个区域分拨中心后，物流的操作人员也由过去的 600 人减少到 182 人，降低了物流成本和物流资产占用。

3. 信息技术系统助攻

以前，如果在新疆南部和田的店主要去乌鲁木齐拿雅芳的货，必须带着钱，坐整整一天的火车到喀什，然后转坐 12 小时的汽车才能到达。这样来回离店的时间差不多一个星期，既麻烦又不安全，而且营业额白白损失在路上。

现在，他只需要在互联网上下订单，在线通过银联、招商银行或者邮政付款，就可以坐等 3PL 公司将货物送到店里，最后在网上签收就可以了。

借助信息技术系统，雅芳直达配送物流模式有了技术支撑。雅芳中国自行开发完成了 CIA(综合信息系统)和 DRM(经销商关系管理系统)等系统。其中 DRM 作为中国雅芳业务支持的核心系统是基于互联网运作的，它作为一个公用的平台，将中国雅芳总部、厂部、分公司、销售网点和顾客服务中心及 3PL 企业有效地整合在了一起。

通过专卖店的 POS 系统可以建立客户信息，销售人员可以有选择性地跟进一些重点客户的使用情况，根据这些客户的不同特点向他们推荐新的产品。有了这个系统之后，总部对客户的情况也有了非常详细的了解，产品目录就可以由总部统一寄给客户，节约了成本。

网上订单在方便店主的同时，也可以帮助雅芳公司及时掌握市场信息。总部可以实时掌握各方面的信息，及时对市场动态作出反应。

劫后重生的雅芳终于完成了物流换肤。

(来源：百度文库)

【思考题】

(1) 雅芳为什么要改善配送？

(2) 雅芳的配送采取了哪些手段？

案例 3　家乐福配送中心的选址策略

"每次家乐福进入一个新的地方，都只派 1 个人来开拓市场。进台湾家乐福只派了 1 个人；到中国内地也只派了 1 个人。"家乐福的企划行销部总监罗定中用这句令人吃惊不已的话介绍家乐福。他解释说，这第一个人就是这个地区的总经理，他所做的第一件事就是招一位本地人做他的助理。然后，这位空投到市场上的光杆总经理和他唯一的员工做的第一件事就是开始市场调查。他们会仔细地调查当时其他商店里有哪些本地的商品要出售，哪些产品的流通量大，然后与各类供应商谈判，决定哪些商品会在将来家乐福店里出现，一个庞大无比的采购链完完全全从零开始搭建。

这种进入市场的方式粗看难以理解，却是家乐福在世界各地开店的标准操作手法。这样做背后的逻辑是，一个国家的生活形态与另一个国家生活形态经常是大大不同的，例如，在法国超市到处可见的奶酪，在中国很难找到供应商；在台湾十分热销的槟榔，可能在上海一个都卖不掉。所以，国外家乐福成熟、有效的供应链，对于以食品为主的本地家乐福来说其实意义不大。最简单、有效的方法就是了解当地；从当地组织采购本地人熟悉的产品。

1995 年家乐福进入中国市场后，在短时间内便在相距甚远的北京、上海和深圳三地开设了大卖场，这些卖场各自独立地发展出自己的供应商网络。根据家乐福自己的统计，从中国本地购买的商品占了商场所有商品的 95%以上，仅 2000 年采购金额就达 15 亿美元。

家乐福这个"空降兵"的落点注定是十字路口，因为 Carrefour 的法文意思就是十字路口，而家乐福的选址也不折不扣地体现了这一个标准——所有的店都开在了路口，巨大的招牌 500m 开外就可以看得一清二楚。而一个投资几千万的生意，当然不会是拍脑袋想出的店址，其背后精密和复杂的计算常令行业外的人士大吃一惊。

根据经典的零售学理论，一个大卖场的选址需要经过几方面的测算。

　　(1) 商圈内的人口消费能力。中国目前并没有现成的资料如 CIS(人口地理系统)可供利用，所以店家不得不借助市场调研公司的力量来收集这方面的数据。有一种做法是以某个原点为出发点，测算 5min 的步行距离会到什么地方，然后是 10min 步行会到什么地方，最后是 15min 会到什么地方。根据中国的本地特色，还需测算以自行车出发的小片、中片和大片半径，最后是以车行速度来测算小片、中片和大片各覆盖了什么区域：如果有自然的分隔线，如一条铁路线，或是另一个街区有一个竞争对手，商圈的覆盖就需要依据这种边界进行调整。然后，需要对这些区域进行进一步的细化，计算这片区域内各个居住小区的详尽的人口规模和特征，计算不同区域内人口的数量和密度、年龄分布、文化水平、职业分布、人均可支配收入等许多指标。家乐福的做法还会更细致一些，根据这些小区的远近程度和居民可支配收入，再划定重要销售区域和普通销售区域。

　　(2) 需要研究这片区域内的城市交通和周边商圈的竞争情况。如果一个未来的店址周围有许多公交车，或是道路宽敞，交通方便，那么销售辐射的半径就可以大为放大。设在上海的大卖场都非常聪明，例如，家乐福古北店周围的公交线路不多，家乐福就干脆自己租用公交车定点在一些固定的小区间穿行，方便这些离得较远的小区居民上门一次性购齐一周的生活用品。

　　当然未来潜在销售区域会受到很多竞争对手的挤压，所以家乐福也会将未来所有的竞争对手计算进去。传统的商圈分析中，需要计算所有竞争对手的销售情况、产品线组成和单位面积销售额等情况，然后将这些估计的数字从总的区域潜力中减去，未来的销售潜力就产生了。但是这样做并没有考虑到不同对手的竞争实力，所以有些商店在开业前索性把其他商店的短处摸个透彻，以打分的方法发现其他竞争对手的不足之处，如环境是否清洁，哪类产品的价格比较高，生鲜产品的新鲜程度如何等，然后依据这种精确的调研结果进行具有杀伤力的打击。

　　当然一个商圈的调查并不会随着一个门店的开张而结束，家乐福自己的一份资料指出，有60%的顾客在34岁以下，70%是女性，有28%的人步行，45%通过公共汽车来。所以很明显，大卖场可以依据这些目标顾客的信息来微调自己的商品线。能体现家乐福用心的是，家乐福在上海的每家店都有小小的不同。在虹桥门店，因为周围的高收入群体和外国侨民比较多，其中外国侨民占到了家乐福消费群体的40%，所以虹桥店里的外国商品特别多，如各类葡萄酒、各类泥、奶酪和橄榄油等，而这却是家乐福为了这些特殊的消费群体特意从外国进口的。南方商场的家乐福因为周围的居住小区比较分散，在商场里开了一家电影院和麦当劳，增加自己吸引较远处人群的力度。青岛的家乐福做得更到位，因为有15%的顾客是韩国人，干脆就做了许多韩文招牌。

　　商品的高流通性才是大卖场真正的法宝。相对而言，大卖场的净利率非常低，一般来说只有2%～4%，但是大卖场获利不是靠毛利高而是靠周转快。而大批量采购只是所有商场的商品高速流转的集中体现而已。而体现高流转率的具体支撑手段就是实行品类管理(Category Management)，优化商品结构。根据沃尔玛与宝洁的一次合作，品类管理的效果是销售额上升32.5%，库存下降46%，周转速度提高11%。而家乐福也完全有同样的管理哲学。据罗定中介绍，家乐福选择商品的第一项要求是要有高流通性。例如，如果一个商品上了货架却卖得不好，家乐福就会把它30cm的货架展示缩小到20cm。如果销售数字还是上不去，陈列空间再缩小10cm。如果没有任何起色，那么宝贵的货架就会让出来给其他商品。家乐福这些方面的管理工作全部由电子计算机来完成，由POS机实时收集的数据进行统一的汇总和分析，对每一个产品的实际销售情况、单位销售量和毛利率进行严密的监控。这样做，使得家乐福的商品结构得到充分优化，完全面向顾客的需求，减少了很多资金的搁置和占用。

涉及具体营运的管理，罗定中特意用 Retailis detail 这句简洁无比的英语来解释。以生鲜食品为例，流转的每一个过程点都要加一个控制点，从农田里采摘上来，放在车上，放在冷库里，放到商场到第一批顾客采购了以后，还要进一步整理。所有这一切，都需要对一些细节进行特别的关注。家乐福在这方面发展了一套非常复杂的程序和规则。例如，对于食品进油锅的时候油温是多少度，切开后肉类保鲜的温度是多少度，多长时间必须进行一次货架清理，商品的贴标签和商品新鲜度的管理都有详详细细的规定，以确保自己"新鲜和质量"的卖点不会走样变形。为了能够使制度被不折不扣地执行，员工的培训也完全是从顾客的角度出发的，让员工把自己当成消费者来进行采购，结果当他们看到乱成一团的蔬菜，自己也不愿意买，终于对管理制度有了深刻的理解。

截至 2003 年家乐福已经在中国的 15 个城市建立了 27 个商场。沃尔玛经典的"以速度抢占市场"的哲学，被家乐福抢了先。

（来源：百度文库）

【思考题】

家乐福选址的策略主要体现在哪几方面？

项目五　配　送　作　业

【教学目标】
1. 知识目标
(1) 了解进货、订单、拣货、补货、配货、送货等各物流配送作业环节。
(2) 掌握物流配送作业的各种方式和方法；掌握各项作业所需的设备、设施。
2. 能力目标
能够完成各配送作业环节的基本操作。

【项目概述】
配送作业是按照用户的要求将货物分拣出来，按时按量发送到指定地点的过程。配送作业流程包括进货作业、订单处理、拣选作业、补货作业、配货作业、送货作业的流程。要求学生掌握开展工作的各项作业程序。

【引导案例】

POLA西日本物流中心分拣作业系统

POLA公司成立于1929年，以制造并销售女性用品为主，1991年销售额约2400亿日元，70%为化妆品。POLA西日本物流中心1990年3月新建设完成于POLA袋井工厂厂区内，占地面积17100m²，建筑面积8646m²。负责静冈以西的本州境2600个点(支店、营业所)的配送工作，满足从订货到交货于三日内完成的目标。

在库配送商品约有1200个品种，尖峰出货量达每天185000个包装单位的化妆品，为配合如此庞大的作业量，以及提供高效率、优质的物流服务，作业系统采取自动信息控制与人工控制的弹性组合，以下是各拣货区域作业方式的概况。

(1) 托盘储存货架拣货区以箱为包装单位拣货出库，将由工厂进货的整托盘商品以升降叉车放于托盘货架上保管，少量成箱进货的商品保管于重力式货架上。大批订购的商品不经过储存保管，而是直接以箱为单位利用输送机送往出货区，同时也可以直接补货至数位显示货架拣货区内。这一区域的拣货，采取事先将拣货商品及数量打在标签上，并将标签加贴在商品上指示拣货的方式指示拣货。

(2) 数位显示货架拣货区以单件为包装单位的拣货出库商品置于重力式货架上，各类商品储位上装设有指示拣取数量的数字显示装置，作业人员在所负责的区域内依显示器上所指示的数量拣取商品放入输送机上的篮子里，之后按下确认键，表示该商品已被拣取。当该区所有需拣取商品完成，篮子就往下一个作业员负责区域移动。最后拣完的篮子就送往少批量商品拣货区，空纸箱由上层的输送机回收，送往捆包区。这一区域主要完成多品种、中少批量的拣货工作，采取按单份订单拣货和通过数位显示辅助拣货。

(3) 少批量商品拣货区以单件为包装单位拣货出库，商品保管于轻型货架及重力式货架上，应用计算机辅助拣货台车拣货，拣货信息通过软盘输入拣货台车上的计算机，屏幕上显示货架布置及拣取位置的分布情形，拣货人员依屏幕指示至拣取位置拣取商品，扫读条码，并依照各订单需求数量分别投入8个订单格位塑胶袋内。完成拣货的袋子暂存于集货用的轻型储架上，等待上一区域内相对应订单拣货篮由输送机送达时，加以集合送到检查捆包区。这一区域负责拣取小批量、小体积商品，所以采用计算机辅助台车拣货。

(来源：百度文库)

思考题：

(1)案例中拣选作业中的拣选单位基本上可以分为哪三种?

(2)列出案例中主要的物流设备。

任务一　配送中心作业流程分析

【任务介绍】

该任务包含的内容有：确定配送作业流程，包括进货作业、订单处理、拣选作业、补货作业、配货作业、送货作业的流程。

【任务分析】

只有学习和实践配送中心主要工作流程，才能对配送工作有基本认识，学生也能集合自身条件有针对性地进行学习。

【相关知识】

一、配送作业及流程

配送作业是按照用户的要求，将货物分拣出来，按时按量发送到指定地点的过程。一般包括进货、储存、订单处理、分拣、补货、配货、送货等作业，装卸搬运贯穿其中，见图 5-1 和图 5-2。

图 5-1　配送作业

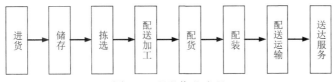

图 5-2　配送作业流程

二、进货作业

基本的环节包括商品从货运卡车上卸货、点数、分类、验收，并搬运到配送中心的储存地点。进货流程如图 5-3 所示。

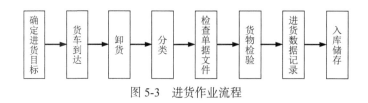

图 5-3 进货作业流程

三、订单处理

订单处理是从接到客户订单开始到着手准备拣货之间的作业阶段，称为订单处理，通常包括订单确认、存货查询、单据处理等内容。订单处理的基本内容及步骤如图 5-4 所示。

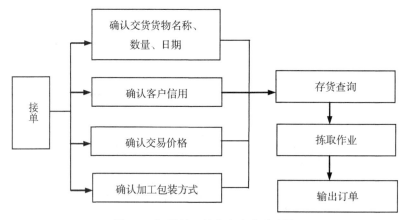

图 5-4 订单处理的基本内容及步骤

（一）接受订货

1. 传统订货方式

传统订货方式包括业务员跑单接单、邮寄订单、客户自行取货、电话口头订货、厂商巡查隔天送货、厂商铺货、传真订货。

2. 电子订货方式

用订货簿或货架标签配合手持终端机及扫描器实现订货，用 POS 系统实现自动订货。

（二）订单内容确认

接单之后，必须对相关事项进行确认，主要包括以下几方面。

1. 货物数量及日期的确认

检查品名、数量、送货日期等是否有遗漏，是否存在笔误或不符合公司要求的情形。尤其当送货时间有问题或出货时间延迟时，更需与客户再次确认订单内容或更正运送时间。

2. 客户信用的确认

不论订单是由何种方式传至公司，配送系统都要核查客户的财务状况，以确定其是否有能力支付该订单的账款。通常的做法是检查客户的应收账款是否已超过其信用额度。

3. 订单形态确认

1) 一般交易订单

交易形态：一般的交易订单，即接单后按正常的作业程序拣货、出货、发送、收款的订单。

处理方式：接单后，将资料输入订单处理系统，按正常的订单处理程序处理，资料处理完后进行拣货、出货、发送、收款等作业。

2) 间接交易订单

交易形态：客户向配送中心订货，直接由供应商配送给客户的交易订单。

处理方式：接单后，将客户的出货资料传给供应商由其代配。此方式需注意的是客户的送货单是自行制作或委托供应商制作的，应对出货资料加以核对确认。

3) 现销式交易订单

交易形态：与客户当场交易、直接给货的交易订单。

处理方式：订单资料输入后，因货物此时已交给客户，故订单资料不再参与拣货、出货、发送等作业，只需记录交易资料即可。

4) 合约式交易订单

交易形态：与客户签订配送契约的交易，如签订某期间内定时配送某数量的商品。

处理方式：在约定的送货日，将配送资料输入系统处理以便出货配送；或一开始便输入合约内容的订货资料并设定各批次送货时间，以便在约定日期系统自动产生所需的订单资料。

4. 订单价格确认

对于不同的客户(批发商、零售商)、不同的订购批量可能对应不同的售价，因而输入价格时系统应加以检核。若输入的价格不符(输入错误或业务员降价接受订单等)，系统应加以锁定，以便主管审核。

5. 加工包装确认

客户订购的商品是否有特殊的包装、分装或贴标等要求，或是有关赠品的包装等资料系统都需加以专门的确认记录。

(三) 存货查询及订单分配库存

存货查询目的：确认是否能满足客户需求。

(1) 分配存货。

分配存货指如何进行有效的汇总分类、调拨库存，以便后续的配送作业能有效进行，分为单一分配、批次分配。批次划分原则有按接单时序、按配送区域路径、按流通加工需求、按车辆需求划分。

(2) 分配后存货不足的异动处理。

(四) 拣取作业时间的计算及出货日程的排定

(1) 先计算每一单元(一件、一箱)的拣取标准时间。

(2) 根据标准时间和每项订购数量，计算每品项的寻找时间。

(3) 汇总订单上的所有品项的拣取时间就得到一张订单的拣取作业时间。

(4) 排定出货日程及拣货顺序。

(5) 订单输出。

四、分拣作业

（一）分拣作业的概念及重要性

分拣作业就是将用户所订的货物从保管处取出，按用户分类集中处理放置。分拣、配货及送货是配送中心的主要职能，而送货是在配送中心之外进行的，所以分拣配货就成为配送中心的核心工序。分拣作业在配送中心作业中所占的比例较大，是最耗费人力和时间的作业。分拣作业的效率直接影响着配送中心的作业效率和经营效益，也是配送中心服务水平高低的重要因素。图5-5所示为人工分拣。

图 5-5　人工分拣

分拣作业的动力产生于客户的订单，拣选作业的目的就在于正确且迅速地集合客户所订的货品。要达到这一目的，必须根据订单分析采用适当的拣选设备，按拣选作业过程的实际情况运用一定的方法策略组合，采取切实可行且高效的拣选方式提高拣选效率，将各项作业时间缩短，提升作业速度与能力。同时，防止错误，避免送错货，尽量减少内部库存的料账不符显现及作业成本增加。可以说，拣选作业完成的结果就是配送中心企业形象的象征。因此，如何在无拣选错误率的情况下，将正确的货品、正确的数量在正确的时间及时配送给顾客，是拣选作业最终的目的及功能。

从成本分析的角度看，物流成本约占货品最终售价的30%，其中包括运输、搬运、仓储等成本项目。在物流成本中，拣选和配送两大项目几乎占整个物流成本的80%，配送费用的发生大多在厂区外部，影响因素难以控制，拣选成本约是其他堆叠、装卸、运输等成本总和的9倍，占物流搬运成本的绝大部分。因此，要降低物流成本以及其中的搬运成本，由拣选作业着手改进可以获得事半功倍的效果。

从人力需求角度来看，目前绝大多数的配送中心仍属于劳动密集型产业，其中拣选作业直接相关的人力更是占50%以上，且拣选作业时间占整个配送中心作业时间的比例为30%～40%。在成本上，拣选作业成本占配送中心总成本的 15%～20%。由此可见，合理的拣选作业方法对配送中心运作效率的高低具有决定性的影响。

（二）分拣作业含义

根据客户订货单所规定的商品品名、数量和储存仓位，将商品从货垛或货架上取出，并分放在指定货位，完成用户的配货要求。

（三）分拣作业流程

图 5-6 所示为分拣作业流程。

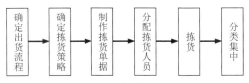

图 5-6　分拣作业流程

1. 拣货资料的形成

在拣选作业开始之前，指示拣选作业的单据或信息必须进行先行处理，生成拣货单。有些配送中心直接利用客户订单或公司的交货单作为人工拣选指示，但因此类传票容易在拣选作业中受到污损导致错误发生，同时无法标识货品的货位，使用必须将原始的传票转换成拣选单或电子信号，以使拣选员或自动拣取设备进行高效率的拣选作业。

2. 确定拣货方式和拣货单位

拣货通常有订单别拣取、批量拣取及复合拣取三种方式。订单别拣取是按每份订单来拣货；批量拣取是多张订单累积成一批，汇总数量后形成拣货单，然后根据拣货单的指示一次拣取商品，再进行分类；复合拣取是充分利用以上两种方式的特点，并综合运用于拣货作业中。

拣货单位可分成栈板、箱及单品三种。一般而言，以栈板为拣货单位的体积及重量最大，其次为箱，最小单位为单品，为了能够作出明确的判别，进一步进行以下划分。

（1）单品：拣货的最小单位，单品可由箱中取出，可以用人手单手拣取者。

（2）箱：由单品所组成，可由栈板上取出，人手必须用双手拣取者。

（3）栈板：由箱叠栈而成，无法用人手直接搬运，必须利用堆高机或拖板车等机械设备。

（4）特殊品：体积大，形状特殊，无法按栈板、箱归类，或必须在特殊条件下作业者，如大型家具、桶装油料、长杆形货物、冷冻货品等，都具有特殊的商品特性，拣货系统的设计将严格受限于此。

拣货单位是根据订单分析出来的结果而作决定的，如果订货的最小单位是箱，则不要以单品为拣货单位。库存的每一品项皆需作以上分析，以判断出拣货的单位。

3. 输出拣货清单

拣货清单是配送中心将客户订单资料进行计算机处理，生成并打印出拣货单。拣货单上标明储位，并按储位顺序来排列货物编号，作业人员据此拣货可以缩短拣货路径，提高拣货作业效率。拣货单格式参见表 5-1。

表 5-1　拣货单

拣货单号码：							拣货时间：	
顾客名称：							拣货人员：	
							审核人员：	
							出货日期：　　年　　月　　日	
序号	储位号码	商品名称	商品编码	包装单位			拣取数量	备注
				整托盘	箱	单件		

4. 确定拣货路线及分配拣货人员

配送中心根据拣货单所指示的商品编码、储位编号等信息，能够明确商品所处的位置，确定合理的拣货路线，安排拣货人员进行拣货作业。

拣选时，要拣取的货品必须出现在拣货员的面前，可以通过两种方式实现。

(1) 人至物方式：拣选员同步行或搭乘拣选车辆到达货品储存位置的方式，其特点是货品采取一般的静态储存方式，如托盘货架、轻型货架等。

(2) 物至人方式：主要移动的一方是被拣取的货物。拣选员在固定位置作业，无须寻找货品的储存位置，该方式的特点是货品采用动态方式储存，如负载自动仓储系统、旋转货架系统等。

此外，还有无人拣取方式，拣取动作自动由机械完成，电子信息输入后自动完成拣选作业，无须人工干预。

5. 拣取

当货品出现在拣选员面前时，接下来就要抓取和确认。确认的目的是确定抓取的物品、数量与指示拣选的信息相同。实际作业中都是利用拣选员读取品名与拣货单作对比，比较先进的方法是利用无线传输终端机读取条码由计算机进行对比。准确的确认可以大幅度降低拣选的错误率，同时也比出库验货作业发现错误并处理更加直接而有效。

6. 分类与集中

由于拣取方式的不同，拣取出来的货品可能还需要按订单类别进行分类与集中，分类完成的每一批订单的类别和货品经过检验、包装等作业后出货。

(四) 拣选作业方式

1. 摘果式拣选

摘果式拣选法(订单别拣法)，是针对每一份订单(每个客户)，拣货人员或设备巡回于各个货物储位，将所需的货物取出(形似摘果)。其特点是每人每次只处理一份订单(或一个客户)。应用电子显示标签进行摘果式拣选，一般要求每一品种货(货位)对应一个电子标签，控制计算机系统可根据货物位置和订单数据，发出出货指示并使货架位上的电子显示标签亮灯，操作员根据电子标签所显示的数量及时、准确地完成商品拣货。

优点：作业方法单纯；订单处理前置时间短；导入容易且弹性大；作业人员责任明确，派工容易、公平；拣货后不必再进行分拣作业，适用于数量大、品种少的订单的处理。

缺点：商品品种多时，拣货行走路线过长，拣取效率低；拣取区域大时，搬运系统设计困难；少量、多批次拣取时，会造成拣货路径重复费时，效率降低。

2. 播种式分拣

播种式分拣，也称批量拣选，即将每批订单的同种商品累加起来，从储存仓位上取出，集中搬运到理货场，并按每张订单要求的数量投入对应的分拣箱，分拣完成后分放到待运区域，直至配货完毕。

应用电子显示标签的播种式分拣系统，其每个电子标签货位代表一张订单(一个客户)，操作员先通过条码扫描把将要分拣货物的信息输入系统中，需要货物的(客户)分货位置所在的电子标签就会亮灯，同时显示出该位置所需分货的数量。载有一个品种货物的拣货人员或设备，巡回于各个客户的分货位置，按显示数量分货。

优点：适合订单数量大的系统；可以缩短拣取时的行走搬运距离，增加单位时间的拣取量；对于少量、多批次的配送十分有效。

缺点：由于必须等订单达到一定数量时才做一次处理，因此订单处理前置时间长。

（五）拣货依据

拣货依据是拣货作业的原动力，产生自客户的订单，其主要目的在于指示拣取进行。为了使拣货人员在既定拣货方式之下正确而迅速地完成拣取，拣货依据成为拣货作业规划设计中重要的一环。包括交接单据、拣货单、拣货标签、电子信息等。

1. 交接单据

直接利用客户的订单（三联单之分页、影印本）或公司的交货单作为拣货指示。

优点：无需利用计算机等设备处理拣货信息，适用于订购品项甚少或少量订单型态，配合订单别拣取方式。

缺点：此类单据容易在拣货过程中受到污损，或因存货不足、缺货等注记直接写在单据上，导致作业过程中发生错误或无法判别确认。未标示产品的储位，必须靠拣货人员的记忆在储区中寻找存货位置，更不能引导拣货人员缩短拣货路径。

2. 拣货单

将原始的客户订单输入计算机后进行拣货信息处理，打印拣货单。

优点：避免单据在拣取过程中受到污损。在检品过程中再使用原始单据查对，可修正在拣货作业过程中发生的错误。产品的储位显示在拣货单上，同时可按路径先后次序排列储位编号，引导拣货人员循最短拣取路线拣货。可充分配合分区、订单分割、分批等拣货策略，提升拣货效率。

缺点：拣货单处理打印工作耗费人力、时间。拣货完成后仍需经过检品过程，以确保其正确无误。

3. 拣货标签

由打印机打印出所需拣货之物品名称、位置、价格等信息的拣货标签，数量相等于拣取量，在拣取同时贴标签于物品上，以作为确认数量的方式。若连条形码也一起印出时，利用扫描器可以追踪调查不同供应商、不同批次等情况。

优点：结合拣取与贴标签的动作，减少流通加工作业与往复搬运检核动作，及缩短整体作业时间。可以落实拣取时清点拣取量的步骤，提高拣货的正确性。

缺点：环节复杂。

4. 电子信息

以电子信息指示拣取可称为无纸化的拣取，可分下列两类：

（1）计算机辅助拣货系统。拣取的动作仍由人力达成，而以计算机协助到达或显示储存位置及拣取数量，甚至有些系统可侦测拣取时所发生之错误。

（2）自动拣货系统。拣取的动作由自动的机械负责，电子信息输入后自动完成拣货作业，无需人手介入。

五、补货作业

补货作业是将货品从保管区移到拣货区的作业过程，目的是保证拣货区有货可拣。

（一）补货作业的内容

补货作业主要的内容应包括：确定所需补充的货物，领取商品，做好上架前的各种打理、准备工作，补货上架。

（二）补货方式

1. 整箱补货

由货架保管区补货到流动货架的拣货区。这种补货方式的保管区为料架储放区，动管拣货区为两面开放式的流动棚拣货区。拣货员拣货之后把货物放入输送机并运到发货区，当动管区的存货低于设定标准时，则进行补货作业。这种补货方式由作业员到货架保管区取货箱，用手推车载箱至拣货区，较适合于体积小且少量多样出货的货品。

2. 托盘补货

这种补货方式是以托盘为单位进行补货。托盘由地板堆放保管区运到地板堆放动管区，拣货时把托盘上的货箱置于中央输送机送到发货区。当存货量低于设定标准时，立即补货，使用堆垛机把托盘由保管区运到拣货动管区，也可把托盘运到货架动管区进行补货。这种补货方式适合于体积大或出货量多的货品。

3. 货架上层—货架下层的补货方式

这种补货方式保管区与动管区属于同一货架，也就是将同一货架上的中下层作为动管区，上层作为保管区，而进货时则将动管区放不下的多余货架放到上层保管区。当动管区的存货低于设定标准时，利用堆垛机将上层保管区的货物搬至下层动管。这种补货方式适合于体积不大、存货量不高，且多为中小量出货的货物。

（三）补货时机

补货作业的发生与否主要看拣货区的货物存量是否符合需求，因此究竟何时补货要看拣货区的存量，以避免出现在拣货中发现拣货区货量不足需要补货的情况，而造成影响整个拣货作业。通常，可采用批次补货、定时补货、随机补货三种方式。

1. 批次补货

在每天或每一批次拣取之前，经计算机计算所需货品的总拣取量和拣货区的货品量，计算出差额并在拣货作业开始前补足货品。这种补货原则比较适合于一天内作业量变化不大、紧急加订货不多，或是每一批次拣取量需事先掌握的情况。

2. 定时补货

将每天划分为若干时段，补货人员在时段内检查拣货区货架上的货品存量，如果发现不足，马上予以补足。这种"定时补足"的补货原则较适合分批拣货时间固定且处理紧急加订货的时间也固定的情况。

3. 随机补货

随机补货是一种指定专人从事补货作业的方式，这些人员随时巡视拣货区的分批存量，发现不足随时补货。这种"不定时补足"的补货原则较适合于每批次拣取量不大、紧急加订货较多，以至于一天内作业量不易事前掌握的场合。

（四）补货流程

（1）客户订货。

（2）检查拣货区的存货是否充足。

（3）如果货物充足，可以满足客户订货数量要求，则可直接进行补货，此时补货结束。如果此时拣货区的存货不能满足客户订货要求，转至下面步骤。

（4）打印补货标签。

（5）选择补货方式（如整箱补货或者拆零补货）。

（6）找到存货空栈，将空栈板移走，由保留区移栈板至拣货区补货。

（7）补货上架（此时用到补货标签，核对货品名称、条码、货位等，注意摆放整齐）。

（8）重新记录存货档案。

（9）新栈板归位。

【阅读资料】

某县合作连锁超市有限公司补货流程

1. 目的

明确商品补货流程，规范配送中心补货作业，保证仓库库存处于安全库存范围。

2. 范围

适用于配送中心的补货作业管理。

3. 职责

1）仓管员

仓管员负责查看商品仓库库存并填写补货单。

2）仓管组长

仓管组长负责审核补货单并在系统中作补货申请。

3）配送中心主管

配送中心主管负责补货申请的审核。

4. 工作流程查

看库存→手写补货单→审核补货单→补货申请审核→补货→申请供应商送货。

5. 工作程序

1）查看库存

仓管员在供应商送货周期内查看系统库存，并将此库存与该商品仓库安全库存进行比较，如果实际库存小于仓库安全库存，则要求进行补货工作。反之，则不要求。

2）手写补货单

各仓管员根据对库存查看结果及商场需求变动等情况手写补货单，内部资料请妥善保管，并在补货单上签字确认后交仓管组组长。

3）审核补货单

仓管组组长对各仓管员的手写补货单进行汇总，并对补货单的可行性进行分析审核，审核后在其后面签字确认。

4）补货申请

仓管组组长对已审核的补货单在系统中进行补货申请，并对已在系统中录入的加以标识，以免重复录入造成仓库库存积压。

5）审核补货申请

配送中心主管对在系统中的补货申请实施复合查看，可行的则予以审核；不可行的则在系统中直接进行更改，并向该仓管组组长反馈。

6）供应商送货

供应商在收到补货申请后，按照供应商送货周期进行及时配送。

六、配货作业

（一）配货的含义

配货是指将拣取分好类的货品做好出货检查，装入妥当的容器，并做好标记，根据车辆调度安排的趟次等，将物品搬运到出货待运区。配货作业包括流通加工作业、拣货作业、包装作业、配装作业。

流通加工作业包括商品的分类、称重、拆箱重包装、贴标签及商品组合包装。

拣货作业是根据客户订单的品种及数量进行出货商品的拣选。

包装作业是指将用户所需要的货物拣选出来以后，为了便于运输和识别各个用户的货物，有时还要对配备好的货物重新进行包装，并在包装物上贴上标签。

（二）配货作业基本流程

1. 分拣（分货）

任务：将发给同一客户的各种物品汇集在一处，以等待发运指令。

方式：人工分拣、自动化分拣。

2. 流通加工作业

流通加工作业主要包括商品的分类、称重、拆箱重包装、贴标签及商品组合包装。

3. 出货检查

出货检查是指把拣取物品依照客户、车次对象等，按出货单逐一核对货品的品项及数量。同时，还必须核查货品的包装与质量。方法主要有人工检查法、条形码检查法、声音输入检查法、重量计算检查法等。

4. 包装、捆包

包装是配货作业中一个重要的环节，它起到保护商品，便于搬运、储存，提高用户购买欲望以及易于辨认的作用，分个装、内装和外装三种。

（三）出货形式

与拣货方式相同，一般以托盘、箱、单件方式进行出货。

七、送货作业

（一）送货作业的含义

送货作业是利用配送车辆把客户订购的物品从制造厂、生产基地、批发商、经销商或配送中心送到客户手中的过程。

国内配送中心、物流中心的配送经济里程在 30km 半径范围内，是一种短距离、小批量、高频率的运输形式。它以服务为目标，以尽可能满足客户需求为宗旨。

（二）送货的两种形式

（三）送货作业的特点

（1）时效性——确保能在指定的时间内交货。

（2）可靠性——将货品完好无缺地送达目的地。

（3）沟通性——充分利用与客户沟通的机会。

（4）便利性——让顾客享受到便捷的服务。

（5）经济性——提高配送效率，加强成本管理与控制。

（四）送货作业基本流程

送货作业的基本流程是：划分基本配送区域→车辆配载→暂定配送先后顺序→安排车辆→选择配送线路→确定最终的配送顺序→车辆积载→送达服务。

【任务实施】

教师首先介绍背景知识，通过 PPT 和图片对配送中心主要业务流程进行讲解，让学生有初步认识。其次，带领学生到企业进行业务实践，使学生熟悉业务工作程序。

【归纳总结】

主要内容是配送作业流程的分析，包括进货作业、订单处理、拣选作业、补货作业、配货作业、送货作业的流程分析。

【实训任务】

配送作业实习

1. 实训目的与要求

掌握配送作业主要程序，提高实际操作能力。

2. 实训内容

(1)学生进行分组，确定角色。

(2)学生到企业配送点承担收货员、订单处理员、拣货员、送货员等角色，顶岗实习。

(3)实训结束时，学生小组完成实训报告并上交。

3. 考核办法

组长根据表现负责对本组成员进行评分；教师针对小组综合表现评定小组成绩；小组成员个人分析报告为个人成绩评定依据。

4. 思考与练习

(1)配送中心的基本工作岗位包括哪些?

(2)各工作岗位对员工素质有什么要求?

任务二　配送中心退货管理

【任务介绍】

该任务包含的内容：分析退货的原因，确定商品退货管理的原则，进行商品退货作业。

【任务分析】

配送商品的退换货服务对配送中心增强竞争力有重要意义，要增强认识，有针对性地进行学习。

【相关知识】

配送中心的业务宗旨是及时、准确地将货物送达客户手中，但由于消费需求的多变性，往往货物在客户手中停留一段时间后，又要进行退货或调换。

退换货的原因多种多样，配送中心必须采取相应的管理手段，既满足客户的退换货要求，又保持配送中心的工作顺利进行。

一、商品退货的原因

商品退货是指配送中心按配送合同将货物发出后，由于某种原因，客户将商品退回公司。商品退货会即时减少公司的营业额，降低利润，因此企业要检讨商品竞争力，了解导致商品退货的原因，加强经营管理，提高营运绩效。

通常发生退货或换货的原因主要如下。

（一）依照协议退货

对超市与配送中心订有特别协议的季节性商品、试销商品、代销商品等，协议期满后，剩余商品配送中心将给予退回。

（二）有质量问题的退货

对于鲜度不佳、数量不足等有瑕疵的商品，配送中心也将给予退换。

（三）搬运途中损坏退货

由于包装不良，货物在搬运途中受到剧烈震动，造成产品破损或包装污损的商品，配送中心将给予退回。

（四）商品过期退回

一般的食品或药品都有相应的有效期限，如面包、卤味、速食类以及加工肉食等。通常配送中心与供应商定有协议，商品的有效期一过，就予以退货或换货。在消费者意识高涨的今天，过期的货品绝对要从货架上卸下，不可再卖。对过期商品的处理，要花费大量的时间、费用和人力，无形中增加了营运成本。为此，配送中心必须做到适量订货，事前通过准确分析商品的需求，实施多次少量配送，从而减少过期商品产生；同时要特别注意进货时商品上的生产日期，做到先进先出。

（五）次品回收

产品在设计、制造过程中存在问题，但在销售后，才由消费者或厂商自行发现。存在重大缺失的商品，必须立即部分或全部回收。这种情况虽不常发生，却是不可避免的。

（六）商品送错退回

凡是有效期已超过 1/3 以上的商品，以及商品条形码、品项、规格、细数、重量、数量与订单不符，都必须换货或退回。

二、做好商品退货的意义

实施商品的退换货服务，是配送中心售后服务中的一项基本任务。现代企业的竞争手段多种多样，竞争的基础已不仅是产品本身，更是产品的外延——售后服务。做好商品的退换货工作是配送中心扩大市场份额、维系老客户、吸引新客户的有效手段，对搞好配送中心的工作有着积极的推进意义。

（一）做好商品的退换货工作可以满足客户需要，吸引大量订单

现代消费者的购买能力较强，需求多变性的特征表现明显，准确地洞悉市场变化，了解消费倾向对经营者来说越来越困难。预测市场不准导致进货量失误，产品开发时间过短导致产品缺陷等种种对经营者不利的现象屡屡发生，为维护自身利益，经营者往往希望上述问题能够得到妥善解决。配送中心对配送的货物若能做到及时调换，就能为经营者解决后顾之忧，从而吸引大量的配送订单。

（二）做好商品的退换货工作可以建立良好的企业形象

配送中心的工作主要是提供服务，服务的无形性决定了人们在感知它时具有不确定性、无标准性。服务的内容能否被需要它的人接受，要看其满足需要的程度。配送中心对所发出的有问题商品进行及时的退换货处理，可保证广大客户的利益，进而增强自己与客户的亲和力，建立良好的企业形象。

（三）做好商品的退换货工作可以提高资源的利用率

配送中心进行退换的商品并不都属于有问题商品。退换的商品有时是某一地区销售季节已过，但商品本身并不存在任何问题，可在另一地区继续销售的商品；有时是因某一经营者的经营范围有限，无法在商品保质期内全部销售完毕，若适当调配，则可在其他地区短期内销售殆尽的商品。对于这类商品，配送中心可利用自己的商品信息系统，将其适时地调配到

合适的经营地点，充分发挥这些商品的效用，提高社会资源利用率。

三、商品退货管理的原则

配送中心在处理客户的退货时，不管是"经销商的退货"，还是"使用者的退货"，都必须遵循一定的原则。

（一）责任原则

商品发生退换货问题，配送中心首先要界定产生问题的责任人，即配送中心在配送时产生的问题，还是客户在使用时产生的问题。与此同时，配送中心还要鉴别产生问题的商品是否由己方送出，从而给出最佳的解决方案。

（二）费用原则

进行商品的退换货要消耗企业大量的人力、物力和财力。配送中心在实施商品退换货时，除由配送中心自身原因导致的商品退换外，通常需要对要求进行商品退换的客户加收一定的费用。

（三）条件原则

配送中心应当事先决定接受何种程度的退货，或者在何种情况下接受退货，并且规定相应的时间作为退换期限。例如，决定仅在"不良品或商品损伤的情况下接受退货"；或是"销售额的6%以内的退货"；"7天之内，保证退货还钱"等。

（四）凭证原则

配送中心应规定客户以何种凭证作为退换商品的证明，并说明该凭证得以有效使用的方法。

（五）计价原则

退换货的计价原则与购物价格不同。配送中心应将退换货的作价方法进行说明，通常是取客户购进价与现行价的最低价进行结算。

四、商品退货管理的原则

为规范商品的退换货工作,配送中心要制订一套符合企业标准流程作业的退货作业流程,以保证退货业务的顺利进行。退货作业流程如下。

（一）接受退货

配送中心的销售部门接到客户传来销货退回的信息后，要尽快将销货退回信息通知质量管理及市场部门，并主动会同质量管理部门人员确认退货的原因。若客户退货原因明显为公司的责任，如货号不符、包装损坏、产品品质不良等，应迅速整理好相关的退货资料并及时帮助客户处理退货，不允许压件不处理。若退货的责任在客户，则销售人员应会同质量管理部门人员向客户说明判定责任的依据、原委及处理方式，如果客户接受，则请客户取消退货要求，并将客户销退的相关资料由质量管理部门储存管理；如果客户仍坚持退货，则销售、质量管理部门人员须委婉向客户作进一步的说明，客户仍无法接受时，再会同市场部门作深层次的协商，以"降低公司损失至最小，且不损及客户关系"为原则加以处理。

配送中心接受客户退货时，销售部门要主动告知客户有关销货退回的受理相关资料，并主动协助客户将货品退回销售部门。若该批退货商品经销售部门与客户协商需补货时，销售人员要将补货订单及时传递给采购或库存部门，迅速拟定补交货计划，以提供相应货号、数量的商品给客户，避免客户因停工而效益受到影响。客户的生产、经销需求比较迫切时，销售部门要依据客户的书面需求或电话记录并经主管同意后，由相关部门安排进行商品更换，不得私下换货。

（二）重新入库

对于客户退回的货品，配送中心的销售部门要进行初步审核。通常配送中心受理客户提出退货的要求后，企业的信息系统根据相关信息即生成销货退回单。销货退回单上将记载货品编号、货品名称、货品规格型号、货主编号、货主名称、仓库编号、区域、储位、批次、数量、单位、单价及金额等信息，销售人员接到退货后，即将退货商品的名称和数量与销货退回单进行初步核对，在确保退货的基本信息没有出现误差后，由企业的库存部门将退货商品重新入库。

（三）重验货物品质

配送中心将客户退回的商品重新入库时，要通知质量管理部门按照新品入库验收标准对退回的商品进行新一轮的检查，以确认退货品的品质状况。对符合标准的商品进行储存备用或分拣配送；对于客户退货的有问题商品，在清点数量与销货退回单标志相符后，将其以"拒收标签"标示后隔离存放。

质量管理部门在确认销货退回品的品质状况后，应通知储存部门安排拣货人员进行重新挑选，或降级使用或报废处理，使公司减少库存呆滞品的压力；储存部门要进行重新挑选并确保有问题商品不再流入客户的生产线及经营之中，并于重新挑选后向质量管理部门申请库存重验；质量管理部门需依据出货抽样计划加严检验方式重验有问题商品的品质，合格产品可经由合格标示后重新安排到正品仓库内储存，并视客户需求再出货，凡未经质量管理部门确认的商品一律不得再出货。

（四）退款估算

实施商品退换货虽然能满足客户的各种需要，给配送中心的日常配送工作却带来不便，例如，退换货打乱了已经制订完毕的购销计划，增加了配送车辆的安排，变更了分拣、备货等工作的具体环节，给配送中心的工作添加了许多变量。同时，由于销货和退货的时间不同，同一货物价格可能出现差异，同质不同价、同款不同价的问题时有发生，故配送中心的财务部门在退货发生时要进行退回商品货款的估价，将退回商品的数量、销货时的商品单价及退货时的商品单价信息输入企业的信息系统，并依据销货退回单办理扣款业务。

结算理赔费用的主要指标如下。

1. 退赔数量

退赔数量即一定时期内实际发生的商品理赔退返数量，包括在计算期内免费维修的商品数量；超出保修期而维修的商品数量；无法维修全部或部分退货的商品数量。

2. 退赔品种

退赔品种即一定时期内实际发生理赔退返的商品品种类别。不同类别的商品理赔额度不同，如工业品生产资料单件品的理赔额度远高于一般日用品。

3. 退赔期限

配送中心要确定合理的退赔期限，既不要过长，以免理赔金额过大，影响客户的资金周转；也不要过短，以免使交易双方频繁结算，占用大量时间，影响日常工作进度。

（五）质量管理部门的追踪处理

商品退货时，客户常常会抱怨。质量管理部门应追踪销货退回的处理情况及成效，并将追查结果予以记录，及时通知客户。与此同时，质量管理部门应冷静地接受客户抱怨，并抓住抱怨的重点，分析事情发生的原因，找出解决方案。在问题解决后，还要对客户加强后续服务，使客户对企业拥有良好的印象。最后，质量管理部门还要对客户抱怨以及销货退回处理状况进行存储，作为今后配送工作改善及查核的参考。

（六）调整库存量

销货退回的商品经清点后，配送中心要迅速调整库存量。在正常情况下，配送中心通过相应的库存管理，可以科学合理地控制库存的订购点、订购量和库存基准。但当发生销货退回问题时，配送中心的库存有时会超出货品库存数量的最高界限，若配送中心不及时调整库存安排，将会冲击购销计划，增加库存成本，降低企业效益。因此，销货退回后，销售部门要尽快编写退货受理报告书，以作为商品入库和冲销销货额、应收账款的基础资料；财务人员据此报告书调整账面上的"应收账款余额"与"存货余额"；备货人员据此报告书，重新调整购货计划及订购量，或暂时少进，或差额补缺，以保证库存商品数量科学合理，达到既能满足客户需求，又能保持合理库存的目标。

【任务实施】

教师首先介绍背景知识，通过 PPT 和图片对退货管理的要求和主要业务流程进行讲解，让学生有初步认识。其次，带领学生到企业进行退货业务实践，熟悉业务工作程序。

【归纳总结】

实施商品的退换货服务，是配送中心增强竞争力的手段之一，是增大市场份额、维系老客户、吸引新客户的有效手段。学习本任务后主要掌握的内容是退货作业流程的分析，包括商品退货原因分析、退货流程、退货结算等。

【项目小结】

配送作业是按照客户需求，将货物进行分拣、重新包装、贴标签、配货、配装等物流活动，按时按量发送到指定地点的过程。要熟悉配送中心作业的流程；了解配送中心的订单处理作业、拣货及补货作业、退货作业等基本业务。

【关键概念】

（1）配送作业：是按照客户需求，将货物进行分拣、重新包装、贴标签、配货、配装等物流活动，按时按量发送到指定地点的过程。

（2）订单处理：从接到客户订单开始到着手准备拣货之间的作业阶段，称为订单处理，通常包括订单资料确认、存货查询、单据处理等内容。

（3）拣货：依据顾客订货要求或配送中心的送货计划，迅速、准确地将商品从其储位或其他区域拣取出来，并按一定的方式进行分类、集中，等待配装送货的作业过程。

（4）摘果式拣选：对于每张订单，拣选人员或拣选工具在各个存储点将所需物品取出，完成货物分配。

（5）播种式拣选：把每批订单上的相同商品各自累加起来，从存储仓位上取出，集中到理货现场，然后将每一门店所需的数量取出，分放到要货单位商品运货处，直至配货完毕。

（6）补货作业：是将货物从仓库保管区域搬运到拣货区的工作。

【思考与练习】

（1）什么是物流配送作业的进货、订单、拣货、补货、配货、送货？

（2）进货作业主要包含哪些工序？

（3）订单作业的接受方式有哪些？它需要确认哪些内容？

（4）拣货作业的两种常用方法有什么区别？它的设施又有哪些？

(5) 补货的主要作业方式是什么？

(6) 配货的主要工作有哪些？

(7) 针对某一超市，了解它的配送流程。

(8) 选择一个物流配送中心，参观各个配送作业的具体操作过程。

(9) 进行商品的退货工作对配送企业有哪些影响？

(10) 如何进行商品的退换？

(11) 怎样才能减少商品的退换？

【案例分析】

案例 1　多伊公司的退货规定

多伊公司规定，只有由本公司售出并具有经签字准许退货证明的商品才接受退货。除了由于本公司的原因所引起的退货外，其他退货至少要收 6%的代保管费，此外还要加收使退货整修成为可销售新商品所需要的各种费用。退货应注明原发票的号码和货物售价，并预付运费和保险费。如果退货是因为多伊公司的过错引起的，那么运输费用由多伊公司承担。退货总是按原批发价和现行价就低的原则计价结算。申请退货必须在开出发票日期的四周内提出。

【思考题】

(1) 多伊公司的退货规定使用了哪些退货原则？

(2) 多伊公司的产品予以退货的原因有哪些？

案例 2　车辆制造厂的配送

BD 公司某车辆制造厂生产高级的铁路客车，采用流水线的生产方式。该制造厂分为 3个主要生产车间，依次为钢结构车间、喷涂车间、总装车间(主要是电器安装，水、气设施安装，内外装饰等)。从钢结构车间的 PM01 工序开始组装，到 PM36 工序的最终检查结束，共有 36 道工序。生产中所用材料有自制件和采购件，自制件包括部分装饰部件(型材类、板类)；采购件主要包括各类钢板、管材、铝型材、油漆等原材料，电器件，各种模块(洗手间、茶炉、空调、包厢等)，防寒材料，胶类，装饰类材料，座椅，桌子，标准件以及部分无法自制的部件等。

公司某材料仓库负责工序 18～28 的物料配送，由仓库管理员按照工作单所列出的发料清单，对每道工序所列出的零部件集料，然后运往集料区，再由仓库保管员发往各工序。每天的发料数量是 70 个订单(两天装配一辆)，所有的订单数量是 140 个。订单由公司的 MRP 系统发出。该仓库为两层，全部是货架结构，货架为 1～36 号，共 1584 个库位。在一层的 1～8 号货架存放的是管件，9～21 号货架存放结构件，二层的 1～15 号货架存放标准件。公司决定把生产速度由原来的每 2 天一辆车提高到每 1.5 天一辆，这样仓库每天配送的订单增加到90 个，由于工作量的大幅度增加，仓库产生了大量的加班，并且配送失误率大大增加。仓库考虑增加人员和设备，但公司没有批准。

【思考题】

(1) 一般仓库拣选方式有哪些？BD 公司的仓库采用的拣选方式属于哪一种？

(2) 根据案例材料，BD 公司是按照什么原则来设定仓库库位的？

(3) 在不增加人员和设备的前提下，请简要回答可以采取何种措施解决 BD 公司仓库目前"产生大量加班，配送失误率大大增加"的问题。

项目六　配送中心经营管理

【教学目标】

1. 知识目标

(1)了解几种不同的配送作业组织方法。

(2)理解协同配送(共同配送)。

(3)了解配送线路确定的原则和线路设计方法。

(4)了解车辆运营管理的主要内容和主要方法。

(5)熟悉配送合同的格式。

2. 能力目标

能够根据资料进行线路设计，会编写配送合同。

【项目概述】

本项目介绍配送组织形式、共同配送、配送线路设计方法、车辆运营管理、配送合同管理等内容。要求学生掌握节约法的计算、配载方法，基本的线路设计和配送合同的内容。

【引导案例】

三星中国的物流加速度

三星电子近十年来的发展速度令人感到炫目。但如何提升和获取稳定的运营利润，依旧是摆在三星电子面前的一道难题。手机是带给三星电子辉煌的产品，但在这个产品生命周期越来越短的行业，三星电子赖以自豪的全球化供应链结构"韩国研发、中国制造、全球销售"的短板暴露无遗。如何在一条横跨全球的供应链条中，既保持研发能力和制造成本的优势，又不影响销售的速度？

1. 垂直战略

三星电子目前采用的物流架构，与其产品定位和制造策略不无关联。目前三星电子的四大支柱业务——移动、家庭网络、企业网络、核心部件均取得了长足发展。三星电子早已意识到了来自竞争对手的压力，并针对自己的产品特性、制造模式开始加强了上下游之间资源的垂直整合。2005 年，三星电子将收入的 9%约为 54 亿美元投入研发和设计。在此之前的 2004 年的投入约为 46 亿美元，占收入的 8.3%。在供应链管理上采用先进的信息技术系统，让公司内部和主要客户间共享数据和信息。

2. 其他举措

重视商业合作伙伴，将客户分出优先次序，让最高级的客户享受最好的待遇。在物流网络上，三星电子着力强化链接的有效性。作为三星电子最具代表性的赢利路线，传统产品是在韩国研发，中国生产，在美国和欧洲市场销售，但有了 SCM 系统的支撑，这些分散的布局构成了一张无形的网络，而这张网也为三星电子提供了不可或缺的资源整合通路。建立园区是三星电子完善物流网络的又一重要举措。通常的模式下，三星电子在设立制造基地的同时也召集供应商入驻园区，把原来需要空运、海运采购原材料和零部件的方式变得简单，不仅节省了大部分运输成本，还将库存成本几乎降为零，最高效地保证了生产，提高了产能。目前，三星电子已在全球建立了包括北京在内的七个工业园区。在物流业务上的外包尝试也提高了三星电子的供应链效率。通过与第三方物流服务商 EXEL 的合作，产品可以通过 EXEL 在洛杉矶、纽约和芝加哥的仓库周转，这大大缩短了和许多重要客户之间的距离，不仅缩短了交货期，也提高了交货率。

（来源：百度文库）

思考题：三星的垂直战略给三星带来了哪些收益？

任务一　配　送　组　织

【任务介绍】

该任务包含的内容有：TSP 与 VRP 问题、节约法的基本思想、配货与车辆配载、零担货运、协同配送等。要求学生了解概念，掌握相关计算方法。

【任务分析】

对于配送组织工作，可以通过参观企业配送中心进行了解，要熟悉计算方法，需多做练习题。该任务分为配送方法、协同配送两个子任务。

子任务（一）　配　送　方　法

【相关知识】

一、TSP 与 VRP 问题

旅行商问题（Traveling Salesman Problem，TSP）是运筹学、图论和组合优化中的典型问题，在实际生活中有着广泛的应用前景。TSP 不仅可以解决最优巡回路线等类的问题，在交通车辆巡回、学校教师课程计划安排、工厂装配线进度管理以及民航机组人员轮班等方面上也有着广泛的应用前景。

TSP 问题一般可以描述如下：一个旅行者从出发地出发，经过所有要到达的城市后，返回出发地。要求合理安排其旅行路线，使得总旅行距离（或旅行费用、旅行时间等）最短。如图 6-1，要找到图中的唯一经过所有点并回到原点 1 的最短路径。图 6-2，是解决方案。

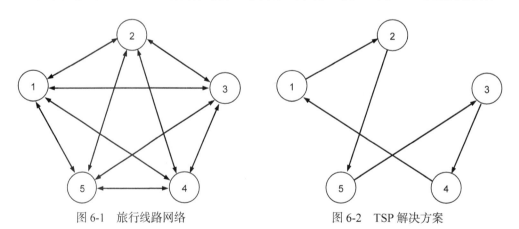

图 6-1　旅行线路网络　　　　　　　　　图 6-2　TSP 解决方案

在处理现实生活中的具体问题时，可以对 TSP 附加一些限制性条件。例如，在模型中假设该旅行者的时间有限，进而添加相应的时间约束等，从而衍生出许多和 TSP 相关的问题。

车辆路线安排问题（Vehicle Routing Problem，VRP）是指对物流配送的车辆进行优化调度。该问题一般可以描述如下：对一系列装货点或（和）卸货点，组织适当合理的行车路线，使车辆有序地通过它们，在满足一定的约束条件(如货物需求量和发送量、交发货时间、车辆容量、数目限制、车辆行驶里程、时间限制等)下，达到一定的目标(如最短路程、最小费用、最短时间、最少车辆等)。

VRP 问题由 Dantzig 和 Ramser 于 1959 年首次提出，该问题一经提出，立即引起了运筹学、图论与网络分析、物流科学、计算机应用等学科专家与运输问题制订和管理者的极大重视，成为运筹学和优化科学研究的前沿和热点问题。众多科学家对 VRP 进行了大量的理论研究和实验设计，他们的不懈努力促进了该问题的巨大进展。目前，该问题已经不再局限于原来的汽车运输问题，在水路和航空运输、工业管理、电网建设、通信工程以及计算机应用等领域也有相当广泛的应用。例如，在航空乘务员轮班安排、交通路线安排、生产系统的计划和控制等问题中，就利用 VRP 问题的算法思想编制了相关的应用软件，在实际应用中取得了良好的经济效益和社会效益。

二、精确式算法及其应用的局限性

VRP 是组合优化领域著名的难题之一，其求解方法一般相当复杂，通常的做法是应用相关技术将问题分解或者转化为一个或者多个已经研究过的基本问题(如旅行商问题、指派问题、运输问题、最短路径问题、最大流问题、最小费用最大流问题、中国邮递员问题等)，再使用相对比较成熟的基本理论和方法进行求解，以求得原运输车辆调度问题的最优解或满意解。

精确式算法一般运用线性规划(包括经过了专门处理的分支定界法、割平面方法和标号法)和非线性规划等数学规划技术，以便求得问题的最优解。在 VRP 研究的早期，主要是单源点(配送中心、车场等)派车，研究如何用最短路线(或在最短时间内)对一定数量的需求点(用户)进行车辆调度，因此主要运用精确算法求出问题的最优解。精确式算法一般有以下几种方法：分支定界法(Branch and Bound Approach)、割平面法(Cutting Planes Approach)、网络流算法(Network Flow Approach)、动态规划方法(Dynamic Programming Approach)等。精确式算法随着运输系统的复杂和调度目标的增加，其计算量呈指数级递增，使得获取整个系统的精确最优解越来越困难，而用计算机求解大型优化问题的时间和费用又太大，因此，这类优化方法和算法现在一般仅用于求解运输调度的局部优化问题。

三、启发式算法介绍

为了克服精确式算法的不足，可以运用一些经验法则来降低优化模型的数学精确程度，并通过模仿人的跟踪校正过程来求取运输系统的满意解。启发式算法能同时满足详细描绘和求解问题的需要，较精确式算法更为实用。启发式算法中最具有代表性的就是由克拉克和怀特提出的节约法(Saving Method)。

如果发送车辆的吨位已知，并且每一辆车都可以满载，则研究的目标转化为使所有参加发送的车辆的总发送距离在满足约束条件的基础上最小。在考虑配送计划时，首先假定在任何情况下，运输网络中的任意两点都有路径可以连通，并且都有最短路线。如果两点间的运输不畅通(例如，由于桥梁、险路或交通故障阻塞了某一通道，或者在一段时间内对通过这一段路线的最高货运量有所限制等)，则可以将这些情况转化为相应的约束条件列入方程组中，然后求解。

(一) 节约法的基本思想

如图 6-3 所示，P 点为配送中心所在地，A 和 B 为客户所在地，三者相互间的道路距离

分别为 a、b、c。送货时最直接的想法是利用两辆车分别为 A、B 两个客户进行配送；如图 6-1(b) 所示，车辆的实际运行距离为 $2a+2b$，然而如改用由一辆车巡回配送，如图 6-1(c) 所示，则运行的实际距离为 $a+b+c$，当道路状况没有特殊规定时，可节约车辆运行距离为 $2a+2b-(a+b+c)=a+b-c$；根据三角形两边之和大于第三边的定理，$a+b-c>0$，这个节约量称为节约里程。

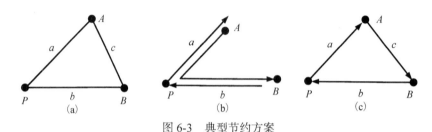

图 6-3　典型节约方案

目前，根据该方法及其改进方法，西方的计算机软件公司开发了许多成功的车辆优化调度软件，在实际应用中获得了良好的经济效益。中国目前在这个方面的研究和应用也有一定的进步。

（二）启发式算法

现在比较成熟的启发式算法很多，它们的区别主要在于求解过程的收敛速度和收敛程度不同。一般可以把启发式算法分为以下四类。

1. 构造算法

根据一些规则，每次将不在线路上的点依次增加到线路中，直到所有的点都被安排进线路为止。该方法最早提出用来解决旅行商问题，求解速度比较快，也很灵活，但有时找到的解离最优解相差很远。

2. 两阶段算法

对构造算法进行改进，提出了两阶段算法。第一阶段得到一个可行解，第二阶段对解进行调整。在保持解可行的基础上，尽力向最优解接近，每一步都用产生的新可行解取代原来的可行解，使得目标函数值得到改进，一直进行到目标函数值再也得不到改进为止。该方法经常运用交互式优化技术，充分发挥人在求解问题过程中的主观能动性。

3. 不完全优化算法

精确算法中的决策原则，在规模很大的问题中，导致计算量呈指数级增长。在不完全优化算法中，用启发式准则代替，可以有效地缩小解的收缩空间。

4. 改进算法

从一个初始解开始通过对当前的解进行反复的局部扰乱，以求得问题的满意解。目前，用并行计算机进行的并行算法、基于生物遗传原理的遗传算法、神经网络理论等在求解 VRP 问题中也有一定的应用和发展。

四、配货与配载

（一）基本概念

配货即配送与配载货物的分拣并组配的过程，即根据各个用户的不同需求，在配送中心将所需要的货物挑选出来进行组配，是配送作业的主要环节之一。

配货和分拣是同一个工艺流程中两项有着密切关系的作业活动。有时，这两项活动是同时完成的(如散装物的分拣和配货)。在物流配送发展的初期，配货作业是在接受订货指示，发出货票的同时，配货员按照商品分列的清单在仓库内寻找，提取所需商品。如今，随着一些高新技术的开发和应用，在很多国家的配送中心建立了自动化的配货系统，各个货架或者货棚顶部有液晶显示的装置，该装置上有商品的分类号以及店铺号，作业员可以很快查找到所需要的商品。目前，国内一些比较先进的企业即使使用人力，也都纷纷采用数码技术以提高配货作业的效率。

配载指充分利用运输工具(如货车、轮船等)的载重量和容积，采用先进的装载方法，合理安排货物的装载。在配送中心的作业流程中安排配载，把多个用户的货物或同一用户的多种货物满载于同一辆车上，不但能降低送货成本，提高企业的经济效益，还可以减少交通流量，改善交通拥挤状况。

(二) 配送方法

为了满足多品种少批量和少批量多频度的配送要求，需要以托盘、箱或单品作为配送单位进行作业，由于商品的种类多、形状条件各异以及包装材料的不同，很难进行配货作业的自动化。为了提高配货作业的准确性，缩短配货距离和提高配货效率，需要实施一定的配货方法。

(1) 根据配货单位的形式，配货方法可以分为多品种少批量的单品、中品种多批量的整箱和少品种多批量的托盘等方法。

对于多品种少批量的情况，主要考虑进行单品的配货。商品保管时采用干置式轻量、中轻量货架，或重力式货架、回旋式货架等，或几种货架组合使用。可以引入数字表示和回转货架控制等计算机辅助配货系统，引入适当的配货线进行自动化配货。可根据商品的属性、重量、配送形式等采用依据配货清单的指示配货，依据价格标签的标签配货，依据数码显示的数字配货，利用配货卡的数字配货等方法。

对于中品种多批量的情况，主要考虑进行整箱配货，商品保管采用托盘或高层货架。如果是轻量小型商品则可采用手推车，如果是重量型且数量大的商品则采用自动化牵引车挂1~2台拖车的方法。

对于少品种多批量的情况，主要考虑进行托盘的配货。保管可使用托盘货架或高层货架，也可以不使用货架，直接在地面上码放或堆垛存放。装卸采用叉车进行作业。

(2) 根据计算机系统的订货数据，将配货清单以托盘、箱、单品分别按照商品存放位置的顺序进行打印，按照打印的配货清单指示配货作业。配货的方式根据配货商品的订单件(E)、商品种类数(I)和订货量(Q)的 EIQ 分析等方法进行判断，采取摘果式或播种式方式进行配货。

摘果式配货又称为挑选式配货，搬运车巡回于保管场所，按配送要求从各货位或货架上挑选出物品，巡回完毕后也就完成了一次配货作业。将配好的货物放置到发货场指定的位置，或直接发货后，再进行下一次配货。一般一次为一个用户配货，如果车辆在配完一个用户的货后，还很有富余，也可以为两个以上的用户配货。在保管的货物不易移动或每用户需要品种多而每一种数量较少时，应采用这种方式。

播种式配货是将需要配送的数量较多的同一种物品集中搬运到发货场所，然后将每一货位所需要的数量取出，分放到每一货位处(每一个货位是一个用户的需要量)，直至配货完毕。在货物以较易于移动方式保管(如处于集装保管状态或在台车上存放)时，需要量较大，基本上可以将集中保管的物资在配货时用尽，可采用此方式。

为了提高效率、降低成本，也可以两种方式混用，但应该制订最优的配合方式，一般先采用摘果式配货，然后采用播种式方式。

(三)货车配载

配送的主要特点就是所送的货物品种多，总的数量较大，但是每一种数量一般都不大，常常要安排许多车辆才能满足对用户的配送需求。因此，充分利用车辆的容积和载重量。同时考虑卸货的先后，做到满载满装，是降低企业成本的重要手段。

所运货物种类繁多，不仅表现在包装形态、储运件数不一方面，而且表现在容量方面，往往相差很远。容重大的货物往往是达到了满载量，但是容积空余很大；容重小的货物则反之，看起来装得满满的，但是实际上并未达到车辆的载重量，两者实际上都造成了浪费。因此，实行轻重容量大小不同的货物来搭配装车，不仅可以有效利用车辆的容量，在载重方面又达到了满载，可以取得最优效果。

(1)简单的配载可以用手工计算。例如，需配送两种货物，货物 A，容重是 $A_容$，单件货物体积是 $A_体$；货物 B，容重是 $B_容$，单件货物体积是 $B_体$。车辆的载重量是 K 吨，最大容积是 $V(\text{m}^3)$，计算最佳的配载方案。

考虑到货物 A 和 B 尺寸组合和车辆内部尺寸的不完全对等，设车辆有效容积是 $90\%(\text{m}^3)$。设装入数量 X_A 的货物 A 和数量 Y_B 的货物 B 后，既可以满载也可以达到有效容积，建立如下等式：

$$X_A \times A_体 + Y_B \times B_体 = V \times 90\%$$
$$X_A \times A_体 \times A_容 + Y_B \times B_体 \times B_容 = K$$

求得的 X_A 和 Y_B 的整数值即为配载的数量。然后考虑卸货的先后，合理安排货物的装载。当配货的货物品种比较多时，一般使用计算机，采用动态规划的方法进行配装。

(2)日常生活中，由于配装的货物品种繁多，用于配装的车辆也很多，采用人工计算会有很大困难，可以采用下列方法解决：①利用微型计算机先将经常配送货物的数据、车辆的数据输入计算机存储，按照计算程序编制软件，每次只要输入需配送的各种货物总量，计算机自动输出配载结果；②当条件比较恶劣，不能利用计算机的时候，可以从多种配送货物中选出容重最大、最小的两种，用于算配载，其他货物再选容重次大及次小的，以此类推，可求出配载结果。

实际工作中常常不可每一次都求出配载的最优解，所以寻求最优解的近似解，将问题简化，节约计算时间，简化配载要求，加快装车速度，也可以取得综合的效果。解决配载最简单的方法就是先安排车辆装运容重最小的两种，在考虑卸货的基础上，把容重大的装在车子下部，然后堆放容重小的货物，按计划或按经验配载，所余容重居中的货物不再考虑配载而直接装车。不过要顾及分阶段向用户卸货，应当把后卸货的装在车厢内部，先到达用户的货物装在易拿取的边部，否则就会延误整个配送速度，增加卸货费用。

五、零担货运

火车零担运输就是指托运的货物，其重量或体积不需要单独占用一辆铁路货车装载的运输方式。汽车零担货物运输是指同一托运人一次托运同一到达站 3t 以下的货物运输，是汽车运输的一个分支。

如日本规定，根据托运条件的不同，可分为行李和零担货物。行李是指有车票旅客的自用物品。行李的托运区间是车票有效区间的车站所在的省、市、县、镇、乡村内车站之间的区间。普通零担货物是指特种零担货物和包装零担货物以外的零散货物。按照种类、长度、重量、容积以及运输条件的不同，普通零担货物又可以分为第一种和第二种两类。特种零担货物是指，根据报刊的有关规定，对于报纸、杂志等采用特殊的运输方法，并且按照特定费率收费。包装零担货物是指以包租货车车辆运输的零担货物。

我国发展零担货物运输始于 20 世纪 50 年代～80 年代中期，全国已有一半以上的省市不同程度地开办了零担运输业务。特别是汽车零担货运，初步形成了以上海、北京等主要大城市为中心的区域汽车零担运输网，并且有的省市已有相当规模的零担运输网。以江苏省为例，已开辟了零担班线 429 条(其中省际 137 条)，营运里程达 7996km(不含重复里程)。大小经营站点 582 个，年完成货运量超过 827900t。江苏省 58 亿元的乡镇企业产值中有 44 亿元是与零担有关的，已基本形成了一个以城市为中心，以干线为骨干的内联县、乡，外联铁路、公路、水运，长短途结合，干支相通，四通八达的零担运输网。

零担货运一般具有以下特点：货源不确定，货物批量小，到站分散，品类繁多，性质复杂，包装情况各异，多批货物装在同一辆车子上运送，作业环节多，运输成本高等。

子任务(二)　协同配送

【相关知识】

一、协同配送的含义

协同配送又称为共同配送，按日本运输省对策本部《协同运输系统导入推进纲要》的定义，是指"在城市里，为使物流合理化，在几个有定期运货需求的货主的合作下，由一个卡车运输业者使用一个运输系统进行的选配"。即协同配送就是把过去按不同货主、不同商品分别进行的配送，改为不分货主和商品集中运货的"货物及配送的集约化"。也就是把货物都装入同一条路线上运行的车上，用同一台卡车为更多的顾客运货。

我国国家标准《物流术语》对协同配送的解释是：合理组织实施的配送活动。

二、协同配送的优势

协同配送是经过长期的发展和探索优化出的一种配送形式，也是现代社会影响面较大，资源配置较为合理的一种配送方式，其优势可以从两方面看。

一方面，从货主(厂家、批发商和零售商)的角度来说，通过配送可以提高物流效率，如中小批发货者各自配送，难以满足零售商多批次小批量的配送要求。采用协同配送方式，送货的一方可以实现少量物流配送，收货一方可以进行统一的总验货，从而达到提高物流配送水平的目的。

日本的协同配送历史要追溯到 20 世纪 60 年代中期，那时是日本经济快速发展时期，随着物流量的扩大，大批量运输、直达运输这类词成为代表那个时代的物流关键词，但是出现了单程运输效率低、如何充分利用返程汽车运力及减少空驶等问题。另外，城市交通不畅有长期发展的趋势，交通法规的修订使车辆的载重能力和高度受到限制，由于环保的要求对汽车的废气排放要求也越来越高，导致配送成本增加。于是出现了协同配送这种配送方式，日本当时实施的协同配送与现在实施的协同配送在思路上有些差别，当时只是以减少交通量、削减车辆的数量等为主要目的。进入 20 世纪 90 年代后，零售业为了使供应物流效率化，向店铺开展协同配送，特别是便利店总部向连锁店共同配送等新形态的配送方式开始普及。据

1996 年连锁经营协会的物流调查，大多数零售业都采用共同配送方式，采用率大约为 55.4%，其中的 41% 为配送中心或物流中心进行的配送。

另一方面，从卡车运输业者的角度来说，卡车运输业多为中小企业，不仅资金少，人才不足，组织脆弱，而且运输量小，运输效率低。使用车辆多，独自承揽业务，在物流合理化及其效率上受到限制。如果实现合理化协同配送，则筹集资金、大宗运货、通过信息网络提高车辆使用效率、进行往返运货等问题均可得到解决，同时可以通过协同运输扩大向顾客提供多批次小批量的服务。

协同配送的目的在于最大限度地提高人员、物资、资金、时间等物流资源的效率（降低成本），取得最大效益（提高服务）。还可以去除多余的交错运输，并取得缓解交通、保护环境等社会效益。协同配送的优点见表 6-1。

表 6-1　协同配送的优点

货主	物流业者
减轻运费负担	可以提高运送效率
可以裁减人员	可以减少物流成本
可以小批量进货配送	可以减少物流人员
可以对不同货物统一验收	可以减少不正当的竞争
物流空间可以互相融通	可以减少重复的服务
可以缓解交通拥挤	可以缓解交通拥挤

三、协同配送的两种类型

协同配送可以分为下述以货主为主体的协同配送和以物流业者为主体的协同配送。

（一）以货主为主体的协同配送

由有配送需求的厂家、批发商、零售量以及它们组建的新公司或合作社机构作为主体进行合作，解决个别配送的效率低下问题。这种配送又可分为发货货主主体型和进货货主主体型。

1. 发货货主主体型

（1）与客户的协同配送：用于采购零部件或原材料的运输车辆均可参与协同配送。

（2）不同行业货主的协同配送：不跑空车，让物流子公司与其他行业合作，装载回程货物或与其他公司合作进行往返运输。

（3）集团系统内的协同配送：企业集团、大资本集团、零售商集团等的协同配送。

（4）同行业货主的协同配送：集团协同配送，共同出资组建公司进行协同配送，建立合作社进行协同配送，通过同行业 VAN 增值网进行协同配送。

2. 进货货主主体型

零售商以中心批发商（一级批发商）为窗口，从中间批发商（二级批发商）处统一进货再配送给物流中心或零售店。

（二）以物流企业为主体的协同配送

由提供配送的物流企业，或以它们组建的新公司或合作机构为主体进行合作克服个别配送的效率低下等问题。这一类协同配送又可分为公司主体型和合作机构主体型。

1．公司主体型

(1) 物流公司的协同配送：向特定交货点运送货物，交货业务合作化。

(2) 共同出资组建新公司开展协同配送：本地的运送公司(特别是零担货物运输公司、包租公司)共同出资组建新公司开展送货到户业务。

2．合作机构主体型

(1) 物流公司组成合作机构开展协同配送：运送公司组成合作机构，将各成员在各自收集的货物或配送货物地区所收集的货物运到收配货据点，然后统一配送。

(2) 运送合作机构和批发合作机构合作，开展协同配送：共同设置收货和配货的据点，由运送公司组成合作机构统一承包批发商的集货和配货业务。

四、协同配送的问题及解决办法

日本新潟产业大学的菊池康也教授对日本开展协同配送过程中出现的问题作了分析，并针对如何消除这些问题的影响开展协同配送提出了自己的看法。

(一) 日本协同配送发展的障碍

(1) 有可能泄露企业的商业机密。

(2) 难于进行商品管理。

(3) 可能出现纠纷，服务水平可能下降。

(4) 协同物流设施费用及其管理成本增加。

(5) 成本收益的分配出现问题。

(6) 主管人员在经营管理方面存在困难。

(7) 缺乏实现协同配送的领袖人物。

(8) 为建立协同配送设施而投入改善环境的投资不足。

(9) 建立协同配送系统的专家不足。

(二) 如何消除这些障碍

从货主角度来讲，应注意以下问题：

(1) 由于大型零售业的流通变革非常激烈，在批发阶段要求多品种一次性进货。为适应这种需求，无论如何必须开展协同配送。

(2) 货主的竞争只在于销售，而配送应当协同进行。实际开展时需要投入许多的人员、精力、资金和时间，这方面应有充分的精神准备。

(3) 在公司内部，特别是要能够得到销售部门对开展协同配送的理解，应当想办法既能够开展协同配送，又不至于把顾客的名单和交易价格泄露。

(4) 应当在同一地区寻找既有配送实力，又无须竞争的公司，即不同行业的公司联手开展协同配送。

(5) 如与不同行业的公司开展协同配送，应注意选择如下对象：①配送地址的分布类似；②商品特征类似；③保管和搬运拣选类似；④系统类似；⑤服务水平类似；⑥处理的配送量类似。

(6) 实际操作时，要定好接收订货信息的时间，以及托盘、货单、代码等基础条件。

(7) 开展协同配送时必须注意这些问题，为取得成功，需要有信心，并使之系统化。

(三) 如何开展协同配送

1．开展协同配送的程序

(1) 研究物流协同化的可能性。

(2) 参加的单位统一意志。

(3) 确立物流协同化的主体。

(4) 有系统的设计。

(5) 办理有关手续(主要是行政手续)。

(6) 筹措资金。

(7) 工作开始的确认。

(8) 运营主体开始工作。

(9) 实施后的调查研究及工作改进。

2. 实施过程中要注意的问题

(1) 不要泄露合作企业的商业机密。

(2) 协同配送主体要有好的领导人或协调人,就协同配送问题协调各方面的意见,最好由有经验的物流专家来担任协调人。

(3) 要保持较高的服务水平。

(4) 要有成本效益目标。

(5) 搞好商品管理。

(6) 搞好成本效益分配。

(7) 要阻止设施费用和管理成本的增长。

(8) 创造条件取得公司内部的理解和支持。

总之,为促成协同配送的实现,有许多困难。这些困难只靠货主单方面努力是不可能解决的,要有厂家、运输业者和接受配送单位的强有力的支持,有时还需要政府或地方公共团体的支持。

【任务实施】

教师首先介绍背景知识,通过 PPT 和图片对节约法、车辆配载等进行讲解,学生练习和实践,以掌握相关知识。

【归纳总结】

节约法的基本思想是三角形两边之和大于第三边,是用于分析节省车辆运行里程的方法。协同配送就是把过去按不同货主、不同商品分别进行的配送,改为不分货主和商品集中运货。通过学习,掌握以下内容:

(1)节约法的基本思想。

(2)车辆配载量的计算。

(3)零担货运、协同配送等。

【实训任务】

车辆配载实践

1. 实训目的和要求

了解车辆配载的计算、装卸流程。

2. 实训内容

分小组到企业货场实习,给指定的货车和商品计算商品配载量并进行货物装载,验证计算结果。

每个小组写一份实训报告,要求有以下内容:货场简要介绍,计算过程、装载过程以及改善意见。

3. 考核办法

教师通过观察实训过程学生表现以及实训报告完成情况给予评分。

4. 思考与练习

货车是否一定要按照计算结果进行货物配载？

任务二　配送线路设计

【任务介绍】

该任务包含的内容有：认识线路设计的意义，明确相关前提条件，掌握线路设计方法，包括经验判断法、综合评分法、最短路径法、节约里程法。

【任务分析】

区别经验判断法、综合评分法、最短路径法、节约里程法的各自特点和应用范围。

【相关知识】

一、线路设计的意义

配送运输由于配送方法的不同，其运输过程也不尽相同。影响配送运输的因素很多，如物流量的变化、道路状况、客户的分布状况和配送中心的选址、道路交通网、车辆额定载重量以及车辆运行限制等。配送线路设计就是整合影响配送运输的各因素，适时适当地利用现有的运输工具和道路状况，及时、安全、方便、经济地将客户所需的不同物资准确地送达客户手中，以便提供优良的物流配送业务。在配送运输线路设计中，需根据不同客户群的特点和要求，选择不同的线路设计方法，最终达到节省时间、运行距离和运行费用的目的。

配送路线确定原则根据配送的具体要求、配送中心的实力及客观条件来定，包括：①以效益最高为目标；②以成本最低为目标；③以路程最短为目标；④以吨•千米最小为目标；⑤以准确性最高为目标。

二、配送路线与车辆调整前提条件

在物资分配的过程中，由一个或几个物资流通中心(如物资局仓库、车站或者工厂成品库等)向多个用户分配、运输物资，这就是配送。为节约运力、能源，减少城市交通拥挤，一般把运输力量(主要是各种车辆)集中起来统筹调度。

(一) 配送路线前提假设

(1) 被配送的是已知的一种或者几种物资。

(2) 各个用户的所在地和需求量已知。

(3) 从流通中心(以后统一称为中心)到各个用户之间的运输距离已知。

(二) 车辆调整条件假设

车辆调度问题一般设有一个中心，拥有容量为 q 的车辆若干，现在有 n 项运输任务(记为 1，…，n，有时候也把一个用户的所有任务记为一项运输任务)要完成，已知任务 i 的货运量是 $g_i(i=1，…，n)$，且有 $g_i < q$，求满足货运需求的费用(距离、运输成本、时间等)最小的车辆行驶路线。调度问题作为一种模型，在实际生活中有着广泛的应用，如前面提到的货物配送。车辆调度一般要符合下列条件。

(1) 满足所有需求点(用户)的需求;满足所有收货人对货物品种、规格、数量的要求。

(2) 各种类型的车辆数目一定,能满足运输要求,完成任务。

(3) 每一辆发送车辆的装载量有一定的限制,不能超载运行。

(4) 对发送车每天总运行时间(运行距离)有预定的上限。

(5) 要满足需求点(用户)提出的到货时间要求。

针对具体问题,上面的约束条件可能全部存在,也可能只存在一部分。配送问题的最优解实际就是一个有效的车辆调度问题,它应该明确地规定在满足约束条件下派车的数量、类型和各个车辆的行驶路线,在完成运输任务的前提下,使得目标最优。下面的内容就上面的约束条件进行讨论。对于有时间限制类需求任务的车辆调度不作讨论,有兴趣的读者可以参阅有关文献。

三、确定配送路线的方法

(一) 经验判断法

经验判断法是指利用行车人员的经验来选择配送路线的一种主观判断方法。以司机习惯行驶路线和道路行驶规定等为基本标准,或者直接由配送管理人员凭经验作出判断。优点是运作方式简单、快速、方便。缺点是缺乏科学性,易受掌握信息的详尽程度限制。

(二) 综合评分法

综合评分法是对拟定的配送线路按一定的评价指标进行评分,然后确定最优方案的方法。一般步骤有:拟定配送路线方案;确定评价指标;对方案进行综合评分。

(三) 最短路径法

在运输网络中,任取一圈,从圈中去掉最大距离(或时间、费用)的边(路线),在余下的圈中,重复这个步骤直至无圈为止,即可求出最短路线,也叫做图上作业法。

【例 6-1】 某批货物要从 V_1 配送中心运到 V_6 客户,具体路线如图 6-4 所示,求最短路径。

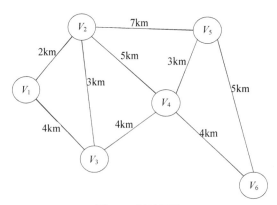

图 6-4 运输网络

解:(1) V_1-V_2-V_3 形成一个回路,去掉 V_1-V_3 最长的路线。

(2) V_2-V_4-V_5 形成一个回路,去掉 V_2-V_3 最长的路线。

(3) V_4-V_5-V_6 形成一个回路,去掉 V_5-V_6 最长的路线。

(4) V_2-V_3-V_4 形成一个回路,在考虑 V_5、V_6 两个点的基础上只能连接 V_2-V_4。

得到的最短距离的运输路线为 V_1-V_2-V_4-V_6，总路程为 11km，如图 6-5 所示。

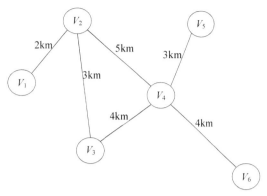

（四）节约里程法

1. 简单配送路线的制订

在配送线路的设计中，当由一个配送中心向多个客户进行共同送货，在同一条线路上的所有客户的需求量总和不大于一辆车的额定载重量时，由这辆车配装着所有客户需求的货物，按照一条预先设计好的最佳线路依次将货物送到每位客户手中，这样既可保证按需将货物及时交送，又能节约行驶里程，

图 6-5　配送中心物流线路优化

缩短整体送货的时间，节约费用，也能客观上降低交通流量，缓减交通紧张的压力。一般采用节约法来进行配送线路设计。

首先简单介绍一下配送问题。

【例 6-2】　在一个配送中心 P 有一台容量为 q 的货车，现在有 n 个用户的货运任务需要完成，已知用户 i 的货运量是 g_i（$i=1$，…，n），且 g_i 总和小于 q，求在满足各个用户需求的条件下，总发送距离最短的货车送货路线。

求解时，把中心也作为一个用户点进行处理，这样就把问题转化为 $n+1$ 个点的旅行商问题。它的解是从中心 P 出发，对所有的用户巡回一次再回到中心的距离最短的路线。

图 6-6 给出了一个配送中心 P（标记为中心 0）和 7 个用户之间的距离，要求合理安排行车路线，使距离最短。

中心 0	中心 0						
用户 1	9	用户 1					
用户 2	6	9	用户 2				
用户 3	10	16	8	用户 3			
用户 4	13	18	10	4	用户 4		
用户 5	14	8	11	18	19	用户 5	
用户 6	13	12	8	12	12	9	用户 6	
用户 7	18	15	13	17	16	9	6	用户 7

图 6-6　配送中心与用户之间的距离

解：运用 Excel 2000 中的规划求解（SUM）可以很快求得车辆路线，如图 6-7 所示。

图 6-7 中符号 1 表示连接对应的两个用户，如果是 0，就不连接。根据该表逐次连接用户，可以得到车辆路线安排为 0-2-3-4-6-7-5-1-0，该路线距离是 62km。

实际上如果给数个客户进行配送时，应首先计算包括配送中心在内的相互之间的最短距离，然后计算各客户之间的可节约的运行距离，按照节约运行距离的大小顺序连接各配送地并设计出配送线路。

中心0							
用户1	1	用户1					
用户2	1	0	用户2				
用户3	0	0	1	用户3			
用户4	0	0	0	1	用户4		
用户5	0	1	0	0	0	用户5	
用户6	0	0	0	0	1	0	用户6
用户7	0	0	0	0	0	1	1	用户7

图 6-7 车辆路线安排

2. 有装载限制的配送路线的制订

（1）下面举例说明有装载限制的配送路线的制订方法。

【例6-3】 图6-8所示为某配送中心的配送网络。图中 P 点为配送中心，$A \sim J$ 为配送客户，共有 10 位客户，括号内为配送货物吨数、线路上的数字为道路距离，单位为 km。

现配送中心有额定载重量分别为 2t 和 4t 两种厢式货车可供送货，试用节约里程法设计最佳送货路线。

解：（1）计算网络节点之间的最短距离（可采用最短路径求解法），计算结果如图 6-9 所示。

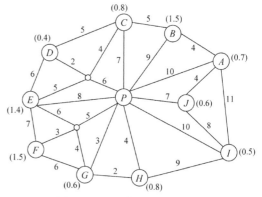

图 6-8 配送中心的配送网络

P										
10	A									
9	4	B								
7	9	5	C							
8	14	10	5	D						
8	18	14	9	6	E					
8	18	17	15	13	7	F				
3	13	12	10	11	10	6	G			
4	14	13	11	12	12	8	2	H		
10	11	15	17	18	18	17	11	9	I	
7	4	8	13	15	15	15	10	11	8	J

图 6-9 配送线路图

（2）根据最短路径结果计算出各客户之间的节约行程，结果见图 6-10。

计算举例：由于 $P\text{-}A$ 距离 $a = 10\text{km}$，$P\text{-}B$ 距离 $b = 9\text{km}$，$A\text{-}B$ 距离 $c = 4\text{km}$，则 $P\text{-}A\text{-}B$ 的节约行程为 $a + b - c = 15\text{km}$。

A									
15	B								
8	11	C							
4	7	10	D						
0	3	6	10	E					
0	0	0	3	9	F				
0	0	0	0	1	5	G			
0	0	0	0	0	4	5	H		
9	4	0	0	0	1	2	5	I	
13	8	1	0	0	0	0	0	9	J

图 6-10　节约里程图

(3) 对节约里程按大小顺序进行排列，如表 6-2 所示。

(4) 按节约里程排列顺序表组合成配送路线图。

表 6-2　节约里程排序表

序号	路线	节约里程/km	序号	路线	节约里程/km
1	AB	15	13	FG	5
2	AJ	13	13	GH	5
3	BC	11	13	HI	5
4	CD	10	16	AD	4
4	DE	10	16	BI	4
6	AI	9	16	FH	4
6	EF	9	19	BE	3
6	IJ	9	19	DF	3
9	AC	8	21	GI	2
9	BJ	8	22	CJ	1
11	BD	7	22	EG	1
12	CE	6	22	FI	1

初始方案：如图 6-11 所示，从配送中心分别向各个客户进行配送，共有 10 条配送路线，总行程为 148km，需 2t 货车 10 辆。

二次解：按照节约里程的大小顺序连接 AB、AJ、BC，如图 6-11 所示，形成巡回路线，同时取消 PC、PA、PB、PJ 路线，这时配送路线共有 7 条，总运行距离为 109km，需 2t 货车 6 辆、4t 货车 1 辆，由图 6-12 可知，规划的配送路线一装载货物 3.6t，运行距离为 27km。

三次解：按节约里程大小顺序应该是 C-D 和 D-E，C-D 和 D-E 都有可能并到二次解路线一中，但考虑到单车载重量和路线均衡(如规定每次运行距离为 30km 以内)，配送路线一不再增加配送客户，为此连接 D-E，组成配送路线二，其装载重量为 1.8t，运行距离为 22km，同时取消线路 P-D 和 P-E，此时共有配送路线 6 条，总行程 99km，需 2t 货车 5 辆，4t 货车 1 辆。

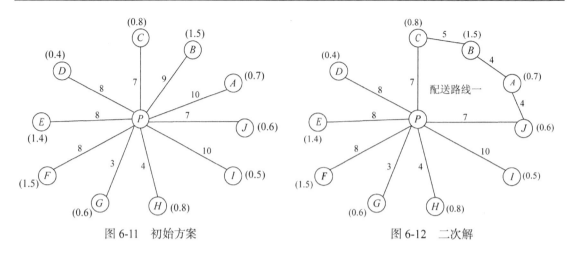

图 6-11　初始方案　　　　　　　　　　图 6-12　二次解

四次解：节约里程顺序是 *A-I*、*E-F*，由于客户 *A* 已组合到配送路线一中，且该路线不再扩充客户，故不连接 *A-I*；连接 *E-F* 并 R 入配送路线二中，并取消 *P-E*、*P-F* 路线，此时配送路线共有 5 条，路线二的装载量为 3.3t，运行距离为 29km，总运行距离为 90km，需 2t 货车 3 辆，4t 货车 2 辆。

五次解：按节约里程顺序接下来应该是 *I-J*、*A-C*、*B-D*、*C-E*，但这些连接已包含在配送路线一或二中，故不能再组合成新的路线。接下来是 *F-G*，可组合在配送路线二中，此时路线二的装载量为 3.9t，运行距离为 30km，这样共有 4 条路线，总行程为 85km，需 2t 货车 2 辆，4t 货车 2 辆。

最终解：节约里程顺序为 *G-H*，由于受装载量限制，不再组合到路线二中，故连接 *H-I* 组成配送路线三，见图 6-13，其装载量为 1.3t，运行距离为 23km，此时共有三条配送路线，总行程为 80km，需 2t 货车 1 辆，4t 货车 2 辆。配送路线如下：

配送线路一：*P-J-A-B-C-P*，需 1 辆 4t 货车。

配送线路二：*P-D-E-F-G-P*，需 1 辆 4t 货车。

配送线路三：*P-H-I-P*，需 1 辆 2t 货车。

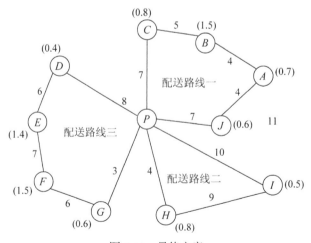

图 6-13　最终方案

3. 节约里程法的注意事项

(1) 适用于有稳定客户群的配送中心。

(2) 各配送线路的负荷尽量均衡。

(3) 实际选择线路时还要考虑道路状况。

(4) 要考虑驾驶员的作息时间及客户要求的交货时间。

(5) 可利用计算机软件进行运算，直接生成结果。

【任务实施】

教师首先介绍背景知识，通过 PPT 和图片对配送线路设计进行讲解，让学生有初步认识，然后指导学生完成例题。

【归纳总结】

通过学习，掌握以下内容：经验判断法、综合评分法、最短路径法、节约里程法的计算及其作用。

任务三　车辆营运管理

【任务介绍】

车辆调度的方法有多种，可根据客户所需货物、配送中心站点及交通线路的布局不同而选用不同的方法。简单的运输可采用定向专车运行调度法、循环调度法、交叉调度法等。为合理调度车辆的运行，可运用最短路径法、表上作业法、图上作业法等。学生要能对车辆进行简单操作和维护。

【任务分析】

对于车辆调度工作，重点是学习表上作业法、图上作业法，如果有条件，应让学生进行车辆维护操作，操作时注意工作安全。

【相关知识】

车辆是在点多、面广、纵横交错、干支相连的运输网络中分散流动的，涉及多个部门、多个环节，工作条件较为复杂。这就需要建立一个具有权威性的组织指挥系统——车辆调度部门，进行统一领导、统一指挥，且能灵活、及时地处理问题。

一、车辆调度工作的作用

1. 车辆调度工作的作用

(1) 保证运输任务按期完成。

(2) 及时了解运输任务的执行情况。

(3) 促进运输及相关工作的有序进行。

(4) 实现最小的运力投入。

2. 车辆调度工作的特点

(1) 计划性。坚持合同运输及临时运输相结合，以完成运输任务为出发点，认真编制、执行及检查车辆运行作业计划。

(2) 预防性。在车辆运行组织中，经常进行一系列预防性检查，发现薄弱环节，及时采取措施，避免中断运输。

(3) 机动性。加强信息沟通，机动灵活地处理有关部门的问题，准确及时地发布调度命令，保证生产的连续性。

二、车辆调度的基本原则

1. 车辆调度的基本原则
(1) 坚持统一领导和指挥、分级管理、分工负责的原则。
(2) 坚持从全局出发，局部服从全局的原则。
(3) 坚持以均衡和超额完成生产计划任务为出发点的原则。
(4) 坚持最低资源(运力)投入和获得最大效益的原则。

车辆运行计划在组织执行过程中常会遇到一些事前难以预料的问题，如客户需求量变动，装卸机械发生故障，车辆运行途中发生技术障碍，临时性桥断路阻等，这就要有针对性地加以分析和解决，调度部门要随时掌握货源状况、车况、路况、气候变化、驾驶员思想、行车安全等，确保运行作业计划顺利进行。

2. 车辆调度具体原则
(1) 宁打乱少数计划，不打乱多数计划。
(2) 宁打乱局部计划，不打乱整体计划。
(3) 宁打乱次要环节，不打乱主要环节。
(4) 宁打乱当日计划，不打乱以后计划。
(5) 宁打乱可缓运物资的运输计划，不打乱急需物资的运输计划。
(6) 宁打乱整批货物的运输计划，不打乱配装货物的运输计划。
(7) 宁使企业内部工作受影响，不使客户受影响。

三、车辆调度的方法

车辆调度的方法有多种，可根据客户所需货物、配送中心站点及交通线路的布局不同而选用不同的方法。简单的运输可采用定向专车运行调度法、循环调度法、交叉调度法等。如果运输任务较重，交通网络复杂，为合理调度车辆的运行，可运用运筹学中线性规划的方法，如最短路径法、表上作业法、图上作业法等。此处只介绍表上作业法。

运输问题是线性规划最早研究的问题，也是与交通运输行业密切相关的问题，其表述如下。

设某类物资有 M 个配送中心地(产地)A_1, A_2, $\cdots$, A_m，其供给(产)量分别为 a_1, a_2, $\cdots$, a_m；有 n 个客户(销地)B_1, B_1, $\cdots$, B_n，其需求(销)量分别为 b_1, b_2, $\cdots$, b_n，且供需平衡($\sum a_i = \sum b_i$)。已知单位物资从 A_i 运到 B_j 的运价为 C_{ij}($i = 1$, 2, $\cdots$, m；$j = 1$, 2, $\cdots$, n)。试求使总运费最少的调运方案。

解：先建立数学模型。设 X_{ij} 为从 A_i 调运到 B_j 的物资数量($i = 1$, 2, $\cdots$, m；$j = 1$, 2, $\cdots$, n)，由于此问题结构比较特殊，通常均采用比较简单的表上作业法求解，下面通过一个运输问题的例子来说明表上作业法的计算步骤(表6-3)。

给定初始方案——最小元素法。其基本思想是通过按运价最小的优先供应的方法，给出一个初始基本可行解。先列出运价表(表6-4)、运量表(表6-5)。从中可知运价最小的是1，位于(2，1)，故让 A_2 优先供应 B_1，A_2 的产量是 4t，而 B_1 的销量为 3t，故 A_2 供应 B_1 共 3t，得表6-5，此时 B_1 已全部满足，划去运价表中的 B_1 列，得到表6-6。

表 6-3 产销地运价运量表

单位运价/百元 产地＼销地	B_1	B_2	B_3	B_4	产量/t
A_1	3	11	3	10	7
A_2	1	9	2	8	4
A_3	7	4	10	5	9
销量/t	3	6	5	6	20

表 6-4 优先供应安排表 1（运价表）

产地＼销地	B_1	B_2	B_3	B_4	产量/t
A_1	3	11	3	10	7
A_2	(1)	9	2	8	4
A_3	7	4	10	5	9

表 6-5 优先供应安排表 2（运量表）

产地＼销地	B_1	B_2	B_3	B_4	产量/t
A_1					7
A_2	(3)				(4)
A_3					9
销量/t	3	6	5	6	

表 6-6 优先供应安排表 3（运价表）

产地＼销地	B_1	B_2	B_3	B_4
A_1	3	11	3	10
A_2	(1)	9	2	8
A_3	7	4	10	5

接着从表 6-6 余下的数字中可知最小的是 2，位于(2，3)，故让 A_2 优先供应 B_3，此时 A_2 仅有 1t，得到表 6-7，并划去运价表中的 A_2，得到表 6-8。但 B_3 并没有满足，比较只有 A_1 到 B_3 的运费最小，则由 A_1 向 B_3 运送剩余的 4t。

表 6-7 优先供应安排表 4（运量表）

产地＼销地	B_1	B_2	B_3	B_4	产量/t
A_1					7
A_2	(3)		(1)		(4)
A_3					9
销量/t	(3)	6	5	6	

表 6-8　优先供应安排表 5(运价表)

产地 \ 销地	B_1	B_2	B_3	B_4
A_1	3	11	3	10
A_2	(1)	9	(2)	8
A_3	7	4	10	5

仿此一步步进行,直到运价表上所有元素均划去为止,最后即可得到一个初始调运方案,如表 6-9 所示。

表 6-9　初始调运方案(运量表)

产地 \ 销地	B_1	B_2	B_3	B_4	产量/t
A_1			4	3	7
A_2	3		1		4
A_3		6		3	9
销量/t	3	6	5	6	

即初始调运方案(初始基本可行解)为 $X_{13}=4$,$X_{14}=3$,$X_{23}=1$,$X_{32}=6$,$X_{34}=3$,其余 $X_{ij}=0$;此方案的总运费为 8600 元。

四、车辆积载

(一) 车辆运载特性

1. 车辆运输生产率

车辆运输生产率是一个综合性指标,是一系列效率指标的综合表现。在车辆的运行组织中除了车辆行程利用率外,还有一个很重要的指标就是吨位利用率。

车辆按核定吨位满载运行时,表示车辆的载运能力得到了充分的利用。而在实际工作中则会因不同货物配送的流量、流向、流时、流距及运行中的某些问题,造成车辆未能按核定吨位满载运行。通常用吨位利用率这一指标来考查,该指标反映了车辆在重载运行中载运能力的利用程度。

配送运输车辆的吨位利用率应保持在 100%,即按车辆核定吨位装足货物,既不要亏载,造成车辆载重能力浪费,也不要超载或严重超载。后者一方面可能造成车辆早期损坏,增加车辆的过度磨损,还会增加车辆运行燃、润料的消耗;另一方面车辆容易发生运行事故,可能给企业、货主带来重大损失。

2. 配送运输车辆亏载的原因

(1) 货物特性。例如,轻泡货物由于车厢容积的限制和运行限制(主要是超高)而无法装足吨位。

(2) 货物包装情况。车厢尺寸不与货物包装容器的尺寸成整倍数关系,则无法装满车厢。例如,货物宽度为 80cm,车厢宽度为 220cm,将会剩余 140cm。

(3) 不能拼装运输。应尽量选派核定吨位与所配送的货物数量接近的车辆进行运输,或按有关规定而必须减载运行,如有些危险品货物必须减载运送才能保证安全。

(4) 装载技术的原因,造成不能装足吨位。

3.　提高配送运输车辆吨位利用率的具体办法

(1)　研究各类车厢的装载标准，以及不同货物和不同包装体积的合理装载顺序，努力提高装载技术和操作技术水平，力求装足车辆核定吨位。

(2)　根据客户所需的货物品种和数量调派适宜的车型承运，这就要求配送中心保持合适的车型结构。

(3)　凡是可以拼装运输的，尽可能拼装运输，但要注意防止差错。

箱式车有确定的车厢容积，敞蓬车也因高度所限，车辆的载货容积为确定值。设车厢容积为 V，车辆载重量为 W。现要装载质量体积分别为 a 和 b 的货物 x 吨，y 吨。则

$$x + y = w$$
$$ax + by = v$$

即可以求出 x、y 的值。质量体积单位可以用吨/立方米。

(二)　车辆积载的原则

在明确了客户的配送顺序后，接下来就是如何将货物装车，以什么次序装车的问题，这就是车辆的积载问题。原则上，客户的配送顺序安排好后，只要按货物"后送先装"的顺序装车即可。但有时为了有效地利用空间，还应根据货物的性质(怕震、怕压、怕撞、怕湿)、形状、体积及质量等作出某些调整。应能根据这些选择恰当的装卸方法，并能保证货物完好和安全运输，又能使车辆的载重能力和容积得到充分的利用。当然，这就要求在车辆积载时遵循以下原则：

(1)　轻重搭配的原则。车辆装货时，必须将重货置于底部，轻货置于上部，避免重货压坏轻货，并使货物重心下移，从而保证运输安全。

(2)　大小搭配的原则。到达同一地点的同一批配送货物，其包装的外部尺寸有大有小，为了充分利用车厢的内容积，可在同一层或上下层合理搭配不同尺寸的货物，以减少箱内的空隙。

(3)　货物性质搭配的原则。拼装在同一车厢内的货物，其化学属性、物理属性不能相互抵触。在交运时托运人已经包装好而承运人又不得任意开封的货物，在箱内因性质抵触而发生损坏的，由承运人负责；由此造成的承运人的损失，托运人应负赔偿责任。

(4)　到达同一地点的适合配装的货物应尽可能一次积载。

(5)　确定合理的堆码层次及方法。可根据车厢的尺寸、容积、货物外包装的尺寸来确定。

(6)　积载时不允许超过车辆所允许的最大载重量。

(7)　积载时车厢内货物重量应分布均匀。

(8)　应防止车厢内货物之间碰撞、沾污。

配送车辆的载重能力和容积能否得到充分的利用，当然与货物本身的包装规格有很大关系。小包装的货物容易降低亏箱率，同类货物用纸箱比用木箱包装亏箱率要低一些。但是，亏箱率的高低还与采用的积载方法有关，所以恰当的积载方法能使车箱内部的高度、长度、宽度都得到充分利用。

五、装载与卸载

装载与卸载作业是指在同一地域范围进行的，以改变货物的储存状态及空间位置为主要内容和目的的活动。装卸作业是为运输服务的，是连接各种货物运输方式，进行多式联运的作业环节，也是各种运输方式运作中各类货物发生在运输的起点、中转和终点的作业活动。

在物流过程中，装卸活动是不断出现和反复进行的，它出现的频率高于其他各项物流活动，而且每次装卸活动都要花费很长时间。因此，它成为决定物流速度的关键。同时，由于搬运装卸操作有可能造成货物的破损、散失、混合、损耗等，所以在装载与卸载的过程中必须遵循基本的原则和方法，从而保证配送货物的完好。

（一）装卸的基本要求

装载与卸载总的要求是省力、节能、减少损失、快速、低成本。

1. 装卸的基本要求

（1）装车前应对车厢进行检查和清扫。因货物性质不同，装车前需对车辆进行清洗、消毒，必须达到规定要求。

（2）确定最恰当的装卸方式。在装卸过程中，应尽量减少或根本不消耗装卸的动力，以利用货物本身的重力进行从上往下的装卸方法，如利用滑板、滑槽等。同时应考虑货物的性质及包装，选择最恰当的装卸方法，以保证货物的完好。

（3）合理配置和使用装卸机具。根据工艺方案科学地选择并将装机具按一定的流程合理地布局，使流程线不至于出现交叉，并使其搬运装卸的路径最短。

（4）力求减少装卸次数。物流过程中，发生货损货差的主要环节就是装卸，而在整个物流过程中，装卸作业又是反复进行的，从发生的频数来看，超过任何其他环节。装卸作业环节不仅不增加货物的价值和使用价值，反而可能增加货物破损的可能性和相应的物流成本。因此，过多的装卸次数必将导致货损的增加，而且装卸次数增加费用也随之增加。同时，它还将阻缓整个物流的速度。所以应尽量采用成组、集装方式，防止无效装卸。

（5）防止货物装卸时的混杂、散落、漏损、砸撞。特别要注意有毒货物不得与食用类货物混装，性质相抵触的货物不能混装。

（6）装车的货物应数量准确，捆扎牢靠，做好防丢措施；卸货时应点交清楚，码放、堆放整齐，标志向外，箭头向上。装卸是物流货物运输、仓储、流通、加工、配送作业等物流过程中的重要环节，是期间必不可少的衔接和配套工种。可以说，没有装卸作业，整个物流过程就无法实现；没有高效率、高质量的装卸，整个物流过程的效率和质量也会受到严重影响。物流货物运输经营者从整个物流过程理解和把握装卸的含义、技术与组织方法体系，是正确运用物流理论，科学合理地进行物流货物运输组织工作，提高运输效率和质量水平的有效途径之一。

（7）提高货物集装化或散装化作业水平。成件货物集装化，粉粒状货物散装化是提高作业效率的重要方向。所以，成件货物尽可能集装成托盘系列、集装箱、货捆、货架、网袋等货物单元再进行装卸作业。各种粉粒状货物尽可能采用散装化作业，直接装入专用车、船、库。不宜大量化的粉粒状货物也可装入专用的托盘、集装箱、集装袋内，提高货物活性指数，便于采用机械设备进行装卸作业。

（8）做好装卸现场组织工作。装卸现场的作业场地、进出口通道、作业流程线长度、人机配置等布局设计应合理，使现有的和潜在的装卸能力充分发挥出来。避免由于组织管理工作不当造成现场拥挤、阻塞、紊乱现象，以确保装卸工作安全顺利完成。

2. 装卸的工作组织

货物配送运输的目的在于不断提高装卸工作质量及效率，加速车辆周转，确保物流效率。因此，除了强化硬件之外，在装卸工作组织方面也要予以充分重视，做好装卸组织工作。

（1）制订合理的装卸工艺方案。采用"就近装卸"方法或采用"作业量最小法"。在进行装卸工艺方案设计时应该综合考虑，尽量减少二次搬运和临时放置，使搬运装卸工作更合理。

（2）提高装卸作业的连续性。装卸作业应按流水作业原则进行，工序间应合理衔接，必须进行换装作业的，应尽可能采用直接换装方式。

（3）装卸地点相对集中或固定。装卸、卸载地点相对集中，便于装卸作业的机械化、自动化，可以提高装卸效率。

（4）力求装卸设施、工艺的标准化。为了促进物流各环节的协调，就要求装卸作业各工艺阶段间的工艺装备、设施与组织管理工作相互配合，尽可能减少因装卸环节造成的货损、货差。

（二）装车堆积

1．含义

这是在具体装车时，为充分利用车厢载重量、容积而必须采用的方法。一般是根据所配送货物的性质和包装来确定堆积的行、列、层数及码放的规律。

2．堆积的方式

（1）行列式堆码方式。

（2）直立式堆码方式。

3．堆积应注意的事项

（1）堆码方式要有规律。

（2）堆码高度不能太高。车辆堆装高度一是受限于道路高度限制。同时，道路运输法规规定：大型货车的高度从地面起不得超过 4m；载重量 1t 以上的小型货车不得超过 2.5m；载重量 1t 以下的小型货车不得超过 2m。

（3）堆码时应重货在下，轻货在上；包装强度差的应放在包装强度好的上面。

（4）货物大小搭配，以利于充分利用车厢的载容积及核定载重量。

（5）按顺序堆码，先卸车的货物后码放。

【任务实施】

教师首先介绍背景知识，通过 PPT 和图片对表上作业法等进行讲解，让学生进行练习。

【归纳总结】

表上作业法采用最小元素法求解，装载与卸载作业是指在同一地域范围进行的，以改变货物的储存状态及空间位置为主要内容和目的的活动。通过学习，掌握以下内容。

(1)了解车辆调度知识。

(2)表上作业法计算方法。

(3)车辆装载。

任务四　配送服务合同分析

【任务介绍】

该任务包含的内容有：配送服务合同的类型和主要条款，合同的订立、履行和解除。要求学生了解合同格式，能进行简单合同的编写。

【任务分析】

对于配送合同，通过案例分析和模拟编写，逐步熟悉其格式条款。

【相关知识】

一、配送服务合同的概念

配送服务合同是指配送经营人与配送委托人签订的有关确定配送服务权利和义务的协议。或者说，是配送服务经营人收取费用，将委托人委托的配送物品在约定的时间和地点交付给收货人而订立的合同。委托人可以是收货、发货、贸易经营、商品出售、商品购买、物流经营、生产企业等配送物的所有人或占有人，可以是企业、组织或者个人。

二、配送服务合同的性质

1. 无名合同

配送服务合同不是《合同法》分则的有名合同，不能直接引用《合同法》分则有名合同的规范。因而配送服务合同需要依据合同法总则的规范，并参照运输合同、仓储合同、保管合同的有关规范，通过当事人签署完整的合同调整双方的权利和义务关系。

2. 有偿合同

配送服务是一种产品，配送服务经营人需要投入相应的物化成本和劳动才能实现产品的生产。独立的配送经营是为了营利的经营，需要在配送经营中获得利益回报。配送经营的营利性决定了配送服务合同为有偿合同。委托人需要为接受配送服务的产品支付报酬，配送服务经营人收取报酬是其合同的权利。

3. 诺成合同

诺成合同表示合同成立即可生效。当事人对配送服务关系达成一致意见时配送服务合同就成立，合同即生效。配送服务合同生效后，配送服务方需为履行合同组织力量，安排人力、物力，甚至要投入较多资源，如购置设备，聘请人员。如果合同还不能生效，显然对配送服务经营人极不公平，因而配送服务合同必须是诺成合同。当事人在合同订立后没有依据合同履行义务，就构成违约。当然，当事人可在合同中确定合同开始履行的时间或条件，时间未到或条件未达到时虽然合同未开始履行，但并不构成合同未生效。

4. 长期性

配送服务活动具有相对长期性的特性，配送过程都需要持续一段时间，以便开展有计划、小批量、不间断的配送，实现配送的经济目的。如果只是一次性的送货，则成为运输关系而非配送关系。因而配送合同一般是期限合同，确定一段时间的配送关系；或者是一定数量产品的配送，需要持续较长的时间。

三、配送服务合同的种类

1. 独立配送服务合同

由独立经营配送业务的配送企业、个人或兼营配送业务的组织与配送委托人订立的仅涉及配送服务的独立合同称为独立配送服务合同。该合同仅用于调整双方在配送服务过程中的权利和义务关系，以配送行为为合同标的。

2. 附属配送服务合同

附属配送服务合同是指在加工、贸易、运输、仓储或其他物质经营活动的合同中，附带地订立配送服务活动的权利和义务关系，配送服务活动没有独立订立合同。附属配送服务合同主要有仓储经营人与保管人在仓储合同中附带配送协议、运输合同中附带配送协议、销售合同中附带配送协议、物流合同中附带配送协议、生产加工合同中附带配送协议等。

3. 配送服务合同的其他分类

配送服务合同依据合同履行的期限还可分为定期配送服务合同和定量配送服务合同。定期配送服务合同是指双方决定在某一期间，由配送人完成委托人的某些配送业务而订立的合同。定量配送服务合同则是配送人按照委托人的要求，为一定量的物品进行配送，直到该数量的物品配送完毕，则合同终止。

配送服务合同按照配送委托人身份的不同还可分为批发配送合同、零售配送合同、工厂配送合同等；依据配送物的不同可分为普通商品配送、食品配送、水果蔬菜配送、汽车配送、电器配送、原材料配送、零部件配送等合同；按照配送服务地理范围的不同可分为市内配送、地区配送、全国配送、跨国配送、全球配送等合同。

四、配送服务合同的主要条款

无论独立配送服务合同还是附属配送服务合同都需要对配送服务活动当事人的权利和义务协商达成一致意见，并通过合同条款准确地表述。配送服务合同的主要条款包括以下几方面。

1. 合同当事人

合同当事人是合同的责任主体，是所有合同都须明确表达的项目。

2. 配送服务合同的标的

配送服务合同的标的就是将配送物品有计划地在确定时间和确定地点交付收货人。配送服务合同的标的是一种行为，因而配送服务合同是行为合同。

3. 配送方法

配送方法即配送要求，是合同双方协商同意配送所要达到的标准，是合同标的完整细致的表述，根据委托方的需要和配送方的能力协商确定。配送方法有定量配送、定时配送、定时定量配送、即时配送、多点配送等多种方法。需要在合同中明确时间及其间隔、发货地点或送达地点、数量等配送资料；配送方法，包括配送人对配送物处理的行为约定，如配装、分类、装箱等；配送方法变更的方法，如订单调整等。

4. 标的物

标的物指被配送的对象，可以为生产资料或生活资料，但必须是动产，是有形的财产。配送物的种类品名、包装、单重、尺度体积、性质等决定了配送的操作方法和难易程度，应在合同中明确。

5. 当事人权利与义务

在合同中明确双方当事人需要履行的行为或者不作为的约定。

6. 违约责任

约定任何一方违反合同约定时需向对方承担的责任。违约责任约定有违约行为需支付的违约金的数量，违约造成对方损失的赔偿责任及赔偿方法，违约方继续履行合同的条件等。

7. 补救措施

补救措施本身是违约责任的一种，但由于配送合同的未履行可能产生极其严重的后果，为避免损失的扩大，合同约定发生一些可能产生严重后果的违约补救方法，如紧急送货、就地采购等措施的采用条件和责任承担等。

8. 配送费和价格调整

配送费是配送经营人订立配送合同的目的。配送人的配送费应该弥补其开展配送业务的成本支出和获取可能得到的收益。合同中需要明确配送费的计费标准和计费方法，或者总费用，以及费用支付的方法。

由于配送合同持续时间长，在合同期间因为构成价格的成本要素价格发生变化，如劳动力价格、保险价格、燃料电力价格、路桥费等变化，为了使配送方不至于亏损，或者委托方也能分享成本降低的利益，允许对配送价格进行适当调整，在合同中应订立价格调整条件和调整幅度的约定。

9. 合同期限和合同延续条款

对于按时间履行的配送合同，必须在合同中明确合同的起止时间，起止时间用明确的日期方式表达。由于大多数情况下配送关系建立后，都会保持很长的时间，这就会出现合同不断延续的情况。为了使延续合同不会发生较大的变化，简化延续合同的订立程序，往往在合同中确定延续合同的订立方法和基本条件要求，如提出续约的时间、没有异议时自然续约等约定。

10. 合同解除的条件

配送合同都需要持续较长时间，为了使在履约中一方不因另一方能力不足或没有履约诚意而权益遭受损害，或者出现合同没有履行必要和履行可能时，又不至于发生违约，在合同中应约定解除合同条款，包括解除合同的条件、解除合同的程序等。

11. 不可抗力和免责

不可抗力是指由于自然灾害、当事人不可抗拒的外来力量所造成的危害，如风暴、雨雪、地震、雾、山崩、洪水等自然灾害，还包括政府限制、战争、罢工等社会现象。不可抗力是合同法规定的免责条件，但合同法没有限定不可抗力的具体现象，对于一般认可的不可抗力虽已形成共识，但仅对配送仓储行为影响的特殊不可抗力的具体情况，如道路塞车等，以及需要在合同中陈述的当事人认为必要的免责事项需要在合同中明确。不可抗力条款还包括发生不可抗力的通知、协调方法等约定。

12. 其他约定事项

配送物种类繁多，配送方法多样，当事人在订立合同时需充分考虑到可能发生的事件和合同履行的需要，并达成一致意见，是避免发生合同争议的最彻底的方法。特别是涉及成本、行为的事项，更需事先明确如以下几方面。

配送容器的使用合同中约定在配送过程中需要使用的容器或送料厢等的尺寸、材料质地；配送容器的提供者是免费使用还是有偿使用，如何使用，合同期满时的处理方法等。损耗约定在配送中发生损失的允许耗损程度和耗损的赔偿责任；配送物超过耗损率时对收货人的补救措施等；退货发生时收货人退货时的处理方法。一般约定由配送人先行接受和安置，然后向委托人汇报和约定委托人进行处理的要求与费用承担。与退货相类似的还可能约定配送废弃物、回收旧货等的处理方法，配送溢货的处理方法。信息传递方法约定双方使用的信息传递系统、传递方法、报表格式等，如采用生产企业的信息网络、每天传送存货报表等约定。

13. 争议处理

合同约定发生争议的处理方法，主要是约定仲裁、仲裁机构，或者约定管辖的法院。

14. 合同签署

合同由双方的法定代表人签署，并加盖企业合同专用章。私人订立合同的由其本人签署。合同签署的时间为合同订立时间，若两方签署的时间不同，则后签时间为订立时间。

五、配送服务合同的订立

配送服务合同是双方对委托配送经协商达成一致意见的结果。经过要约和承诺的过程，承诺生效合同成立。在现阶段我国的配送合同订立往往需要配送经营人首先要约，向客户提出配送服务的整体方案，指明配送业务对客户产生的利益和配送实施的方法，以便客户选择接受配送服务并订立合同。

配送服务合同的要约和承诺可采用口头形式、书面形式或其他形式。同样，配送服务合同也可采用口头形式、书面形式或其他形式，为非要式合同。但由于配送时间延续较长，配送服务所涉及的计划管理性强；非及时性配送所产生的后果可大可小，甚至会发生如生产线停工，客户流失等重大损失；配送服务过程受环境因素的影响较大，如交通事故等，为了便于双方履行合同、利用合同解决争议，采用完整的书面合同最为合适。

六、配送服务合同的履行

配送服务合同双方应按照合同约定严格履行合同，任意一方不得擅自改变合同的约定，是双方的基本合同义务。此外，依据合同的目的可以推断出双方当事人还需要分别承担一些责任也应予以重视，尽管合同没有约定。

1. 配送委托人保证配送物适宜配送

配送委托人需要保证由其本人或者其他人提交的配送物适宜于配送和配送作业。对配送物进行必要的包装或定型；标注明显的标志并保证能与其他商品相区别；保证配送物可按配送要求进行分拆、组合；配送物能用约定的或者常规的作业方法进行装卸、搬运等作业；配送物不是法律法规禁止运输和仓储的禁品；对于限制运输的物品，需提供准予运输的证明文件等。

2. 配送经营人采取合适的方法履行配送义务

配送经营人所使用的配送中心具有合适的库场，适宜于配送物的仓储、保管、分拣等作业；采用合适的运输工具、搬运工具、作业工具，如干杂货使用厢式车运输，使用避免损害货物的装卸方法，大件重货使用吊机、拖车作业；对运输工具进行妥善积载，使用必要的装载衬垫、捆扎、遮盖；采取合理的配送运输线路；使用公认的或者习惯的理货计量方法，保证理货计量准确。

3. 配送人提供配送单证

配送经营人在送货时需向收货人提供配送单证、配送货物清单。配送货物清单一式两联，详细列明配送物的品名、等级、数量等配送物信息，经收货人签署后收货人和配送人各持一联，以备核查和汇总。配送人需在一定期间间隔向收货人提供配送汇总表。

4. 收货人收受货物

委托人保证所要求配送的收货人正常地接收货物，不会出现无故拒收；收货人提供合适的收货场所和作业条件。收货人对接收的配送物有义务进行理算查验，并签收配送单和注明收货时间。

5. 配送人向委托人提供存货信息和配送报表

配送人需在约定的期间(如每天)向委托人提供存货信息，并随时接受委托人的存货查询，定期向委托人提交配送报表、分收货人报表、残损报表等汇总材料。

6. 配送人接收配送物并承担仓储和保管义务

配送经营人需按配送合同的约定接收委托人送达的配送物，承担查验、清点、交接、入库登记、编制报表的义务，安排合适的地点存放货物，妥善堆积或上架；对库存货物进行妥善的保管、照料，防止存货受损。

7. 配送人返还配送剩余物，委托人处理残料

配送期满或者配送合同履行完毕，配送经营人需要将剩余的物品返还委托人，或者按委托人的要求交付给其指定的其他人。配送人不得无偿占有配送剩余物，同样，委托人有义务处理配送残余物或残损废品、回收物品、加工废料等。

七、配送合同范本

配 送 合 同

甲方：四川长虹电子股份有限公司　　　地址：四川省绵阳市高新区绵兴东路 26 号

乙方：四川志成物流配送有限责任公司　　地址：成都市成华区东风路 01 号

根据《中华人民共和国合同法》，本着互利互惠的原则，就甲方委托乙方配送货物事宜，为了明确双方的责任，经双方协商一致，签订本合同。

第一条　运输货物(名称、规格、数量)。严禁运输国家禁运易燃易爆物品。编号 091103213，品名为洗衣机，规格为长虹 QXG-VD850XZ，单位为台，单价为 5000 元，数量为 100000。

第二条　包装要求。甲方必须按照国家主管机关规定的标准包装货物，否则乙方有权拒绝承运。

第三条　合同期限。一年，2010 年 5 月～2011 年 5 月 1 日，合同期满后，经双方就合同约定价格再行协商，在同等条件下优先续签。

第四条　配送区域。成都市内各县市区长虹洗衣机所有卖场。

第五条　运输质量及安全要求。乙方必须用符合甲方配送货物要求的车辆，为甲方实行优质、快捷、安全的配送服务。保障甲方的货物按规定、要求、时间保质保量地配送至目的地。

第六条　货物装卸责任。货物的装车工作由乙方负责，卸车工作由收货人负责，在装卸过程中发生的一切责任由装卸方承担。

第七条　收货人领取货物及验收办法。收货人凭借有效证件、单据与乙方对证验收、领取货物。

第八条　收费标准与费用结算方式。每件货物收费标准为货物金额的 0.2%，甲方收到乙方所提供的符合本合同约定的单据后，于第二个月 15 日结清第一个月的费用。

第九条　双方的权利与义务。

(一) 甲方的权利和义务

1. 甲方的权利

(1) 负责将货物配齐，要求乙方按照约定的时间、地点、收货人把货物配送到目的地。配送通知发乙方后，甲方需变更到货地点或收货人，或者取消通知时，有权向乙方提出，但必须在货物未运到目的地之前，并应按有关规定付给乙方费用。

(2) 甲方有权对乙方的配送过程进行监督、指导。

2. 甲方的义务

(1) 按约定按时向乙方交付配送费用。

(2) 应向乙方提供有关配送业务的相应单据文件(产品、型号、数量、客户准确地址及电话号码、联系人等)。

(3) 指派专人负责与乙方联系并协调配送过程中的有关事宜。

(4) 合同期内，乙方是甲方省内区域(包括市郊)的唯一配送商，未经乙方同意，甲方不得另寻配送商，否则乙方可解除合同。

（二）乙方的权利和义务

1．乙方的权利

向甲方收取配送费用。查不到收货人或收货人拒绝领取货物，乙方应及时与甲方联系，在规定期限负责保管并有权向甲方收取保管费用。

2．乙方的义务

（1）根据甲方的业务需要与发展，提供相应的车辆组织运输。

（2）在约定的时限内，将货物运到指定的地点，按时向收货人发出货物到达的通知。对托运的货物要负安全责任，保证货物无短缺、无损坏。在货物到达以后，按规定的期限负责保管。

（3）乙方应当在甲方指定的地点提取货物。

（4）乙方将货物送往甲方指定的目的地和接收人，由收货人、乙方司机双方签字盖章确认。交货时如发现产品损坏或产品、数量、型号、规格不符等问题，乙方应要求接收人注明，接收人所盖印章应为商家签订的配送委托书规定的公章或收货专用章，乙方凭甲方认可的配送反馈单与甲方进行结算。

第十条　违约责任

（一）甲方责任

（1）不按时与乙方结算配送费用，每超出 1 天偿付给乙方当月结算费用 1%的违约金。

（2）甲方原因造成乙方的承运车不能及时返回的，甲方应根据当次加付运费 10%作为补偿金。

（3）甲方负有责任为乙方营造良好的服务环境，如甲方员工在货物配送过程中发生以下现象之一的，甲方应向乙方支付违约金 500 元/次：①不按预约时间准备货物；②甲方协调不到位，造成乙方被投诉；③甲方发错货，造成乙方承运货物到达商场后，商场拒收，返程运费由甲方支付。

（4）由于在货物中夹带、匿报危险货物，而导致货物破损、爆炸，造成人身伤亡的，甲方应承担由此造成的一切责任。

（二）乙方责任

（1）乙方送货到达时间每晚于规定时间一天，应向甲方支付当次运费 10%的违约金(阻车、修路、交通管制除外)，若乙方送达目的地错误，应自费将货物送达甲方要求的目的地，因此给甲方造成的损失由乙方赔偿。

（2）经双方确认，货物在运输途中造成的破损、遗失、短缺等任何损失，由乙方负责赔偿，赔偿值按批发价计算，且乙方不得擅自拆除货物并重新包装，因以上原因造成甲方违约或其他损失后，由乙方负责赔偿。

（3）乙方有责任为甲方提供优质服务，如乙方员工在送货过程中发生以下现象之一的(属于乙方责任造成的)，乙方应向甲方支付违约金 200 元/次，同时乙方应继续履行合同：①不按时运送货物，造成用户投诉；②在运输过程中，损坏货物并强行留给用户，造成用户投诉；③在装卸货物时，司机刁难用户，造成用户投诉。

（4）在符合法律和合同规定条件下的运输，由于下列原因造成货物灭失、短少、损坏的，乙方不承担违约责任：①不可抗力；②货物本身的自然属性；③甲方或收货人本身的过错，④在运送过程中，送错货物，造成用户投诉。

（三）其他

（1）甲方仅支付乙方运费，在运输途中发生的其他一切费用(如过路费、过桥费等)全部由乙方负责。

（2）双方不能以任何形式向公众透露对方的商业秘密，否则由此引起的任何损失(如名誉受损、经济受损等)均由泄密方负责赔偿。

（3）不可抗力的原因，影响本合同不能履行或者部分不能履行或延期履行时，遇有不可抗力事故的一方应立即将事故情况通知对方，并提供事故详情及造成合同不能履行或者部分不能履行，或者延期履行的理由及所有的相关文件资料。

　　(4) 一方违约时,另一方有权以书面形式通知对方解除本合同或双方签订的其他合同、协议,合同自发出通知之日起 30 日后解除,由违约方承担违约责任。

　　(5) 自本合同生效之日起,甲乙双方原先签订的产品配送合同自动作废。

　　(6) 本合同如有未尽事宜,应由双方协商解决;协商不成时向人民法院起诉。

　　(7) 本合同一式二份,合同双方各执一份。

甲方(盖章):四川长虹电子股份有限公司　　　　　　签约代表:赵勇

开户行:中国工商银行绵阳高新区支行　　　　　账号:60034189900031

电话:13812287010

乙方(盖章):四川志成物流配送有限责任公司　　　　签约代表:易红

开户行:中国工商银行成都成华支行　　　　　账号:2222223333569

电话:13733299900

【任务实施】

　　教师首先介绍背景知识,通过 PPT 对配送服务合同的类型和主要条款,合同的订立、履行和解除进行讲解,学生通过分组讨论和模拟合同编写熟悉相关内容。

【归纳总结】

　　通过学习,掌握以下内容:

　　(1)配送服务合同的类型和主要条款。

　　(2)合同的订立、履行和解除。

【实训任务】

　　成都市中小学(幼儿园)食堂大宗食品原料实行统一配送,配送品种包括米、面、油、奶、肉、蛋、禽。由各学校(幼儿园)与企业签订供货合同,合同期限最长不超过 2 年。东方幼儿园有学生 100 人,教师 5 人,每周一～周五中午提供午餐。你作为供货商向该学校供货,根据资料完成简单配送合同的编写。

任务五　配送服务质量控制

【任务介绍】

　　该任务包含的内容有:配送资源计划、配送中心主要活动效率评估的主要指标的含义和计算方法,以及指标改善的思路。

【任务分析】

　　了解配送资源计划概念及配送资源计划的运用,通过练习熟悉配送中心主要活动的绩效评价指标。该任务包括三个子任务:配送资源计划、配送中心作业效率的评估要素、配送中心主要活动绩效管理。

子任务(一)　配送资源计划

【相关知识】

一、配送资源计划概念

　　配送资源计划(Distribution Resource Planning,DRP)是指在流通领域配置物资资源的技术,它能够实现流通领域物流资源按照时间、数量的需求计划和需求到位,但不适用于生产领域。DRP 广泛运用于产品销售物流系统，它能确定恰当的存货水平。配送资源计划实际运用的成功，表明公司能改进客户服务(减少缺货发生)，减少产品的总体存货水平，减少运输成本，改进物流中心的运作。基于以上潜在能力，配送资源计划受到了越来越多的制造公司的重视。

配送资源计划被用于物料需求计划(MRP)系统，目的是使存货量最小。尤其在汽车制造中，需要大量的零部件，用于组装成品的各种零部件一般有不同的备货时间。因此，配送资源计划连接总体生产计划，它指出每天生产的零部件和生产顺序，这一计划作为预测实际零件需求量与需求时间，当总体生产计划与每一零部件的备货时间相结合，则可以制订一个有关何时每一零部件必须订购的计划。它与实际存货状态相对，能比较确定满足地生产计划的数量。

MRP 的原理是更精确地预测需求和揭示该信息，以用于制订生产计划，公司运用 MRP 并与总体生产结合，可以减少原材料存货。产品存货则是通过使用 DRP 来减少的，大部分 DRP 模型比标准的 MRP 模型更为综合，它也计划运输。

DRP 在与 MRP 结合后是一个可增加客户服务水平和降低总的物流和制造成本的有力工具。

配送资源计划是一种适用于流通企业进行库存控制的方式。在这种方式下，企业可以根据用户的需求计划制订订货计划，从而确定恰当的库存水平，有效地进行库存控制。配送资源计划的实际应用表明：流通企业能够改进客户服务(减少缺货现象的发生，加快响应客户需求的速度等)，降低产品的总体库存水平，减少运输成本，改善物流中心的运作状况。基于以上的好处，配送资源计划受到了越来越多流通企业的重视。

实施 DRP 时，要输入三个文件：①社会需求文件，由订货单、提货单和市场需求预测等数据整理而成；②供应商货源文件，提供有关供应商的供应批量、备货期等有关信息；③库存文件和在途文件，前者提供本企业仓库中现有各种商品的库存数量的信息，而后者则提供此前向供应商发出订单订购，而目前已在运输送中的商品数量、到货时间等信息。根据这三个文件，DRP 系统根据事先确定的逻辑及参数给出两个计划文件：①订货进货计划，根据用户需求、库存、供应商供货情况以及物流优化原则，确定向供应商发出订单的时间以及订购数量；②送货计划，按照用户需求的品种、数量、时间和送货提前期以及物流优化原则确定送货时间和送货数量。

DRP 对每一个库存单位(SKU)需求作出预测，其考虑因素包括每一库存单位需求预测、当前 SKU 库存水平——当前库存量(Balance on Hand，BOH)、当前安全库存量(SS)，订货批量(Q)以及前置期(LT)：DRP 最基本的工具就是明细表，它用于协调整个计划范围内的需求，具有许多项目，包括 SKU 预测、BOH、计划接收、计划订购等。

二、案例

为了形象地说明 DRP 是如何运作的，下面举一个实际的例子。某全国分销配送中心为三个地区分销中心供应货物，它们分别位于武汉、沈阳和上海。表 6-10 是武汉分中心的数据。

武汉分销中心(表 6-10)该货物的安全库存为 50 个，前置期为 2 周，订货批量为 500 个。也就是说，在库存量将要下降到 50 个以下的那周，必须补充一批货物。因此，此前 2 周必须发出订单，每次向全国分销中心订购 500 个，一共对 8 周的需求进行预测。武汉分销中心当前的库存量是 352 个，它不断地被消耗，预计到第 5 周的时候将只有 42 个(第 4 周的库存余额 122 个减去第 5 周的需求 80 个），此时会出现低于安全库存量的现象。为了防止出现上述结果，必须在第 3 周（第 5 周减去前置期 2 周）就启动订货程序，正如预测的一样。在第 5 周的时候将收到一批补货，其数量是 500 个，该周周末库存余额将变成 542 个。

表 6-10 武汉分中心的 DRP 表

当前库存量 BOH=352　　　　　　　　前置期 LT = 2 周
安全库存量 SS=50　　　　　　　　　　订货批量 Q = 500

	当前库存量/个	周							
		1	2	3	4	5	6	7	8
预计需求/个		50	50	60	70	80	70	60	50
计划收货/个						500			
余额预计/个	352	302	252	192	122	542	472	412	362
计划订货/个				500					

沈阳分销中心与上海分销中心的情况与武汉分销中心类似，它们的 DRP 表分别如表 6-11 和表 6-12 所示。

表 6-11 沈阳分销中心 DRP 表

当前库存量 BOH=140　　　　　　　　前置期 LT = 2 周
安全库存量 SS=40　　　　　　　　　　订货批量 Q = 150

	当前库存量/个	周数							
		1	2	3	4	5	6	7	8
预计需求/个		20	25	15	20	30	25	15	30
计划收货/个						150			
余额预计/个	140	120	95	80	60	180	155	140	110
计划订货/个				150					

表 6-12 上海分销中心 DRP 表

当前库存量 BOH=220　　　　　　　　前置期 LT = 2 周
安全库存量 SS=115　　　　　　　　　订货批量 Q = 800

	当前库存量/个	周数							
		1	2	3	4	5	6	7	8
预计需求/个		115	115	120	120	125	125	125	120
计划收货/个		800							800
余额预计/个	220	905	790	670	550	425	300	175	855
计划订货/个							800		

对于全国分销中心而言，来自武汉、沈阳以及上海三个地区分销中心的订单就是它所面临的需求。由此，其相应的 DRP 表就产生了，这是该中心据以向生产商订货的基础。全国分销中心 DRP 表如表 6-13 所示。

表 6-13　全国分销中心 DRP 表

当前库存量 BOH=1250　　　　　前置期 LT = 3 周
安全库存量 SS=400　　　　　　订货批量 Q = 2200

	当前库存量/个	周数							
		1	2	3	4	5	6	7	8
预计需求/个				650			800		
计划收货/个							2200		
余额预计/个	1250	1250	1250	600	600	600	2000	2000	2000
计划订货/个				2200					

三、DRP 的局限性

与 MRP 一样，DRP 的应用也有其局限性。首先，DRP 的成功实施不但要求对每一个物流中心的每一 SKU 有精确的预测，而且要有充足的前置期来保障产品的平稳运输。其次，DRP 要求配送设施之间的运输具有稳定而可靠的完成周期。尽管可以通过各种可靠的前置期抵消或调整完成周期的不确定性，但仍旧无法彻底消除其对库存控制计划系统运作的负面影响。最后，由于生产故障或运输的延迟，综合计划常易受到系统紧张或频繁变动时间表的影响，由此产生生产能力的波动、配送方面的混乱以及因更改时间表而产生额外费用等问题。此外，配送的作业环境复杂多变、补给运输完成周期以及供应商配送可靠性的不确定性，也会进一步加剧 DRP 系统运作的紧张程度。

子任务（二）　配送中心作业效率的评估要素

【相关知识】

开展绩效评估能正确判断配送中心的实际经营水平，提高经营能力和管理水平，从而增加配送中心的整体效益。配送中心的绩效评估是运用数量统计和运筹学方法，采用特定的指标体系，对照统一的评估标准，按照一定的程序，通过定量、定性分析，对配送中心在一定经营期间的经营效益和经营者的业绩，作出客观、公平和准确的综合判断。配送中心的基本作业流程由进出货、储存、盘点、订单处理、拣货、配送、采购作业以及总体策划等八部分组成。

一、配送中心作业效率评估的八大要素

（一）设施空间利用率

设施空间利用率用于衡量整个配送中心空间设施是否已充分利用。

所谓设施，指除人员、设备以外的一切硬件，包括办公室、休息室、仓储区、拣货区、收货区和出货区等区域空间的安排及一些消防设施等周边硬件。

所谓设施空间利用率就是针对空间利用度、有效度考虑。用一句话概念，就是提高单位土地面积的使用效率。要考虑货架、仓储区的储存量、每天理货场地的配货周转次数等。

（二）人员利用率

人员利用率用来衡量每一个人员有无尽到自己最大的能力。

对于人员作业效率的考核分析，是每一个企业经营评价的重要指标。人员利用率担保评

估主要从三方面着手。

(1) 人员编制。要求人员的分配达到最合理的程度,避免忙闲不均,这里包括上班作息时间的安排。通常要研究四个方面的问题:工作需要性、工作量(劳逸合理性)、人员流动性、加班合理性。

(2) 员工待遇。

(3) 人员效率。人员效率管理的目的是提高人员的工作效率,使每一个作业人员作业期间能发挥最大的生产效率。也就是说,掌握操作人员的作业速度,使配送中心的整体水平处理量相对提高。

(三) 设备利用率

设备利用率用来衡量资产设备有无发挥最大产能。

配送中心的设备主要用于保管、搬运、存取、装卸、配送等物流作业活动。由于各种作业有一定的时间性,设备工时不容易计算,通常从增加设备工作时间和提高设备每单位时间的处理量来实现提高设备利用率的目的。

(四) 商品、订单效率

商品、订单效率用于衡量商品销售贡献是否达到预定目标。

配送中心应该抓好几项工作。

(1) 通过对配送中心的出货情况分析,提示采购人员调整结构水平。

(2) 要根据客户的需求快速完成订单。

(3) 严格控制配送中心的库存,留有存货以减少缺货率;同时保证避免过多的存货造成企业资金积压、商品质量出问题等损失。

(五) 作业规划管理能力

该要素用于衡量目前管理阶层所作的决策规划是否合适。

规划是一种手法,用来拟定根据决策目标应采取的行动;规划的目的是为整个物流活动过程选择合理的作业方式、正确的行动方向。

要产出最佳效果,规划管理人员必须先决定作业过程中最有效的资源组合,才能配合环境设计出最好的资源方式,来执行物流运作过程中的每一环节的工作。这里面及时修正是很重要的一环。

(六) 时间效益率

该要素用于衡量每一作业有无掌握最佳时间。

缩短资源时间,一方面可使工作效率提高,另一方面可使交货期限提前。时间是衡量效率最直接的因素,最容易看出作业能力是否降低。例如,某段时间运了多少商品?平均 1h 配了多少箱商品?平均每天配送了多少家门店的要货?……从而很容易了解配送中心整体经营运作的优劣,促使管理人员寻找问题的症结。

评估时间效益,主要是掌握单位时间内收入、产出量、作业单元数及各作业时间比率等情况。

(七) 成本率

该要素用于衡量此项作业的成本费用是否合理。

配送中心的物流成本,是指直接或间接用于收货、储存保管、拣货、配货、流通加工、信息处理和配送作业的费用的总和。

（八）质量水平

该要素用于衡量配送中心服务质量有无达到客户满意的水准。

所谓质量，不仅包括商品的质量优劣，还包括各项物流作业的特殊的质量指标，如耗损、缺货、呆滞品、维修、退货、延迟交货、事故、误差率等。对于物流质量的管理，一方面要建立起合理的质量标准，另一方面需多加重视存货管理及作业过程的监督，尽可能避免不必要的损耗、缺货、不良率等，以降低成本，提高客户的服务质量。

维持和提高质量标准，其对策不外乎从人员、商品、机械设备和作业方法等四方面着手。

子任务（三）　配送中心主要活动绩效管理

【相关知识】

一、进出货作业

（一）进货

进货作业包括接收商品、装卸搬运、码托盘、核对该商品的数量及质量（主要是外表质量）和签单。

（二）出货

将拣选分拣完的商品作好复核检查，并根据各辆卡车或配送路径将商品搬运到理货区，而后装车待配送。

（三）配送中心管理人员需研究的问题

（1）进出货作业人员的工作量安排是否合理？

（2）进出货装卸设备决定率如何？

（3）站台停车泊位利用率如何？

（4）供应商进货时间带的控制如何？

（5）客户、商店要求交货的时间集中度控制如何？

（四）进出货作业效率化评估指标

1. 空间利用率

考核站台的使用情况，是否因数量不足或规划不佳造成拥挤或低效。

站台使用率=进出货车装卸货停留总时间/（站台泊位数×工作天数×每天工作时间）

站台高峰率=高峰车数/站台泊位数

改善对策如下。

（1）若站台使用率偏高，表示站台停车泊位数量不足，可能造成交通拥挤，可采取下列措施：

① 增加停车泊位数。

② 为提高效率，要做好时段管理。让进出配送中心的车辆能有序地行驶、停靠、装卸货作业。

③ 增加进出货人员，加快作业速度，减少每辆车停留装卸时间。

（2）若站台使用率低，站台高峰率高，表示虽车辆停靠站台时间平均不高，站台停车泊位数量仍有余量，但在高峰时间进出货仍存在拥挤现象，这种情况主要是没有控制好进出货时间造成的。关键是要将进出货车辆的到达作业时间岔开，可采取以下措施：

① 应要求供应商依照计划按时送货，规划对客户交货的出车时间，尽量降低高峰时间的

作业量。

② 若无法与供应商或客户达成共识分散尖峰期流量,则应特别安排人力在高峰时间以保持商品快速装卸搬运。

2. 人员负担和时间耗用

考核进出货人员工作分配及作业速度,以及目前的进出货时间是否合理。

每人每小时处理进货量=进货量/(进货人员数×每日进货时间×工作天数)

每人每时进出货量=(进货量+出货量)/(进出货人员数×工作天数×每日进出货时间)

进出货时间率=(每日进货时间+每日出货时间)/每日工作时数

改善对策如下。

(1) 若每人每小时处理进出货量高,且进出货时间也长,表示进出货人员平均每天的负担不轻,原因在于配送中心目前的业务量过大。可考虑增加进出货人员,以减轻每人的工作负担。

(2) 若每人每小时处理进出货量低,但进出货时间率高,表示虽然配送中心一日内的进出货时间长,但每位人员进出货负担很轻。原因是:进出货作业人员过多和商品进出货处理比较繁杂,进出货人员作业效率较低。可采取以下措施:

① 考虑缩减进出货人员。

② 对于工效差的问题,应随时督促、培训,同时应尽量想办法减少劳力及装卸次数(如托盘化)。

若每人每小时进出货量高,但进出货时间率低,表示上游进货和下游出货的时间可能集中于某一时段,以致作业人员必须在此段时间承受较高的作业量。可考虑平衡人员的劳动强度和避免造成车辆太多使站台泊位拥挤,采取分散进出货作业时间的措施。

3. 设备开动率

评估每台进出货设备承担的工作量是否合理、达标,计算公式为

每台进出货设备每天装卸量=(出货量+进货量)/(装卸设备数×工作天数)

改善对策如下。

若此指标数值较低,表示设备利用率差,资产过于闲置。应采取积极开拓业务,增加进出货量;如果业务工作量不可能扩大,则考虑将部分装卸设备移至他用(出租等)。

二、储存作业

储存作业的主要责任在于把将来要使用或者要出货的产品进行妥善保存,这不仅要善于利用空间,有效地利用配送中心的每一平方米储存面积,而且要加强对库内存货的管理,做到既保证降低商品的缺品率,又不因过多库存而造成呆废料产生。

储存作业系列化的评估指标如下。

(一) 设施空间利用率

单位面积保管量=平均库存量/可保管面积

(二) 库存周转率

这是考核配送中心货品库存量是否适当、经营绩效的重要指标,计算公式为

库存周转率=出货量/平均库存量=营业额/平均库存金额

改善对策如下。

周转率越高,库存周转期越短,表示用较少的库存完成同样的工作,使积压、占用在库

存上的资金减少。也就是说，资金的使用率高，企业利润也随货品周转率的提高而增加。

通常可采取下列做法来提高库存周转率：

(1) 缩减库存量。通过配送中心自行决定采购、补货的时机及存货量。

(2) 建立预测系统。

(3) 增加出货量。

(三) 存货管理费率

库存管理费率：衡量配送中心每单位存货的库存管理费用，计算公式为

$$库存管理费率=库存管理费用/平均库存量$$

改善对策如下。

应对库存管理费用的内容逐一检讨分析，寻找问题予以改进。一般库存管理费用包括：仓库租金，仓库管理费用(入出库验收、盘点等人事费、警卫费、仓库照明费、空调费、湿润温控费、建筑物、设备及器具的维修费)，保险费，损耗费(变质、破损、盘损等费用)，货品淘汰费用(流行商品过时、季节性商品换季等造成费用损失)，资金费用(如货品变价损失、机会成本损失等)。例如，尽可能少量、频繁地订货，以减少库存管理费用。

(四) 呆废货品率

呆废货品率：用来测定配送中心货品损耗影响资金积压的状况，计算公式为

$$呆废货品率=呆废货品件数/平均库存量=呆废货品金额/平均库存金额$$

改善对策如下。

(1) 验收时力求严格把关，防止不合格货品混入。

(2) 检讨储存方法、设备与养护条件，防止货品变质，特别是对货品的有效期管理更应重视。

(3) 随时掌握库存水平，特别是滞销品的处置，减少呆废货品积压资金和占用库存。

三、盘点作业

进行盘点的目的是，通过经常定期或不定期地盘点库存，及早发现问题，以免造成日后出货更大的损失。

在盘点作业中，以盘点过程中所发现的存货数量不符的情况作为注意评估方向。

盘点作业的评估：

$$盘点数量误差率＝盘点误差量/盘点总量$$

四、订单处理作业

从接到客户订货开始到准备着手拣货之间的作业阶段，称为订单处理，包括接单、客户的资料确认、存货查询、单据处理等。

订单处理的评估指标包括以下几个。

(一) 订单分析

通过对日均受理订单数、每订单平均订货数量和平均订货单价的分析，观察每天订单变化情况，以拟定客户管理策略及业务发展计划。

$$日均受理订单数＝订单数量/工作天数$$
$$每订单平均订货数量＝出货量/订单数量$$

（二）订单延迟率

订单延迟率用于衡量交货的延迟状况，计算方法为

$$订单延迟率＝延迟交货订单数/订单数量$$

改善对策如下。

(1) 找出作业瓶颈，加以解决。

(2) 研究物流系统前后作业能否相互支持或同时进行。

(3) 谋求作业的均衡性。

(4) 掌握库存情况，防止缺品。

(5) 合理安排配送时间。

（三）紧急订单响应率

这是分析配送中心快速订单处理能力及紧急插单业务的需求情况的指标，计算方法为

$$紧急订单响应率＝未超过 12h 出货订单/订单数量$$

改善对策如下。

(1) 制订快速作业处理流程及操作规程。

(2) 制订快速送货计费标准。

（四）缺货率

衡量存货控制决策是否合理，应该调整订购点及订购量的基准的指标为缺货率，其计算方法为

$$缺货率＝接单缺货数/出货量$$

改善对策如下。

(1) 加强库存管理。

(2) 登录并分析存货异动情况。

(3) 掌握采购、补货时机。

(4) 督促供应商准时送货。

（五）短缺率

$$短缺率＝出货短缺数/出货量$$

改善对策如下。

(1) 注重每位员工、每次作业的质量。

(2) 做好每一作业环节的复核工作。

五、拣货作业

(1) 每张客户订单都至少包含一项以上的商品，将这些不同种类、数量的商品从配送中心取出集中在一起，称为拣货作业。

(2) 由于拣货作业多数依靠人工配合简单机械化设备，是劳动力密集型的作业，所以必须重视拣货人员的工作负担及效率的评估。

(3) 拣货的时程及拣货的运用策略往往是接单出货时间长短最主要的决定性因素，而拣货的精确度更是影响出货质量的重要环节。

(4) 拣货是配送中心最复杂的作业，其耗费成本比例高，因此，拣货成本也是管理人员关心的重点。

（5）拣货作业效率化的评估要素

① 人均作业能力：衡量拣货的作业效率，以便找出在作业方法及管理方式上存在的问题。

人均每小时拣货品项数＝订单总笔数/（拣货人员数×每天拣货时数×工作天数）

提升拣货效率的方法有：拣货路径的合理规划；储位的合理配置；确定高效的拣货方式；拣货人员数量及工况的安排；拣货的机械化、电子化。

② 批量拣货时间：衡量每批次平均拣货所需时间，可供日后分批策略参考，计算公式为

批量拣货时间＝（每日拣货时数×工作天数）/拣货分批次数

批量拣货时间短，表示拣货的反应时间很快，即订单进入拣货作业系统乃至完成拣取所费的时间很短，它特别有利于处理紧急订货。

③ 每订单投入拣货成本的计算方法为

每订单投入拣货成本＝拣货投入成本/订单数量

每件商品投入拣货成本＝拣货投入成本/拣货单位的累计件数

④ 拣误率：衡量拣货作业质量的指标，其计算公式为

拣误率＝拣取错误笔数/订单总笔数

六、配送作业

配送是从配送中心将商品送达客户处的活动。要研究如何有效地配送（用适当的配送人员、适合的配送车辆以及每趟车最佳运行路径来配合，以实现配送量大，装载率高。因此，人员、车辆、配送时间、规划方式，都是配送中心管理人员在配送方面应该重点考虑的问题）。

因配送造成的成本费用支出及因配送路途耽搁引起的交货延迟，也是必须考虑的因素。

配送效率化的主要评估指标如下。

（1）人均作业量：用于评估配送人员工作能力及作业绩效，其计算方法为

人均配送量＝出货量/配送人员数

（2）车辆平均作业量：衡量车辆的利用率，其计算方法为

平均每辆车的配送量＝配送总件数/（自车数量＋外车数量）

（3）空驶率：衡量车辆的空间利用率，其计算方法为

空驶率＝空车行驶距离/配送总距离

改善对策如下。

要减少空驶率，关键是做好"回程顺载"工作，可从"回收物流"着手，如容器（啤酒瓶、牛奶瓶）的回收、托盘、笼车、拣货周转箱的回收、原材料（如废纸板箱）的再生利用以及退货处理等。

（4）车辆运行状况，配送车开动率的计算公式为

配送车开动率＝配送总车次/［（自车数量＋外车数量）×工作天数］

（5）配送成本，其计算公式为

每车次配送成本＝（自车配送成本＋外车配送成本）/配送总车次

改善对策如下。

若采用单独运行时的配送成本偏高时，则应考虑采用"共同配送"策略，以降低较远距离、较少出货量而造成的过高配送成本。

（6）配送延误率：用于考核配送的准点率，其计算公式为

配送延迟率＝配送延迟车次/配送总车次

往往造成配送延迟率过高的原因是：车辆、设备故障，路况不佳，供应与供货延迟、缺货以及拣货作业延迟。

七、采购作业

由于出货使库存量逐次减少，当库存量降到某一定点(订货点)时，应马上采购补充商品。

合理选择订购方式：在采购时应考虑供应商的信用及其商品质量，以防进货发生延迟、短缺，造成整个后续作业的困难。

采购作业效率的评估指标有以下几个。

(1) 出货品成本占营业额比率：这是衡量采购成本的合理性指标，其计算公式为

$$出货品成本占营业额比率＝出货品采购成本/营业额$$

改善对策如下。

采取"集中采购"的方式，可以因一次采购量大而获得"数量折扣"，还可以减少采购的手续费。

(2) 货品采购及管理总费用：用于衡量采购与库存政策的合理性，其计算公式为

$$货品采购及管理总费用＝采购作业费用+库存管理费用$$

改善对策如下。

对于单价比较高的货品，其采购次数较多时费用较省；对于单价较低的货品，一次采购量大些较为便宜。

(3) 进货数量误差率、次品率和延迟率：用于衡量进货准确度和有效率，以配合调整安全库存，计算公式分别为

$$进货数量误差率＝进货误差率/进货量$$
$$进货次品率＝进货不合格数量/进货量$$
$$进货延迟率＝延迟进货数量/进货量$$

八、配送中心经营管理综合指标

(1) 配送中心坪效：衡量配送中心单位面积(每平方米)的营业收入(产值)，其计算公式为

$$配送中心坪效＝营业额(产值)/建筑物总建筑面积$$

(2) 人员作业能力：衡量配送中心的人员单产水平，人员作业量及人员作业能力的计算公式为

$$人员作业量＝出货量/配送中心总人数$$
$$人员作业能力＝营业额/配送中心总人数$$

改善对策如下。

(1) 有效地利用省人化物流机械设备。

(2) 减少配送中心从业人员，首先考虑削减间接人员，尤其是当直间工比率不高时。

(3) 直间工比率：衡量配送中心作业人员及管理人员的比率是否合理，其计算公式为

$$直间工比率＝一线作业人数/(配送中心总人数－一线作业人数)$$

(4) 固定资产周转率：衡量配送中心固定资产的运行绩效，评估所投资的资产是否充分发挥效用，其计算公式为

$$固定资产周转率＝产值/固定资产总额$$

(5) 产出与投入平衡率：判断是否维持低库存量，与零库存的差距多大，其计算公式为

$$产出与投入平衡率＝出货量/进货量$$

改善对策如下。

产出与投入平衡率是指进出货件数比率。如果想以低库存作为最终目标，且不会发生缺货现象，则产出与投入平衡比率最好控制在 1 左右，而实现整改目标的关键是要切实做好销售预测。

【任务实施】

教师首先介绍背景知识，通过 PPT 和图片介绍节约里程法的基本思想，对物品进行配货，对车辆进行配载，以及零担货运、配送资源计划、绩效指标等进行讲解。然后指导学生课堂练习和操作训练，以巩固知识。

【归纳总结】

该任务包括三个子任务：配送资源计划、配送中心作业效率的评估要素、配送中心主要活动绩效管理。配送资源计划作用是改进客户服务、减少产品的总体存货水平、减少运输成本。开展绩效评估能正确判断配送中心的实际经营水平，提高经营能力和管理水平，从而增加配送中心的整体效益。

【实训任务】

配送管理软件的使用。

1．实训目的和要求

通过实际操作使学生了解配送管理软件的使用方法。

2．实训内容

(1)教师介绍仓库管理软件相关知识。

桶装水配送管理软件(单机版)是一款十分简洁的管理软件，提供明晰的送水管理解决方案，适用于小型桶装水配送网点。其主要功能包括：①软件支持供应商管理、用户登记、桶装水采购入库、赠送商品管理、折扣管理、佣金提成管理等；②可以输出常用的明细报表和汇总报表。

(2)学生进行相关操作:软件安装→数据输入→用户设置→采购设置→物品入库操作费用计算→佣金计算。

(3)教师总结和点评。

(4)学生在以上基础上形成个人实训报告并上交。

3．考核办法

教师通过观察操作过程学生表现以及实训报告完成情况给予评分。

4．思考与练习

(1)桶装水用户是怎样进行登记的?

(2)对该管理软件进行评价。

【项目小结】

本项目包括配送组织形式，共同配送，配送线路设计，车辆运营，配送合同管理、绩效管理等内容。协同配送是把货物都装入在同一条路线上运行的车上，用同一台卡车为更多的顾客运货。配送线路设计，要了解配送路线与车辆调整前提条件和简单配送路线和有装载限制的配送路线的制订方法。配送中心作业效率评估包括八大要素。配送中心主要活动绩效管理是从进出货作业、储存作业、盘点作业、订单处理作业、拣货作业、配送作业、采购作业等方面进行评价的。要掌握节约法的计算，配载方法，基本的线路设计和配送合同的内容。

【关键概念】

(1) TSP：一个旅行者从出发地出发，经过所有要到达的城市后返回出发地。要求合理安排其旅行路线，使总旅行距离(或旅行费用、旅行时间等)最短。

(2) VRP：是指对物流配送的车辆进行优化调度。该问题一般可以描述为：对一系列装货点或(和)卸货点组织适当合理的行车路线，使车辆有序地通过它们，在满足一定的约束条件(如货物需求量、发送量、交发货时间、车辆容量、数目限制、车辆行驶里程、时间限制等)下，达到一定的目标(如最短路程、最小费用、最短时间、最少车辆等)。

(3) 独立配送服务合同：由独立经营配送业务的配送企业、个人或兼营配送业务的组织与配送委托人订立的仅涉及配送服务的独立合同。该合同仅用于调整双方在配送服务过程中的权利和义务关系，以配送行为为合同标的。

(4) 附属配送服务合同：附属配送服务合同是指在加工、贸易、运输、仓储或其他物质经营活动的合同中，附带地订立配送服务活动的权利和义务关系，配送服务活动没有独立订立合同。

(5) 定时定量配送：按照规定的配送时间和配送数量进行配送。

(6) 订单分析：通过对日均受理订单数、每订单平均订货数量和平均订货单价的分析，观察每天订单的变化情况，以拟定客户管理策略及业务发展计划。

(7) 配送资源计划：是指在流通领域中配置物资资源的技术，它能够实现流通领域物流资源按照时间、数量的需求计划和需求配送到位。

【思考与练习】

(1) 协同配送有什么优点？

(2) 说明协同配送的问题和解决方法。

(3) 确定配送线路的原则有哪些？

(4) 简述节约里程法的原理和计算步骤。

(5) 车辆积载中应该遵循的基本原则有哪些？

(6) 怎样实施DRP？

(7) 配送中心作业效率的评估要素有哪些？

(8) 有哪些指标用于衡量配送效率？

【案例分析】

案例1 日本松下铃木的配送模式与流程

日本松下铃木公司是1972年由位于大坂的食品店、酒类批发商松下商店和位于东京的从事酒类、食品经营的铃木洋酒合并而成的食品批发商。1991年销售额为3000亿日元，员工900人。合并后公司仍然采取东西两个总公司制，它是属于伊藤株式会社的系列成员。

从其配送经营的商品构成看，70%为加工食品，30%为酒类产品，此外，还少量地从事其他商品的经营，松下铃木在日本一共有37处配送中心，其中鸠谷中心是与伊藤洋华堂共同运营的。松下铃木除了与伊藤洋华堂有业务往来以外，还与伊藤洋华堂集团的7-11公司有酸奶经营上的合作，这两种合作在账务管理上是完全分开的，尽管如此，配送、信息和物流系统的管理方面是完全一致的。

鸠谷配送中心自1991年以来，一直是伊藤洋华堂的专用共同配送中心，占地3200m²。配送的范围主要是崎玉地区37个伊藤洋华堂的店铺，而西野商事主要管辖东京地区23个店铺。鸠谷中心拥有14辆货车，其中8辆主要从事崎玉地区的商品运输，另外6辆承担到西野商事东京中心的运输任务，鸠谷中心拥有 7 处进货车辆的车位。

鸠谷中心的分拣作业与配送流程，是每天 14 时 30 分之前开始接收伊藤洋华堂总部发送来的商品订货信息。直到 15 时 30 分左右结束，随后进入商品分拣作业。分拣的顺序是，加工食品(小量分拣)、饮料和食用油(以货箱为单位)、拉面和酱油(以货箱为单位)、饮料和拉面(以货箱为单位)、啤酒(以货箱为单位)、面向崎玉物流中心的作业、酒类(以瓶为单位)。

以上作业按店铺进行数码备货、备货作业过程，比较轻的加工食品备货 1 人 1 组(共 4 组＝4 人；全部为女性)，其他比较重的商品备货 2 人 1 组(共 8 组＝16 人；全部为男性)。从每个店铺的作业看，由于有 4 个较重的分拣任务，所以有 8 位男性，加上一个加工食品作业的女性，一个作业团队有 9 个人，所有从事备货分拣任务的人员共 20 人。除此之外，中心从事补货、检验、整理事物的人员有 4～5 人，一般事务人员有 2～3 人，共计 28 人在鸠谷中心从事备货、分拣和配送业务。

1991 年中心有 1300 个品种的商品，目前减少到 500 个品种，平均库存周期为 5 天，其中 A 类商品库存周期为 3.6 天，前置时间为 1 天。B 类商品平均库存为 7 天，由于要进行小量分拣和贴附等作业，前置时间稍微长些。

鸠谷中心与西野商事的东京中心都实行上午和下午一天两次的配送制度，这是因为鸠谷中心除了第二天向伊藤洋华堂的崎玉物流中心配送商品外，还接受西野商事的配送请求。从车辆配送的效率和路线看，一般 1 条线路配送 2～4 家店铺的商品，这种方式长期以来没有改变。

在鸠谷中心分拣好的商品直接向货车上货，上货的顺序是西野商事的上午东京共同配送(17 家店铺)、从鸠谷中心到崎玉物流中心的上午直接配送(19 家店铺)、东京下午配送(6 家店铺)、崎玉下午配送(19 家店铺)。在合作共同配送出发的时间内，正好地区内配送商品的分拣作业完成，接着进行地区内商品上货配送作业。

【思考题】

鸠谷中心的工作是怎样做到井然有序的？

案例 2　沃尔玛的配送中心

沃尔玛在美国本土已建立 62 个配送中心，整个公司销售商品的 85%由这些配送中心供应，而其竞争对手只有约 50%～65%的商品集中配送。沃尔玛完整的物流系统号称"第二方物流"，相对独立运作，不仅包括配送中心，还有更为复杂的资料输入采购系统、自动补货系统等。其配送中心的平均面积约 10 万 m^2，相当于 23 个足球场，全部自动化作业，现场作业场面就像大型工厂一样蔚为壮观。

沃尔玛公司共有 6 种形式的配送中心：第一种是"干货"配送中心；第二种是食品中心(相当于"生鲜")；第三种是山姆会员店配送中心；第四种是服装配送中心；第五种是进口商品配送中心；第六种是退货配送中心(其收益主要来自出售包装箱的收入和供应商支付的手续费)。

其配送中心的基本流程是：供应商将商品送到配送中心后，经过核对采购计划，进行商品检验等程序，分别送到货架的不同位置存放。提出要货计划后，计算机系统将所需商品的存放位置查出，并打印有商店代号的标签。整包装的商品直接由货架上送往传送带，零散的商品由工作台人员取出后也送到传送带上。一般情况下，商店要货的当天就可以将商品送出。沃尔玛要求所购买的商品必须带有 UPC 条形码，从工厂运货回来，卡车将停在配送中心收货处的数十个门口，把货箱放在高速运转的传送带上，在传送过程中经过一系列激光扫描，读取货箱上的条形码信息。而门店需求的商品被传送到配送中心的另一端，那里有几十辆货车在等着送货。其十多千米长的传送带作业就这样完成了复杂的商品组合。其高效的计算机控制系统使整个配送中心用人极少。数据的收集、存储和处理系统成为沃尔玛控制商品及其物流的强大武器。

为了满足美国国内 3500 多个连锁店的配送需要，沃尔玛公司在国内共有近 3 万个大型集装箱挂车，5500 辆大型货运卡车，24 小时昼夜不停地工作。每年的运输总量达到 77.5 亿箱，总行程 6.5 亿 km。合理调度如此规模的商品采购、库存、物流和销售管理，离不开高科技的手段。为此，沃尔玛公司建立了专门的计算机管理系统、卫星定位系统和电视高度系统，拥有世界一流的先进技术。

全球 4500 多个店铺的销售、订货、库存情况可以随时调出查问。公司 5500 辆运输卡车全部装备了卫星定位系统，每辆车在什么位置，装载什么货物，目的地是什么地方，总部一目了然。可以合理安排运量和路程，最大限度地发挥运输潜力，避免浪费，降低成本，提高效率。

沃尔玛正是通过信息流对物流、资金流的整合、优化和及时处理，实现了有效的物流成本控制。从采购原材料开始到制成最终产品，最后由销售网络把产品送到消费者手中的过程都变得高效有序，实现了商业活动的标准化、专业化、统一化、单纯化，从而达到实现规模效益的目的。

"来自沃尔玛的威胁将首先体现在供应链上"，当这个位列世界 500 强之首的零售大鳄在 1996 年悄然登陆中国的时候，业内人士这样看待它对本土零售业的冲击。然而，6 年过去了，这个零售业的老大在中国并未显示出咄咄逼人的态势，究竟是什么阻挠了沃尔玛前进的步伐？

1. 被束缚的巨人

沃尔马前任总裁大卫·格拉斯曾说过："配送设施是沃尔玛成功的关键之一，如果说我们有什么比别人干得好的话，那就是配送中心。"灵活高效的物流配送系统是沃尔玛达到最大销售量和低成本的存货周转的核心，沃尔玛现任公司的 CEO 就来自物流部门。由此可见，物流和配送在公司中的重要性。

但是，沃尔玛中国的黄小姐在接受记者采访时，更多地提到了沃尔玛在美国的成功经验。对于几年来物流配送在中国的发展，黄小姐无奈地说："目前我们只有 5 家分店，建立物流配送中心不仅起不到降低成本的作用，反而会使成本上升。因此在仓储、配送这些方面，我们只能根据各地的不同情况进行处理。"

据黄小姐介绍，沃尔玛目前只在深圳蛇口有一家配送中心。供应商如果只想在当地的沃尔玛店里销售，则采取供应商直送的方式；如果要在国内销售，尤其是非食品类，则要将货送至设于深圳的沃尔玛配送中心；如果想做出口，则由沃尔玛设在深圳的全球采购办操作。

因此，该配送中心还只是一个货物的中转站，其功能无法与沃尔玛高效的物流配送中心相提并论。沃尔玛在国内的店面主要依靠供应商直接配货。

据统计，在美国，沃尔玛利用配送系统把货品送到商店的物流成本占销售额的 2.5%左右，而其竞争对手做同样的事情一般要付出 5%的成本。那就是说，当沃尔玛与对手经营同一种商品的时候，他们比竞争对手的成本要低 2.5%左右。同时，沃尔玛利用卫星资讯处理系统把制造商、物流商融入自己的营运网络。别人要 30 天配送补货，沃尔玛只要 5~7 天，这就是沃尔玛维持"天天平价"的保障。

然而，沃尔玛赖以生存的用卫星扶持的后台信息处理系统在中国毫无用处，政策上的限制使之不可能共享全球采购系统、全球物流系统。中国之沃尔玛欲成为美国之沃尔玛，必须等待中国零售业、进出口贸易权、物流业的全面同步开放。换言之，零售业的开放程度决定了沃尔玛的经营区域；进出口贸易权的开放程度决定其货品流通范围：是全国小圈子还是全球大圈子，是单向流动还是进出自如。

同样低调的家乐福婉言谢绝了记者的采访要求，一位不愿透露姓名的女士说："建立物流配送中心对于外资零售商来说还为时过早。从理论上来讲，只有在中心城市对周边的卫星城市具有足够的辐射作用，分店的数目达到一定水平的情况下，物流配送中心才有效率。这要等到零售业完全放开，外资的扩张达到一定规模才有现实意义。目前，我们不谈这个问题。"

据业内人士介绍，超市赚钱之道分三个阶段：①进销差价；②在供应商那里找利润；③优化供应链，降低物流成本。家乐福采取的是典型的第二种方式：从供货商手里找钱，如向供应商收上架费，咨询服务费甚至条码费等。这是中国超市业的现实之道，因为不断增多的亮点销售（超低价）与价格战使进销差价越来越小，靠第一种方式取利的时代已基本结束。因此，物流配送中心的缺失并未阻碍家乐福在的中国的大步伐前进。

然而，沃尔玛则一直钟情于第三种，但在中国目前这一招还行不通。

2. 变形以图发展

国外同行的灵活战略已经让沃尔玛望尘莫及，国内的传统连锁超市也加紧了发展步伐。前不久，上海华联超市与外商控股的秋雨环球物流股份有限公司组建了华联物流有限责任公司。虽然华联超市以上市公司不宜对此进行信息披露为由拒绝了记者的采访，但是华联物流的消息显示，此举一方面为华联超市引进了外资，另一方面则志在将隶属于超市部分的物流配送体系独立起来做强做大。

目前，华联超市以上海为中心，在沪、京、宁等地已设有5座现代化管理的相互联网的配送中心，初步形成了全国物流配送框架，向公司分布在全国的近千家零售店配送。其仓储面积达8万 m^2，库存量90万箱，日均吞吐量达15万箱。华联现代物流网络的搭建为提高该超市商品的周转速度，降低产品的物流成本提供了强有力的后台支持。

而就在不久以前，同为上海零售业龙头的联华超市投资5000多万元，聘请日本株式会社冈村制作所设计制造了总面积近1万 m^2，科技含量与规模均属国内之最的联华便利物流配送中心。据称，该中心通过高智能计算机控制系统，调控整条流水线上商品的进、出、存、拣。单店商品拆零配置时间从4min降至2min以内，拆零差错率从6‰提升到0.01%以下，车辆调度也全部由计算机系统完成，并根据门店路程远近优化配送路线。

一方面，门店数量庞大的国内连锁超市开始向国外的先进管理模式靠拢。另一方面，沃尔玛等洋超市也不得不开始了"变形"的过程。

在2002年，沃尔玛将全球采购办从香港迁到了深圳，2002年10月又在上海成立采购分部，在武汉也传出将建物流中心的消息。沃尔玛高层表示2003年将在天津建设北方区物流配送中心，依靠此中心满足沃尔玛在中国北区各店的配货需求。

同时，沃尔玛直言不讳的表示它对抢夺采购权的雄心壮志。黄小姐称，由于沃尔玛不收"进场费"，在进货商中赢得了良好的口碑和声誉。而对于很多供货商来说，希望能挤进沃尔玛卖场，不仅是因为它不收进场费，也不仅是因为它能带动自身产品的销售，还有一个不可忽视的因素是沃尔玛能帮助供货商改进工艺，提高质量，降低劳动力成本，分享沃尔玛的信息系统等。

　　对于物流管理，沃尔玛还提出将采购权适度外包给贸易商，贸易商负责组织物流或者支付第三方物流费用。虽然按照国际管理，应该是沃尔玛与第三方物流方进行劳物交易，并负担费用，这一方案不能兼顾双方利益，但明显要比现在的方案——制造商承担物流费用要强。

　　业内人士认为，其实生产商是零售商的上游企业，是供货方，是零售商的"弹药"生产基地，经销商和生产商是同坐在一条船上的，皮之不存，毛将焉附？零售商和生产商形成良性的共生状态最有利于双方的发展。因此，沃尔玛、家乐福等大型超市为采购权的争夺做好了长期准备。

　　上海复旦大学物流专家朱道立认为，沃尔玛物流体系建立的时间取决于三个要素：第三方物流商的强力伙伴作用，沃尔玛的卫星数据库信息系统在中国的应用以及店面布局及采购链的成熟程度。

　　但也有业内人士认为，中国也有属于自己的物流公司。本土化经营的沃尔玛何不选择中国的物流公司来降低营运成本呢？依靠强大的物流配送系统发展壮大的沃尔玛在中国遭遇了它前所未有的困扰，本土化的变形必然迫使它放弃原本固守的部分原则，在此过程中，阵痛是难免的。

（来源：百度文库）

【思考题】

沃尔玛在中国为什么遭遇了物流之痛？

附　录

附录一　干湿球温度表

附表 1　干湿球温度表

湿球温度/℃ ＼ 湿度/% 干球温度/℃	20	25	30	35	40	45	50	55	60	65	70	75	80	85	90	95	100
10.0	2.55	3.06	3.58	4.09	4.58	5.07	5.54	6.02	6.49	6.95	7.41	7.86	8.29	8.73	9.16	9.59	10.00
11.0	3.24	3.78	4.32	4.85	5.37	5.88	6.38	6.87	7.36	7.84	8.31	8.77	9.24	9.69	10.13	10.57	11.00
12.0	3.94	4.50	5.06	5.62	6.15	6.68	7.21	7.72	8.23	8.72	9.21	9.70	10.17	10.64	11.10	11.56	12.00
13.0	4.62	5.21	5.79	6.38	6.93	7.49	8.04	8.57	9.09	9.61	10.12	10.62	11.12	11.59	12.07	12.54	13.00
14.0	5.30	5.92	6.53	7.13	7.72	8.29	8.85	9.42	9.96	10.50	11.02	11.54	12.05	12.55	13.05	13.52	14.00
15.0	5.98	6.62	7.26	7.89	8.50	9.10	9.68	10.26	10.83	11.38	11.93	12.47	12.99	13.50	14.02	14.51	15.00
16.0	6.64	7.32	7.99	8.64	9.28	9.90	10.51	11.11	11.69	12.27	12.83	13.38	13.93	14.47	14.98	15.50	16.00
17.0	7.31	8.02	8.72	9.39	10.05	10.70	11.34	11.95	12.56	13.16	13.73	14.31	14.87	15.42	15.95	16.48	17.00
18.0	7.98	8.72	9.43	10.13	10.82	11.50	12.15	12.80	13.42	14.03	14.64	15.23	15.80	16.37	16.93	17.46	18.00
19.0	8.64	9.40	10.15	10.89	11.59	12.29	12.97	13.64	14.28	14.92	15.54	16.15	16.75	17.33	17.90	18.45	19.00
20.0	9.30	10.09	10.87	11.63	12.37	13.09	13.79	14.49	15.16	15.81	16.45	17.07	17.69	18.28	18.87	19.44	20.00
21.0	9.95	10.78	11.59	12.38	13.14	13.89	14.61	15.33	16.02	16.69	17.35	17.99	18.62	19.24	19.84	20.43	21.00
22.0	10.60	11.47	12.31	13.12	13.92	14.69	15.44	16.17	16.88	17.58	18.26	18.92	19.56	20.19	20.81	21.41	22.00
23.0	11.25	12.14	13.02	13.86	14.68	15.48	16.26	17.02	17.75	18.46	19.16	19.84	20.50	21.15	21.77	22.40	23.00
24.0	11.89	12.83	13.73	14.61	15.46	16.28	17.08	17.86	18.61	19.35	20.06	20.76	21.44	22.11	22.75	23.39	24.00
25.0	12.53	13.51	14.44	15.35	16.22	17.08	17.90	18.70	19.48	20.24	20.97	21.68	22.38	23.06	23.73	24.37	25.00
26.0	13.18	14.18	15.15	16.09	16.99	17.87	18.73	19.54	20.34	21.13	21.88	22.62	23.33	24.02	24.70	25.36	26.00
27.0	13.82	14.86	15.83	16.84	17.76	18.67	19.55	20.39	21.21	22.01	22.79	23.53	24.26	24.98	25.67	26.35	27.00
28.0	14.46	15.53	16.57	17.57	18.54	19.46	20.37	21.24	22.08	22.90	23.70	24.46	25.20	25.94	26.64	27.33	28.00
29.0	15.10	16.21	17.28	18.31	19.31	20.26	21.20	22.09	22.95	23.79	24.61	25.39	26.15	26.90	27.61	28.32	29.00
30.0	15.73	16.88	17.99	19.05	20.08	21.07	22.02	22.94	23.82	24.68	25.51	26.31	27.10	27.85	28.58	29.30	30.00
31.0	16.37	17.56	18.70	19.80	20.85	21.87	22.84	23.78	24.69	25.57	26.42	27.24	28.04	28.82	29.56	30.29	31.00
32.0	17.00	18.22	19.41	20.54	21.62	22.67	23.67	24.63	25.56	26.47	27.33	28.17	28.99	29.76	30.54	31.27	32.00
33.0	17.63	18.90	20.12	21.28	22.40	23.47	24.50	25.48	26.43	27.35	28.24	29.10	29.93	30.73	31.51	32.27	33.00
34.0	18.26	19.58	20.83	22.02	23.18	24.28	25.32	26.33	27.31	28.25	29.15	30.03	30.87	31.69	32.49	33.25	34.00
35.0	18.90	20.25	21.54	22.78	23.95	25.07	26.15	27.18	28.18	29.15	30.06	30.96	31.82	32.65	33.46	34.24	35.00

续表

湿度/% 湿球 温度/℃ 干球 温度/℃	20	25	30	35	40	45	50	55	60	65	70	75	80	85	90	95	100
36.0	19.53	20.92	22.25	23.52	24.73	25.88	26.98	28.04	29.06	30.04	30.98	31.89	32.77	33.61	34.43	35.23	36.00
37.0	20.16	21.60	22.96	24.27	25.51	26.69	27.82	28.90	29.93	30.95	31.89	32.81	33.72	34.57	35.40	36.22	37.00
38.0	20.79	22.28	23.68	25.01	26.28	27.49	28.64	29.76	30.81	31.83	32.81	33.75	34.65	35.54	36.38	37.21	38.00
39.0	21.42	22.95	24.39	25.76	27.07	28.29	29.49	30.61	31.79	32.73	33.72	34.68	35.61	36.50	37.36	38.19	39.00
40.0	22.06	23.63	25.11	25.52	27.84	29.11	30.31	31.47	32.57	33.63	34.64	35.62	36.56	37.45	38.33	39.18	40.00
41.0	22.69	24.30	25.82	26.76	28.62	29.91	31.14	32.32	33.48	34.53	35.55	36.54	37.50	38.42	39.30	40.17	41.00
42.0	23.33	24.98	26.54	27.42	29.40	30.71	31.97	33.18	34.36	35.42	36.47	37.47	38.45	39.38	40.28	41.16	42.00

应用举例：设干球温度是 22℃，湿球温度是 16.17℃，则可先在附表 1 中所示干球温度一列找到 22℃；再在该行的湿球温度中找到 16 的近似值；该近似值竖列对应的表头数值 55，就表示相对湿度是 55%。

附录二　露　点　表

附表 2　露点表

D/T-P/T	0.0		0.5		1.0		1.5		2.0		2.5		3.0		3.5		4.0		4.5		5.0		5.5		6.0		6.5		7.0	
D/T	RH	DP	RH	DP	RH	DP	RH	DP	RH	DP	RH	DP	RH	DP	RH	DP	RH	DP	RH	DP	RH	DP	RH	DP	RH	DP	RH	DP	RH	DP
-5.50	95	-6	82	-8	72	-10	61	-12	50	-14	40	-17	29	-21	19	-26	9	-34												
-5.00	95	-6	84	-7	73	-9	63	-11	52	-13	42	-16	31	-19	21	-14	11	-31												
-4.50	96	-5	85	-7	74	-8	64	-10	53	-13	43	-15	33	-18	23	-22	13	-28	4	-41										
-4.00	96	-5	86	-6	75	-8	65	-10	55	-12	45	-14	35	-17	25	-21	16	-26	6	-36										
-3.50	97	-4	86	-5	76	-7	66	-9	56	-11	47	-13	37	-15	28	-20	18	-24	8	-32										
-3.00	97	-3	87	-5	78	-6	67	-8	58	-10	48	-12	39	-15	30	-18	20	-23	11	-18										
-2.50	98	-3	88	-4	78	-6	68	-8	58	-9	50	-12	41	-14	32	-17	23	-21	13	-26	1	-35								
-2.00	98	-2	88	-4	79	-5	69	-7	60	-9	51	-11	42	-13	33	-16	25	-20	16	-24	3	-32								
-1.50	99	-2	88	-3	80	-5	70	-6	62	-8	53	-10	44	-12	35	-15	27	-18	18	-23	6	-29								
-1.00	99	-1	90	-3	81	-4	71	-6	63	-7	54	-9	46	-11	37	-14	29	-17	21	-21	10	-26								
-0.50	100	-1	90	-2	81	-3	72	-5	64	-7	56	-8	47	-11	39	-13	31	-16	23	-19	13	-24								
0.00	100	0	91	-1	82	-2	73	-4	65	-5	57	-8	48	-10	41	-12	33	-16	25	-18	17	-22								
0.50	100	0	91	-1	83	-2	74	-4	66	-5	58	-7	50	-9	42	-12	34	-14	27	-16	19	-20								
1.00	100	1	91	0	83	-2	75	-3	66	-4	60	-6	52	-8	44	-10	36	-12	29	-15	21	-19								
1.50	100	1	92	0	83	-1	75	-2	68	-4	61	-5	53	-7	45	-9	38	-11	31	-14	23	-17								
2.00	100	2	92	1	84	-1	75	-2	68	-3	61	-5	53	-6	47	-8	40	-9	32	-13	25	-16								
2.50	100	2	92	1	84	1	76	-1	69	-3	62	-4	54	-6	47	-7	40	-9	33	-12	27	-15								
3.00	100	3	92	2	84	1	76	-1	69	-2	62	-4	54	-5	48	-7	41	-8	34	-11	28	-14	22	-17						
3.50	100	3	92	2	85	1	77	0	70	-2	62	-3	55	-5	49	-6	41	-8	35	-10	29	-13	24	-16						
4.00	100	4	93	3	85	2	77	0	70	-1	63	-2	56	-4	49	-6	42	-8	36	-9	30	-12	26	-15						
4.50	100	4	93	3	85	2	78	1	71	0	64	-2	57	-3	50	-5	44	-7	37	-8	31	-11	26	-14						
5.00	100	5	93	4	86	3	78	2	72	0	65	-1	58	-3	51	-4	45	-6	38	-7	32	-10	27	-13	21	-16				
5.50	100	5	93	4	86	3	79	2	72	1	65	-1	59	-2	52	-4	46	-5	40	-7	33	-9	27	-12	22	-15	16	-18		
6.00	100	6	93	5	86	4	79	3	73	1	66	0	60	-2	53	-3	47	-5	41	-6	35	-8	29	-11	23	-14	17	-17		
6.50	100	6	93	5	86	4	79	3	73	2	67	1	60	-1	54	-2	48	-4	42	-6	36	-8	30	-10	24	-13	18	-16		
7.00	100	7	93	6	87	5	80	4	74	3	67	1	61	0	55	-1	49	-3	43	-5	37	-7	31	-9	26	-11	20	-14	14	-18
7.50	100	7	93	6	87	5	80	4	74	3	68	2	62	1	56	-1	50	-2	44	-4	38	-6	33	-8	27	-10	22	-13	16	-17
8.00	100	8	94	7	87	6	81	5	75	4	69	3	63	1	57	0	51	-2	45	-3	40	-5	34	-7	29	-9	23	-12	18	-15
8.50	100	8	94	7	87	6	81	5	75	4	69	3	63	2	58	1	52	-1	46	-2	41	-4	35	-6	30	-8	25	-11	19	-13
9.00	100	9	94	8	88	7	81	6	76	5	70	4	64	3	58	1	53	0	47	-2	42	-3	36	-5	31	-7	26	-10	21	-12
9.50	100	9	94	9	88	8	82	7	76	5	70	4	65	3	59	2	54	1	48	-1	43	-3	38	-4	32	-6	27	-9	22	-11
10.00	100	10	94	9	88	8	82	7	77	6	71	5	65	4	60	3	54	1	49	0	44	-2	39	-3	34	-5	29	-7	24	-10

续表

D/T-P/T	0.0		0.5		1.0		1.5		2.0		2.5		3.0		3.5		4.0		4.5		5.0		5.5		6.0		6.5		7.0	
D/T	RH	DP	RH	DP	RH	DP	RH	DP	RH	DP	RH	DP	RH	DP	RH	DP	RH	DP	RH	DP	RH	DP	RH	DP	RH	DP	RH	DP	RH	DP
10.50	100	10	94	10	88	9	82	8	77	7	71	5	66	4	61	3	55	2	50	0	45	−1	40	−3	35	−4	30	−6	25	−9
11.00	100	11	94	10	88	9	83	8	77	7	72	6	66	5	61	4	56	3	51	1	46	0	41	−2	36	−4	31	−5	26	−8
11.50	100	11	94	11	89	10	83	9	78	8	72	7	67	6	62	4	57	3	52	2	47	0	42	−1	37	−3	32	−5	28	−7
12.00	100	12	94	11	89	10	83	9	78	8	73	7	68	6	63	5	57	4	53	3	48	1	43	0	38	−2	32	−4	29	−6
12.50	100	12	94	12	89	11	83	10	78	9	73	8	68	7	63	6	58	4	53	3	49	2	44	0	39	−1	35	−3	30	−5
13.00	100	13	95	12	89	11	84	10	79	9	74	8	69	7	64	6	59	5	54	4	49	3	45	1	40	0	36	−2	31	−4
13.50	100	13	95	13	89	12	84	11	79	10	74	9	69	8	64	7	60	6	55	5	50	3	46	2	41	1	37	−1	32	−3
14.00	100	13	95	13	90	12	84	11	79	10	74	9	70	8	65	7	60	6	56	5	51	4	46	3	42	1	38	0	33	−2
14.50	100	14	95	14	90	13	84	12	80	11	75	10	70	9	65	8	61	7	56	6	52	5	47	3	43	2	39	1	35	−1
15.00	100	15	95	14	90	13	85	12	80	12	75	11	71	9	66	9	61	8	57	6	52	5	48	4	44	3	40	1	36	0
15.50	100	15	95	15	90	14	85	13	80	12	76	11	71	10	66	9	62	8	58	7	53	6	49	5	45	3	41	2	37	1
16.00	100	16	95	15	90	14	85	13	81	13	76	12	71	11	67	10	62	9	58	8	54	7	50	5	46	4	41	3	37	1
16.50	100	16	95	16	90	15	85	14	81	13	76	12	72	12	67	10	63	9	59	8	55	7	50	6	46	5	42	4	38	2
17.00	100	17	95	16	90	15	86	15	81	14	77	13	72	12	68	11	64	10	59	9	55	8	51	7	47	6	43	4	39	3
17.50	100	17	95	17	91	16	86	15	81	14	77	13	73	13	68	12	64	11	60	10	56	9	52	7	48	6	44	5	40	4
18.00	100	18	95	17	91	16	86	16	82	15	77	14	73	13	69	12	65	11	60	10	56	9	52	8	49	7	45	6	41	5
18.50	100	18	95	18	91	17	86	16	82	15	78	14	73	14	69	13	65	12	61	11	57	10	53	9	49	8	46	6	42	6
19.00	100	19	95	18	91	17	86	17	82	16	78	15	74	14	70	13	65	12	61	11	58	10	54	9	50	8	46	7	43	7
19.50	100	20	95	19	91	18	86	17	82	16	78	16	74	14	70	14	66	13	62	12	58	11	54	10	51	9	47	8	43	7
20.00	100	20	96	19	91	18	87	18	83	17	78	16	74	15	70	14	66	13	62	13	59	12	55	11	51	10	47	9	44	8
20.50	100	20	96	20	91	19	87	18	83	17	78	17	75	15	71	15	67	14	63	13	59	12	56	11	52	10	48	9	45	8
21.00	100	21	96	20	91	19	87	19	83	18	79	17	75	16	71	16	67	15	63	14	60	13	56	12	52	11	49	10	46	9
21.50	100	21	96	21	91	20	87	19	83	18	79	18	75	16	71	16	68	15	64	14	60	13	57	13	53	11	50	10	46	10
22.00	100	22	96	21	92	21	87	20	83	19	79	18	76	17	72	17	68	16	64	15	61	14	57	13	54	12	50	11	47	10
22.50	100	22	96	22	92	21	87	20	84	20	80	19	76	18	72	17	68	16	65	15	61	15	58	14	54	13	51	12	47	11
23.00	100	23	96	22	92	22	88	21	84	20	80	19	76	18	72	18	69	17	65	16	62	15	58	14	55	13	51	12	48	11
23.50	100	23	96	23	92	22	88	21	84	21	80	20	76	19	73	18	69	17	66	17	62	16	59	15	55	14	52	13	49	12
24.00	100	24	96	23	92	23	88	22	84	21	80	20	77	20	73	19	69	18	66	17	62	16	59	15	56	15	52	14	49	13
24.50	100	24	96	24	92	23	88	22	84	22	81	21	77	20	73	19	70	19	66	18	63	17	60	16	56	15	53	14	50	13
25.00	100	25	96	24	92	24	88	23	84	22	81	21	77	21	74	20	70	20	67	18	63	17	60	17	57	16	54	15	50	14
25.50	100	25	96	25	92	24	88	23	85	23	81	22	77	21	74	20	70	20	67	19	64	18	60	17	57	16	54	15	51	15
26.00	100	26	96	25	92	25	88	24	85	23	81	23	78	22	74	20	71	20	67	19	64	19	61	18	58	17	55	16	51	15
26.50	100	26	96	26	92	26	88	24	85	24	81	23	78	22	74	21	71	21	68	20	64	19	61	18	58	18	55	17	52	16
27.00	100	27	96	26	92	26	89	25	85	24	82	24	78	23	75	22	71	21	68	21	65	20	62	19	59	18	55	17	52	16
27.50	100	27	96	27	92	27	89	25	85	25	82	24	78	23	75	23	72	22	68	21	65	20	62	20	59	19	56	18	53	17
28.00	100	28	96	27	93	27	89	26	85	25	82	25	79	24	75	23	72	22	69	22	65	21	62	20	59	19	56	18	53	18

D/T-P/T	0.0		0.5		1.0		1.5		2.0		2.5		3.0		3.5		4.0		4.5		5.0		5.5		6.0		6.5		7.0	
D/T	RH	DP	RH	DP	RH	DP	RH	DP	RH	DP	RH	DP	RH	DP	RH	DP	RH	DP	RH	DP	RH	DP	RH	DP	RH	DP	RH	DP	RH	DP
28.50	100	28	96	28	93	28	89	26	86	26	82	25	79	24	75	24	72	23	69	22	66	21	63	21	60	20	57	19	54	18
29.00	100	29	96	28	93	28	89	27	86	26	82	26	79	25	76	24	72	23	69	23	66	22	63	21	60	20	57	20	54	19
29.50	100	29	96	29	93	28	89	27	86	27	82	26	79	25	76	25	73	24	70	23	66	23	63	22	61	21	58	20	55	20
30.00	100	30	96	29	93	29	89	28	86	27	82	27	79	25	76	25	73	25	70	24	66	23	64	22	61	21	58	21	55	20
30.50	100	30	96	30	93	29	89	29	86	28	82	27	79	26	76	26	73	25	70	24	67	24	64	23	61	22	59	21	56	21
31.00	100	31	96	30	93	30	90	29	86	28	83	28	80	27	77	26	73	26	70	25	67	24	64	23	62	23	59	22	56	21
31.50	100	31	96	31	93	30	90	30	86	29	83	28	80	27	77	27	74	26	71	25	68	25	65	24	62	23	59	23	56	22
32.00	100	32	97	31	93	31	90	30	86	29	83	29	80	28	77	27	74	27	71	26	68	25	65	25	62	24	60	23	57	22
32.50	100	32	97	32	93	31	90	31	86	30	84	30	80	28	77	28	74	27	71	27	68	26	65	25	63	24	60	24	57	23
33.00	100	33	97	32	93	32	90	31	86	30	84	30	80	29	77	28	74	27	72	27	68	26	66	26	63	25	61	24	58	23
34.00	100	34	97	33	93	33	90	32	87	31	84	31	81	30	78	29	75	27	72	28	69	27	66	27	64	26	61	25	58	25
35.00	100	35	97	35	93	34	90	33	87	32	84	32	81	31	78	31	75	30	72	29	70	29	67	28	65	27	61	26	59	26
36.00	100	36	97	35	94	35	90	34	87	33	84	33	82	32	78	32	76	31	73	30	70	30	67	29	65	28	62	28	69	27
37.00	100	37	97	36	94	36	90	35	88	35	85	34	82	33	78	33	76	32	73	31	70	31	68	30	65	29	63	29	60	28
38.00	100	38	97	37	94	37	90	36	88	36	85	35	82	34	79	34	76	33	74	32	71	32	68	31	66	30	63	30	61	29

附录三　包装储运图示标志

中华人民共和国国家标准 GB/T191—2008

包装储运图示标志

2008-04-01 发布 2008-10-01 实施
中华人民共和国国家质量监督检验检疫总局
中国国家标准化管理委员会发布

前　言

本标准修改采用国际标准 ISO780：1997《包装储运图示标志》，主要差异如下。

（1）在国际标准三种规格的基础上，增加了 50mm 的规格尺寸。

（2）在 4.1 标志的使用中增加了"印制标志时，外框线及标志名称都要印上，出口货物可省略中文标志名称和外框线；喷涂时，外框线及标志名称可以省略"。

（3）新增加了每个标志的完整图形。

本标准代替 GB/T191—2000《包装储运图示标志》。

本标准与 GB/T191—2000 相比主要变化如下。

（1）取消了标志在包装件上的粘贴位置。

（2）新增加了标志图形一栏。

本标准由全国包装标准化技术委员会提出并归口。

本标准起草单位：铁道部标准计量研究所、北京出入境检验检疫协会。

本标准主要起草人：张锦、赵靖宇、徐思桥、苏学锋。

本标准所代替标准的历次版本发布情况为：GB/T191—1963、GB/T191—1973、GB/T191—1985、GB/T191—1990、GB/T191—2000；GB5892—1985。

包装储运图示标志

一、范围

本标准规定了包装储运图示标志（以下简称标志）的名称、图形符号、尺寸、颜色及应用方法，适用于各种货物的运输包装。

二、标志的名称和图形符号

标志由图形符号、名称及外框线组成，共 17 种。

（1）易碎物品：表明运输包装件内装易碎物品，搬运时应小心轻放，见附图 1。

（2）禁用手钩：表明搬运运输包装件时禁用手钩，见附图 2。

（3）向上：表明该运输包装件在运输时应竖直向上，见附图 3。

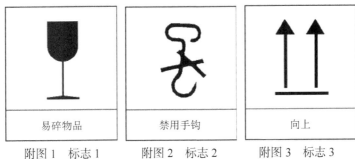

附图1　标志1　　　　附图2　标志2　　　　附图3　标志3

(4) 怕晒：表明该运输包装件不能直接照晒，见附图4。

(5) 怕辐射：表明该物品一旦受辐射会变质或损坏，见附图5。

(6) 怕雨：表明该运输包装件怕雨淋，见附图6。

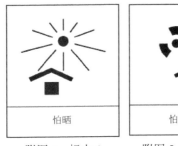  

附图4　标志4　　　　附图5　标志5　　　　附图6　标志6

(7) 重心：表明该包装件的重心位置，便于起吊，见附图7。

(8) 禁止翻滚：表明搬运时不能翻滚该运输包装件，见附图8。

(9) 此面禁用手推车：表明搬运货物时此面禁止放在手推车上，见附图9。

附图7　标志7　　　　附图8　标志8　　　　附图9　标志9

(10) 禁用叉车：表明不能用升降叉车搬运的包装件，见附图10。

(11) 由此夹起：表明搬运货物时可用夹持的面，见附图11。

(12) 此处不能卡夹：表明搬运货物时不能用夹持的面，见附图12。

(13) 堆码质量极限：表明该运输包装件所能承受的最大质量极限，见附图13。

(14) 堆码层数极限：表明可堆码相同运输包装件的最大层数，包含该包装件，n 表示从底层到顶层的总层数，见附图14。

(15) 禁止堆码：表明该包装件只能单层放置，见附图15。

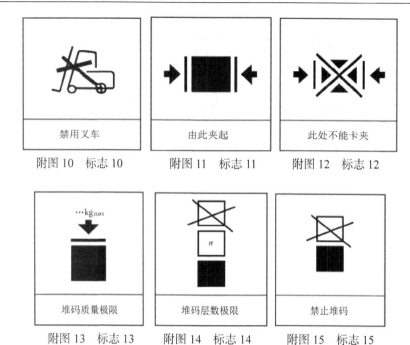

禁用叉车	由此夹起	此处不能卡夹
附图 10 标志 10	附图 11 标志 11	附图 12 标志 12
堆码质量极限	堆码层数极限	禁止堆码
附图 13 标志 13	附图 14 标志 14	附图 15 标志 15

（16）由此吊起：表明起吊货物时挂绳索的位置，见附图 16。

（17）温度极限：表明该运输包装件应该保持的温度范围，见附图 17。

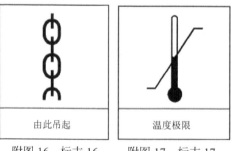

由此吊起	温度极限
附图 16 标志 16	附图 17 标志 17

三、标志尺寸和颜色

1. 标志尺寸

标志外框为长方形，其中图形符号外框为正方形，尺寸一般分为 4 种，见附表 3。如果包装尺寸过大或过小，可等比例放大或缩小。

附表 3　图形符号及标志外框尺寸

（单位：mm）

序号	图形符号外框尺寸	标志外框尺寸
1	50×50	50×70
2	100×100	100×140
3	150×150	150×210
4	200×200	200×280

2．标志颜色

标志颜色一般为黑色。如果包装的颜色使得标志显得不清晰，则应在印刷面上用适当的对比色，黑色标志最好以白色作为标志的底色。必要时，标志也可使用其他颜色，除非另有规定，一般应避免采用红色、橙色或黄色，以避免同危险品标志相混淆。

四、标志的应用方法

1．标志的使用

可采用直接印刷、粘贴、拴挂、钉附及喷涂等方法。印制标志时，外框线及标志名称都要印上，出口货物可省略中文标志名称和外框线；喷涂时，外框线及标志名称可以省略。

2．标志的数目和位置

(1)一个包装件上使用相同标志的数目，应根据包装件的尺寸和形状确定。

(2)标志应标注在显著位置上，下列标志的使用应遵循如下规定。

① 标志 1 "易碎物品"应标在包装件所有的端面和侧面的左上角处(标志 1 的说明及示例)。

② 标志 3 "向上"应标在与标志 1 相同的位置。当标志 1 和标志 3 同时使用时，标志 3 应更接近包装箱角。

③ 标志 7 "重心"应尽可能标在包装件所有六个面的重心位置上，否则至少也应标在包装件 2 个侧面和 2 个端面上(见标志 7 的说明及示例)。

④ 标志 11 "由此夹起"只能用于可夹持的包装件上，标注位置应为可夹持位置的两个相对面上，以确保作业时标志在作业人员的视线范围内。

⑤ 标志 16"由此吊起"至少应标注在包装件的两个相对面上(见标志 16 的说明及示例)。

参 考 文 献

丁立言，张铎. 2002. 仓储规划与技术. 北京：清华大学出版社

贾争现. 2011. 物流配送中心规划与管理. 北京：机械工业出版社

李权. 2010. 第三方物流. 成都：西南交通大学出版社

李永生，郑文岭. 2009. 仓储与配送管理. 北京：机械工业出版社

田侠，陈先五. 2009. 仓储与配送管理. 大连：大连理工大学出版社

熊正平，黄君麟. 2007. 库存管理. 北京：机械工业出版社

张念. 2009. 仓储与配送管理. 大连：东北财经大学出版社

赵家俊. 2009. 仓储与配送管理. 北京：科学出版社

真虹，张捷姝. 2007. 物流企业仓储管理与实务. 北京：中国物资出版社